KB063780

제주 4·3항쟁
- 저항과 아픔의 역사

양정심

도서출판 선인

"이 저서는 2006년 정부(교육인적자원부)의 재원으로 한국학술진흥재단의
지원을 받아 수행된 연구임"(KRF-2006-814-A00015)

先人

제주 4·3항쟁 - 저항과 아픔의 역사

초판 1쇄 발행 2008년 4월 7일
초판 3쇄 발행 2022년 7월 20일

저 자 ┃ 양정심

펴낸이 ┃ 윤관백
펴낸곳 ┃ 도서출판선인
등 록 ┃ 제5-77호(1998. 11. 4)
주 소 ┃ 서울시 양천구 남부순환로48길 1, 1층
전 화 ┃ 02)718-6252
팩 스 ┃ 02)718-6253
E-mail ┃ sunin72@chol.com

정가 ┃ 20,000원
ISBN 978-89-5933-117-8 93900

■저자와의 협의에 의해 인지 생략.
■잘못된 책은 바꾸어 드립니다.

제주 4·3항쟁
- 저항과 아픔의 역사

책을 내면서

　처음 역사에 관심을 갖기 시작한 것은 재미있어서였다. 초등학교 때부터 시골의 부모님 곁을 떠나 도시로 왔기 때문에 어린 시절, 혼자 있는 시간에 할 수 있는 것은 책 읽기밖에 없었다. 그 가운데서도 흥미로운 책들은 역사책들이었다. 읽고 또 읽어서 너덜너덜해진 책들을 바라보고 어린 마음에 흐뭇해 하면서 시간들을 보냈다. 하지만 대학에 들어가서 접한 역사는 마냥 재미있는 이야기들이 아니었다. 마음이 아프고 분노가 치밀어 오르는 일들이 더 많다는 것을 알게 되었다. 그러면서 내 고향 제주에서 일어났던 일들에 대해 관심을 가지게 되었다. 어렴풋이 들어왔던 4·3을 공부하면서 받은 충격은 나뿐만 아니라 그 시절 대학을 다니던 제주 출신 선후배들도 마찬가지였을 것이다. 결국 4·3에 대한 관심은 우리 현대사에 대한 관심으로 이어져서 대학원에 진학했다.

　현대사를 공부할수록 문제의식은 4·3에 집중되었다. 이걸 넘어서지 않으면 다른 주제로 갈 수 없다는 강박관념이 은연중에 있었는지 다른 주제를 공부하더라도 다시 원점으로 돌아와 있곤 했다. 당시 시대적 분위기 속에서 관심을 기울였던 것은 당과 대중의 문제였다. 해방공간의 치열함 속에서 좀 더 나은 세상을 꿈꾸었지만 좌절했던 사람들의 이야기가 제주의 역사에 고스란히 녹아있었다. 하지만 그것을 치밀한 실증을 필요로 하는 역사학 논문으로 풀어내기에는 나의 학문적 능력으로는 힘든 일이었다. 겨우 석사논문을 끝내고 다시는 이 주제로 논문을 쓰지 않으리라 다짐했지만 박사논문은 또다시 4·3이었다. 그래도 역사학에 4·3박사논문이 있어야 하지 않겠냐는 4·3진상규명운동을 같이하던 주변 분들의 권유와 나의 공명심이 맞물린 결과였다.

 지난 10년 동안 진상규명운동이 확대되면서, 특히 특별법이 통과된 이후 4·3에 대한 관심이 높아지고 자료 수집이 확장되면서 최근에는 논문의 주제 또한 다양해졌다. 이 속에서 역사학의 특성상 4·3에서 새롭게 다룰 수 있는 지점은 많지 않았다. 제주4·3위원회의 진상조사보고서가 나온 상태에서 새로운 사실, 새로운 증언을 개인적인 차원에서 찾는 것은 거의 불가능했다. 그래서 선택한 방법은 같은 자료를 보더라도 다른 해석을 하는 것이었다. 석사논문을 쓸 때부터 시작된 문제의식 속에서도 기존 연구 성과들과 보고서가 취한 자료에 대한 해석은 다른 면이 많았다. 실증과 문제의식 사이의 괴리를 메워가는 노력은 앞으로도 계속되겠지만 이는 논문을 쓰는 과정 내내 고민이었다.

 연구를 진행하면서 제주4·3에서 저항의 역사를 재구성해 보려고 애썼다. 이는 학살과 희생에 초점을 맞춘 최근 진상규명운동 과정에서 항쟁의 역사가 배제되었다는 문제의식에서 나온 것이었다. 항쟁의 역사가 진부한 이야기가 되어 가는 요즘이지만 그래도 제주4·3에서 내가 할 수 있는 주제라는 생각과 한편으로는 해야만 한다는 생각에 사로잡힌 시간들이었다. 논문을 쓰는 틈틈이 그 추운 겨울 산에서 시대를 치열하게 살았던 사람들을 상상하며 마음이 아픈 적도 많았다. 특히 학살을 담은 자료를 읽을 때는 밤에 잠을 제대로 이룰 수가 없었다.

 그래서 이 책을 내는 지금도 두려운 마음이 앞선다. 너무나 많은 사람들이 죽어갔기 때문에, 그리고 살아있는 많은 사람들이 고통받았고 지금도 계속되는 역사이기에 그렇다. 특히 나의 주장에 상처받는 유족 분들이 있지 않을까 마음이 쓰인다. 4·3논의의 지평을 넓히는 또 다른 견해의 하나라고 이해해주셨으면 하는 바람이다.

 이 책은 박사학위 논문인 「제주4·3항쟁 연구」를 수정·보완하여 정리한 것이다. 미진한 글을 책으로 내는 데에는 많은 사람들의 애정과 격려에 힘입은 바 크다.

이 책이 나오기까지 많은 분들께 은혜를 입었다. 그분들께 고마움의 마음을 전하고 싶다. 서중석 선생님은 연구자로서 첫발을 내딛는 시점부터 지금까지 많은 가르침을 주셨다. 지도교수로서 저자의 부족한 면면을 일일이 지적해 주셨으며, 연구방향 및 논문체계에 대해 세심하게 지도해 주셨다. 논문 쓰는 기간 동안뿐만 아니라 대학원 과정 내내 선생님은 부족한 제자를 따뜻하게 감싸주셨다. 때로는 질타를 하시기도 했지만 애정 어린 격려였다는 걸 나이가 들면서 더욱 느끼게 된다. 깐깐해 보이는 그 이면에 인간과 역사에 대한 애정이 많은 분이시다. 올해 환갑을 맞이하신 선생님이 더욱 건강하시기를 바랄 뿐이다.

논문 심사를 맡아주셨던 정현백 선생님, 김성례 선생님, 정해구 선생님, 임경석 선생님께도 감사드린다. 논문을 꼼꼼히 검토하시고 부족한 점을 일일이 지적해 주신 정현백 선생님, 인류학자로서 필자의 모자란 부분을 날카롭게 지적하시면서도 따뜻한 격려를 해 주셨던 김성례 선생님, 논문의 부족한 면에 대해 대안까지 마련해 주시면서 정성어린 지도를 해 주셨던 정해구 선생님, 주제의식을 상기시키면서 논문의 내용을 세세히 지적해 주신 임경석 선생님께 다시 한번 고마운 마음을 전해드리고 싶다. 특히 임경석 선생님은 선배로서 선생님으로서 논문 기간 내내 힘이 되어 주셨다.

성대경 선생님께도 감사드린다. 인자하시면서도 언제나 원칙을 잃지 않는 선생님께 학부생 시절부터 많은 것을 배웠다. 석사 시절 좋은 주제와 견해라고 격려해 주시던 말씀이 힘이 들 때마다 생각난다.

현대사 공부를 시작하면서 많은 분들의 도움이 있었다. 역사학연구소 선후배분들께 고맙다는 인사도 제대로 못했다. 미국 내셔널 아카이브즈에서의 자료수집과 관련해 여러 도움을 주셨던 정병준 선생님을 비롯해서 김수자 선배님, 허은 선배님에게도 감사드린다. 모자란 후배를 넉넉하게 대해주셔서 많은 위안을 받았다. 후배 이선아, 곽송연에게도 고마움을 전한다.

필자가 이 책을 쓸 수 있었던 것은 전적으로 4·3진상규명운동에 참여했던 분들이 있었기 때문이다. 제주4·3연구소·제주4·3위원회·범국민위원회 분들이 없었다면 연구의 실마리도 얻지 못했을 것이다. 그분들의 4·3에 대한 애정과 노력에 비해 이 책이 너무 미진한 것 같아 죄송할 따름이다. 치열하게 4·3을 추적해 온 양조훈 선생님, 김종민 선배님께 감사드린다. 현기영 선생님, 고희범 선생님, 강창일 선생님, 김영범 선생님, 허상수 선배님, 양한권 선배님 등 범국민위 여러분께도 감사드린다. 박찬식 소장님을 비롯해 은희언니, 미영 그리고 연구소의 젊은 연구원들에게도 감사함을 전한다. 특히 사진과 자료를 제공하면서 격려를 아끼지 않은 허호준 선배님에게 감사드린다.

두서없는 책을 잘 다듬어서 내준 선인출판사 여러분들께도 감사드린다.

언제나 든든한 지원자인 벗 은영과 가족에게도 고마움을 전한다.

팔순이 넘은 연세에도 자식들, 막내 딸 걱정에 여념이 없는 홀로 계신 어머니께 이 책이 조그만 자랑이 되었으면 한다. 부디 건강하시고 평안하시길 빈다. 이 책이 나온 걸 아셨다면 그 누구보다도 기뻐하셨을 아버지께도 들으실 수만 있다면 사랑과 감사를 전하고 싶다. 아버지가 더욱 그리운 요즘이다.

2008년 3월
양정심

목차

Contents

목차   *Contents*

서론

서론 ■

　분단정권의 수립으로 귀결된 해방 전후의 한국현대사에서 제주4·3항쟁은 5·10단독선거를 저지한 유일한 투쟁이었다. 그러나 투쟁의 대가는 참혹했다. 제주도민 10분의 1에 가까운 인명이 희생되었고 40여 년에 걸친 침묵과 금기의 시간이 이어졌다. 그동안 반공국가의 공식역사는 4·3항쟁을 공산폭동으로 규정함으로써 항쟁의 기억을 철저히 파괴했다.

　하지만 1980년대의 민주화운동과 더불어 4·3항쟁에 대한 기억들이 분출되기 시작했고, 이는 조직적인 진상규명운동으로 결집되었다. 결국 제주도민의 진상규명 의지와 진상규명운동세력의 헌신적인 투쟁은 '제주4·3특별법' 통과로 그 결실을 보게 되었고, 2003년에는 〈제주4·3사건진상조사보고서〉가 발간되기에 이르렀다.[1]

　국가적인 차원에서 2년여 동안의 조사를 통해 확정된 보고서는 제주4·3의 배경과 전개과정, 그리고 피해상황을 자세히 적고 있다. 이것을 토대로 진상조사보고서는 제주4·3사건을 "국가 공권력에 의한 인권유린"으로 새로이 규정했다. 이제 제주4·3에 대한 공식 역사가 바뀌기 시작한 것이다.

---

1) 제주4·3사건진상규명및희생자명예회복위원회, 『제주4·3사건진상조사보고서』, 2003.

제주4 · 3항쟁에 대해서는, 반공이데올로기 공세 속에서 '공산주의 폭동론'을 제외한 논의 자체가 금기시되었기 때문에 1980년대의 민주화투쟁과 더불어 비로소 학문적 접근도 이루어지기 시작했다.

1980년대 이전에 나왔던 4 · 3항쟁을 다룬 글로는 김봉현 · 김민주와 김점곤의 글, 그리고 존 메릴의 논문이 있다.

반공적인 시각을 대표하는 김점곤은 제주4 · 3항쟁을 제주도 남로당원들이 주동이 되어 일으킨 '폭동'이라고 본다. 제주도당과 도민의 연대는 1947년 3 · 1사건으로 예비적 시험단계를 거쳤고, 이에 대한 군경의 탄압과 도민의 피해는 그들 양자를 밀착시켜 남로당의 조직에 거의 무비판적으로 가담하게 만드는 결과를 가져왔다는 것이다. 하지만 그는 제주도민이 투쟁에 참가하게 된 원인은 분석하지 않은 채, 제주도민이 남로당원에게 일방적으로 이끌렸다고만 파악하고 있다.[2]

이와는 달리 항쟁에 직접 참여했던 김봉현 · 김민주는 항쟁의 주체를 당과 제주도민으로 파악하고 있지만, 당과 대중의 관계가 어떤 틈새도 없는 단일한 통일체라는 단선적인 규정을 하고 있다. 이러한 인식은 투쟁의 전개과정에서 나타나는 당과 대중의 복합적인 결합관계를 간과하는 한계를 드러낸다. 그리고 4 · 3을 미제국주의에 대항한 반미자주화 투쟁으로 파악하면서 당시의 좌익세력 역량을 지나치게 과장되게 묘사하고 있다.[3] 하지만 이러한 지점에 유의한다면 이 글은 일본으로 건너간 4 · 3 관련자들의 증언을 토대로 집필되었기 때문에 1차적 자료의 역할은 충분히 할 수 있다고 보인다.

국내외를 통틀어 학술적 성격의 첫 논문인 존 메릴의 글은 미국 국립문서기록관리청(National Archives and Records Administration : 약칭 NARA)

---

2) 김점곤, 『한국전쟁과 노동당전략』, 박영사, 1973.
3) 김봉현 · 김민주 공편, 『제주도 인민들의 4 · 3무장투쟁사』, 대판 : 문우사, 1963 ; 아라리연구원, 『제주민중항쟁』 1, 소나무, 1988.

에서 1975년 제정된 미국정보공개법에 따라 비밀 해제된 당시 주한미군사령부 및 군정청 문서를 활용해 작성되었다.[4] 메릴은 4·3이 제주도민의 자발적인 민중봉기로 시작되었다고 보고 있다. 4·3은 5·10단독선거를 저지하려던 남로당의 운동이 발전된 형태로 나타난 것이긴 하지만 남로당 제주도위원회의 독자적인 군사 지도에 의해 일어났다고 파악했다. 그는 제주지역의 고립주의적인 성격과 농민봉기의 전통, 일제하 일본에 갔던 제주 출신들에 의한 사회주의 사상의 유입 등을 4·3의 원인으로 들고 있으나, 4·3항쟁을 좌우익의 대립으로만 파악한 채 미국의 정책과 역할은 간과하고 있다.

1980년대의 연구 성과는 민주화투쟁과 함께 이루어졌기 때문에 민중항쟁에 초점을 맞춘 논문들이 발표되었다. 1987년 6월 항쟁 이후 4·3에 대한 논의가 활발해진 가운데 국내에서 본격적인 4·3 연구의 시작은 양한권에 의해 이루어졌다. 양한권은 제주도 농민봉기의 전통과 해방 당시 정치·경제·사회적 상황 등으로 인해 4·3의 배경이 형성되었고, 이러한 상황을 물리력으로 억압한 미군정의 정책실패가 봉기를 일으킨 주요 원인이었다고 보고 있다.[5]

박명림의 논문은 미국의 대한정책과 중앙과 제주도의 상황을 유기적으로 분석하면서 국내의 연구로는 처음으로 4·3을 총체적으로 다루고 있다. 박명림은 4·3이 통일민족국가를 수립하려는 통일운동의 성격과 미국의 제국주의적 점령정책에 반대하는 반미투쟁이라는 두 개의 성격을 내포하고 있으며, 미군 점령기에 일어난 항쟁 가운데 가장 조직적인 투쟁이었다고 평가했다.[6]

고창훈은 제주민중이 항쟁의 주체가 된 원동력은 1945년에서 1946년 사

---

4) John Merril의 「The Chejudo Rebellion」은 1975년 하버드대 석사학위 논문으로 노민영 엮음, 『잠들지 않는 남도』, 온누리, 1988에 수록되어 있다.
5) 양한권, 「제주도 4·3폭동의 배경에 관한 연구」, 서울대 정치학과 석사학위논문, 1988.
6) 박명림, 「제주도 4·3민중항쟁에 관한 연구」, 고려대 정치외교학과 석사학위논문, 1988.

이의 자치정부의 구성과 자주교육의 운용, 그리고 1947년 3·1항쟁을 주체적으로 경험하였다는 데 있다고 보면서, 제주민중을 항쟁의 실질적인 주체로 파악하고 있다.[7]

박명림과 고창훈은 제주민중이 항쟁의 주체였다고 주장함으로써 4·3을 민중항쟁으로 규정했다. 즉 남로당이 일정한 문제제기와 투쟁을 이끈 것은 사실이지만 결국은 민중의 삶 속에서 생존과 통일운동이라는 과제를 해결하기 위해 제주민중이 항쟁에 주체적으로 참여했다는 것이다.

이 외에 김창후는 증언과 현장 채록 등으로 4·3의 전모를 밝히려 했지만, 여타의 제주 지역의 연구자들처럼 제주도의 특수성을 지나치게 강조하는 경향이 있다.[8]

1990년대에 들어서면서 부분적으로나마 미군정 보고서 등 관련 자료들이 공개되고 4·3연구소의 헌신적인 증언채록의 결과로 4·3 연구는 활기를 띠었다. 특히 『제민일보』의 『4·3은 말한다』는 4·3 연구뿐만 아니라 4·3진상규명운동에 기여한 역작으로 꼽을 수 있다. 제주지역 일간지인 『제민일보』의 10여 년에 걸친 연재물을 묶은 이 책은 총 5권으로, 그동안의 학술적 성과와 국내외 자료, 6,000여 명에 이르는 증언을 종합해 4·3의 전면모를 소상히 드러내고 있다.[9] 『4·3은 말한다』는 4·3진상규명운동의 지형이 민중항쟁론에서 국가폭력에 의해 희생된 대량학살론으로 변화하는 데 결정적 역할을 담당했다.

이와 같은 성과물을 바탕으로 1990년대 이후의 연구는 대부분 노근리 학살 사건이 언론에 보도된 이후 주목받기 시작한 민간인 학살에 초점이 맞추어져 이루어졌다. 민간인 학살은 인권적인 측면뿐만 아니라 한국현대사의 실상을 드러내주는 주요한 핵심 사안으로 자리 잡았다. 이와 함께 4·3 연

---

7) 고창훈, 「4·3민중항쟁의 전개와 성격」, 『해방전후사의 인식』 4, 한길사, 1989.
8) 김창후, 「1948년 4·3항쟁, 봉기와 학살의 전모」, 『역사비평』 1993년 봄, 역사비평사.
9) 제민일보4·3취재반, 『4·3은 말한다』 1·2·3·4·5, 전예원, 1994~1998.

구도 여성학, 사회학, 인류학으로 지평이 넓어지면서 논의가 확장되고 있다.

이 시기 논문으로는 양정심, 이정주, 강성현의 글이 있다. 양정심은 과거의 4·3에 대한 포괄적인 논의에서 벗어나 4·3항쟁의 주도세력, 즉 남로당 제주도위원회를 연구 주제로 삼고 있다. 양정심은 남로당 제주도위원회가 3·10총파업 등 대중투쟁 속에서 제주도민과 결합해 나가는 과정과, 4·3 봉기라는 무장투쟁노선을 채택한 배경과 과정에 대해 고찰하고 있다.[10]

이정주는 여성주의적 시각에서 여성의 4·3 경험을 가시화하고 4·3 경험에 남녀 간의 차이를 가져오는 사회문화적 맥락을 살펴보았다. 구술 생애사에서 재생된 기억을 제주사회와 4·3 맥락 속에서 재구성한 하나의 마을 역사를 통해 여성의 4·3 경험과 남녀 간의 차이를 분석하고 있다.[11] 강성현은 사회학적 관점에서 제주4·3을 억압과 단선·단정에 대한 자발적인 저항 과정에서 확대된 대량학살론으로 분석했다.[12]

4·3 발발 50주년 추모 활동의 일환으로 '제주4·3제50주년 기념사업추진범국민위원회'가 펴낸 『제주4·3연구』는 역사학과 정치학·법학·의학·문학·인류학 등의 각 분과 학문의 연구자들이 참여해 종합적인 학문적 접근을 시도한 것으로 의미가 있다.

특별법이 통과된 이후 4·3에 대한 관심이 높아지고 자료 수집이 확장되면서 최근에는 논문의 주제 또한 다양해졌다. 이 논문들은 항쟁의 진압세력인 미군정과 경찰을 구체적으로 분석하거나, 道制 실시라는 특정 정책을 통해 4·3의 배경을 살피고 있다.[13]

---

10) 양정심, 「제주4·3항쟁에 관한 연구-남로당 제주도위원회를 중심으로」, 성균관대 사학과 석사학위논문, 1994.
11) 이정주, 「제주 '호미' 마을 여성들의 생애사에 대한 여성학적 고찰-4·3경험을 중심으로」, 이화여대 여성학과 석사학위논문, 1998.
12) 강성현, 「제주4·3학살사건의 사회학적 연구-대량학살 시기(1948년 10월 중순~1949년 5월 중순)를 중심으로」, 서울대 사회학과 석사학위논문, 2002.
13) 허호준, 「제주4·3의 전개과정과 미군정의 대응전략에 관한 연구-5·10선거를 중심으로」, 제주대 정치외교학과 석사학위논문, 2002; 양봉철, 「제주경찰의 성격과 활동 연구-제주4·3을 중심으로」, 성균관대 교육대학원 석사학위논문, 2002; 현석이, 「도제(道制) 실시를 통해 본 '제주4·3의 정치·사회적 배경」, 고려대 사학과 석사학위논문, 2005.

이 밖에도 연구 논문은 아니지만 4·3을 다룬 증언과 영상물들이 제주지역을 중심으로 출시되어 4·3 논의의 폭을 넓혀 나가고 있다.[14]

위와 같이 제주4·3은 단일 사건치고는 많은 연구자에 의해 다양한 형태로 연구되었지만, 현재까지 4·3에 대한 올바른 명칭이 정의되지 못하고 있다. '항쟁', '학살' 그리고 보편성과 제주의 특수성 등 다양한 성격이 얽혀 있어 이 사건을 규정짓지 못하는 학문적 어려움도 있지만, 또 다른 이유는 진상규명운동이라는 현실적 조건이 맞물리면서 쉽사리 결론을 내리지 못하고 있기 때문이다.

1990년대 이전까지 제주4·3은 사건, '반란', '폭동', '인민무장투쟁', '제주민중항쟁' 등으로 다양하게 불려왔다. 1980년대 초까지는 연구가 주로 정권의 입장에서 이루어짐에 따라 반공이데올로기 시각을 벗어날 수 없었다. 이에 따라 이 당시 제주4·3은 북한의 사주 혹은 남로당 중앙의 지령에 의한 '공산폭동'으로 인식되었다. 1987년 6월 항쟁을 계기로 분출된 민주화투쟁의 영향에 의해 학술 연구도 시대적 과제와 함께 진행됨에 따라 제주4·3에 대한 본격적인 연구도 이루어졌다. 그래서 제주4·3은 제주도민의 통일독립국가수립운동이자 반미자주화투쟁인 '민중항쟁'으로 이해되었다. 그러다가 1990년대 후반부터 활발해진 과거청산운동의 영향 속에서 이념적 색채를 지우고 희생자의 시각으로 보기 시작하면서 '제주4·3'이라는 명칭을 사용하게 되었다. '제주4·3'이라는 명칭은 포괄적 개념으로 사건에 대한 다양한 접근과 내용을 보여줄 수 있기 때문에 현재 가장 많이 이야기되고 있다. 특히 노근리 사건 이후 민간인 학살 문제가 본격적으로 논의되며 '학살'의 개념이 부각됨으로써 더욱 그러하다.

기억투쟁은 과거의 국가권력이나 그것을 떠받치고 있던 사회집단에 의해 억압되고 지워진 사건의 진상을 명확히 규명하고 민중적 경험을 복원하

---

14) 4·3항쟁 관련 영상물에 대해서는 권기숙, 「4·3의 대항기억과 영상」, 나간채·정근식·강창일 외 공저, 『기억투쟁과 문화운동의 전개』, 역사비평사, 2004 참조.

는 문제를 핵심내용으로 하고 있다. 이런 사건들은 한결같이 국가권력이나 외세에 의한 대규모 학살과 민중적 항쟁이라는 두 가지 측면을 공유하고 있는 것이어서 이를 통일적으로 인식하도록 적절한 명칭을 부여하는 것이 중요한 과제였고 쟁점이었다.[15]

따라서 기억투쟁에는 정치투쟁이 반영되고 개인의 입장이 투영될 수밖에 없다. 4·3에 대한 기억과 복원하고자 하는 내용이 무엇인지가 다를 수밖에 없는 것이다. 물론 역사적 사건을 바라보는 입장 차이가 있더라도 그것은 역사적 사실에 대한 구체적인 확인으로부터 출발해야 하는 것이 기본일 것이다. 하지만 4·3에 대한 진상이 이미 많이 드러나 있음에도 불구하고 희생과 학살에만 초점을 맞춘 현재의 진상규명운동 과정 속에서는 '제주4·3'이라는 명칭만이 고수되고 있다. 기억투쟁의 과정에서 '항쟁'의 역사는 배제되었다.

4·3특별법과 진상조사보고서는 그동안 사적 기억 속에 밀봉되었거나 억압적 상황으로 인해 금기시되었던 4·3에 대한 기억들을 공식화시켜냄으로써, 인권 유린의 과거사를 청산하는 데 한 획을 긋는 역사적 사건으로 평가되고 있다. 여러 가지 한계가 지적되고 있기도 하지만 대통령의 사과라는 성과까지 이끌어냈던 특별법은 그 자체가 과거사 청산 운동의 선구적 사례이기 때문이다. 이에 따라 그동안의 '4·3진상규명 및 명예회복운동'은 보고서와 특별법에 근거를 둔 위령사업이라는 내용으로 지금은 일정 정도 마무리되고 있는 단계에 놓여 있다.

그러나 보고서는 현재의 진상규명운동이 갖는 한계 때문에 4·3진상에서 중요한 부분을 차지하는 사실을 간과하고 있다. 보고서는 제주4·3에 대한 소상한 내용을 담고 있기는 하지만 기본적으로는 민간인 희생에 초점을 맞추어 작성되었다. 이는 정부의 공식보고서이기 때문에 특별법이 규정

---

15) 정근식, 「집단적 기억의 복원과 재현」, 제주4·3연구소, 『4·3과 역사』 2003 제3호, 각, 2003, 14쪽.

한 사건의 정의와 목적의 범위 안에서 서술이 이루어져야 했기 때문이
다.[16] 그래서 보고서는 특별법이 정의하는 '희생자'라는 관점을 견지하면
서 진압 과정의 잔혹성과 대량학살이라는 인권유린의 역사로 4·3을 정리
했다. 4·3특별법은 그동안 치열하게 전개된 진상규명운동의 성과였지만,
한편으로는 현실 정치와의 타협물이기 때문에 '학살'과 '희생'이라는 인식
이 강조될 수밖에 없었다.

　항쟁의 진압 과정에서 대량 학살이라는 비극을 겪었음에도 불구하고 제
주는 5·10단독선거를 저지한 유일한 지역이었다. 유격대와 일반 제주도
민의 연대는 열악한 상황 속에서도 항쟁이 1년 여 동안이나 지속될 수 있었
던 원동력이었다. 그러나 4·3특별법을 뒷받침하고 있는 담론은 제주도민
이 겪을 수밖에 없었던 고통과 수난에 무게를 둠으로써 진정한 항쟁의 역
사를 서술하기보다는 억울한 양민들이 죽어갔다는 것을 폭로하는 데 그치
고 있다. 그럼으로써 항쟁의 역사가 아닌 수난의 역사, 다시 말해 가해자의
역사에서 벗어나지 못하고 있는 것이다.

　현재까지의 4·3진상규명운동의 한계를 보완하기 위해서는 위와 같은
지점을 극복하는 연구가 이루어져야 할 것이다.

　4·3항쟁 이후 또한 분석되어야 한다. 왜냐하면 4·3은 사건 자체가 종
결됨에 따라 끝난 것이 아니라, 개인과 집단 그리고 제주도민의 삶에 영향
을 미치는 현재진행형이기 때문이다. 4·3의 진상을 밝히기 위해서는 사건
의 진행과정, 피해상황, 인권유린에 관한 사실을 소상하게 드러내는 것이
기본요건이다. 하지만 보다 4·3의 진상에 다가서기 위해서는 4·3 경험이
현재의 삶에 어떻게 투영되어 있는지에 대한 연구로 확장하는 것 또한 필
수적이다. 즉 항쟁의 기억이 망각되어 가는 원인과 과정을 살펴보고 그 기

---

16) 제주4·3특별법은 "濟州4·3事件'이라 함은 1947년 3월 1일을 기점으로 하여 1948년 4월 3일 발생
　한 騷擾事態 및 1954년 9월 21일까지 濟州道에서 발생한 무력충돌과 진압과정에서 주민들이 희생
　당한 事件을 말한다"고 정의하고 있다.

억을 복원하기 위한 기억투쟁이 어떻게 이루어졌는지를 추적해야 할 것이다. 이를 통해 4·3진상규명운동이 갖는 성격과 한계를 이해함으로써 현재 4·3이 어떤 내용과 방식으로 기억되고 있는지를 규명할 수 있을 것이다.

더 나아가 지금의 진상규명운동에서 외면당하는 또 다른 사실을 지적해야 한다. 현재의 4·3은 국가권력과 미군정이라는 외세에 의한 대규모 민간인 학살이라는 한 가지 측면으로만 기억되고 있다. 그러나 다른 한편에는 부당한 국가권력에 대항했던 항쟁의 역사가 있었다. 학살의 기억뿐만 아니라 국가권력의 폭력에 저항하고 통일을 지향했던 '항쟁의 주체'라는 민중적 경험을 드러내야 한다. 이를 통해 '제주4·3'이라는 가치중립적 명칭에 머물러 있는 기억투쟁을 '항쟁'의 영역으로 확장시켜 나가는 것이 현재 4·3 연구의 중요한 과제라 하겠다.

이에 따라 본고는 '제주4·3항쟁의 내용'과 '항쟁 이후'의 기억투쟁으로 대변되는 그동안의 진상규명운동을 분석한다. 이 논문은 항쟁주체세력인 남로당과 제주도민의 관계를 중심으로 1949년 6월경 항쟁이 막을 내리는 시점까지를 중점에 두어 분석하지만, 항쟁 진압과정에서 군경토벌대에 의해 자행된 학살이 지속되기 때문에 분석의 시기는 한국전쟁까지 포함하고 있다. 나아가 항쟁 이후의 기억투쟁의 분석 시기는 진상조사보고서가 채택된 최근의 시점까지 연장된다.

1장에서는 4·3항쟁의 배경과 원인의 前史로서 8·15 직후의 제주도 상황과, 인민위원회 활동, 그리고 4·3의 도화선이 된 1947년 3·1사건 및 3·10총파업과 이에 대한 미군정의 대응을 살펴볼 것이다. 1980년대 이후 소장학자들의 연구에서조차 제주민중을 주체로 내세우면서도, 제주도민과 더불어 항쟁의 주도세력이었던 남로당 제주도당에 대한 언급은 하지 않고 있다. 제주도민과 당의 관계를 주체세력과 지도세력으로 이원적 구분만을 함으로써 당과 민중의 연관관계는 포착하지 못하고 있다. 당시 제주도민들의 요구와 지향점을 당의 활동과는 별개의 것으로 취급하면서 제주지역 공동체의 삶 속에서만 찾고 있는 것이다. 따라서 이 장에서는 항쟁의 주체 세력인 남로당과 제주도민의 연대가 이루어진 과정을 인민위원회 활동과 미군정·우익청년단의 공세를 극복하는 과정에 초점을 두어 분석할 것이다.

2장에서는 남로당과 제주도민의 연대를 통해서 항쟁 과정을 살펴보고자 한다. 우선 남로당 제주도당이 항쟁과정에서 어떠한 역할을 수행했는가를 무장투쟁전술과 제주도민과의 관계 속에서 살펴볼 것이다. 제주도당은 미군정과 우익 세력의 탄압과 단독선거를 저지하기 위한 대응으로 무장투쟁전술을 채택했고, 1948년 4월 3일 무장봉기를 일으켰다. 제주도당의 결정은 일반 제주도민의 지지투쟁과 결합하면서 정당성을 획득할 수 있었다.

3장에서는 초토화 진압작전으로 대응한 미군정과 이승만 정권의 시각과 민간인 학살 과정을 서술할 것이다. 4·3학살의 공동 주역은 미군정과 이승만 정권이었다. 항쟁 발발 이후 군경토벌대의 초토화 작전은 1948년 10월 하순부터 1949년 3월에 집중되었다. 집단학살로 많은 민간인이 희생된 것도 이 시기이다. 이승만 정권의 빨갱이 논리는 항쟁 진압의 빌미를 제공한 동시에 취약한 정권의 위기 탈출구로 이용되었다. 제주도민에 대한 탄압은 한국전쟁 발발 이후 예비검속자에 대한 학살로 이어졌다. 하지만 미군 또한 정부 수립 후에도 군사고문단을 통해 4·3의 진압과정에 관여했다. 여기에서는 군경토벌대로 대변되는 미군정과 이승만정권의 4·3항쟁에 대한 인식과 진압과정을 분석할 것이다.

4장에서는 제주4·3항쟁의 망각과 기억투쟁에 관해 서술할 것이다. 학살 경험은 일반 제주도민의 피해의식을 가중시켜 레드콤플렉스를 내면화시켰다. 고립된 섬에서 제주도민은 빨갱이 논리 속에 학살당했다. 학살은 항쟁의 의미를 넘어설 정도로 제주도민에게 수난의 상처였다. 이 과정에서 항쟁은 망각되어 갔다.

이 장에서는 1980년대 민주화투쟁과 더불어 본격적으로 일어난 진상규명운동, 즉 4·3기억투쟁에 관해 살펴보고자 한다. 현재의 4·3진상규명운동의 내용과 한계를 지적하기 위해서 제주4·3특별법과 진상조사보고서를 주요 대상으로 삼을 것이다. 이를 통해 현재의 4·3기억투쟁에서 배제된 기억들을 서술하고자 한다.

본고에서 우선적으로 참조한 자료는 『제주신보』를 비롯한 그 당시의 신문들이다. 특히 제주4·3연구소에서 발견한 4·3항쟁 당시 제주지역의 유일한 신문이었던 『제주신보』는, 해방 직후부터 4·3의 배경이 되는 제주의 정치·사회·경제상은 물론 4·3 전개 과정에서 제주도민의 인식과 대응방식의 변화상을 엿볼 수 있다. 이 외의 신문들은 이승만 정권의 제주와 4·3에 대한 인식과 대응하는 방법을 보여주고 있다. 현재 발간되고 있는 신문들은 그동안의 4·3진상규명운동 과정을 살펴볼 때 주로 이용하였다.

정부문서와 군·경 기록은 주로 '제주4·3진상규명 및 희생자명예회복위원회'에서 출간한 『제주4·3사건자료집』을 참조하였다. 이 자료집은 전 10권으로 2년에 걸친 4·3위원회의 조사로 각종 신문·잡지, 정부문서, 국회속기록, 군·경 기록, 미군 보고서 등 4·3 관련 국내외 자료들이 망라되어 있다. 이들 기록들은 4·3진압작전의 내용과 군경토벌대의 최고 수뇌부라 할 수 있는 이승만과 각료들의 4·3항쟁에 대한 인식을 잘 보여준다.

항쟁 진압작전의 한 축이었던 미군정과 미국의 4·3에 대한 인식과 진압과정에서의 역할을 규명하는 데에는 주한미군정·주한미군보고서가 주로 사용되었다. 이들 자료는 미 국립문서기록관리청(National Archives and Records Administration : 약칭 NARA)에 소장되어 있는데, 일부는 국내에도 영인되어 있다. NARA가 소장한 자료는 여러 문서군에 흩어져 있는데 이 논문에서 주로 이용된 문서군은 제2차 세계대전기 미전구 문서철(RG 332), 미육군사령부 문서철(RG 338)이다.[17] RG 332에는 〈1945~1948년간 주한

17) 현재 NARA에서 기록·문서에 접근하는 기본 통로는 문서군(Record Group : RG)이다. 여기서 문서군이란 조직·기능적으로 기록과 관련된 한 기구의 행정적 역사, 복합성 및 기록·보관문서의 양을 특별히 고려해 설정된 실체를 의미한다. 현재 450여 개의 문서군이 존재하고 있다.
　NARA의 연혁과 자료이용법, 한국현대사 관련 문서군에 관한 자세한 설명은 정병준, 「미국내 한국

미24군 정보참모부 군사과 역사문서〉가 들어있다. 이 문서철은 미군정의 제주에 대한 인식을 알 수 있게 함으로써 진압의 성격을 이해하는 데 도움을 준다. RG 338에는 주한미군〈(USAFIK), 1945~1949〉, 주한미군사고문단(KMAG) 문서 등이 수록되어 있는데, 여기에는 4 · 3항쟁의 진압 과정에 참여했던 미 군사고문단원들의 보고서가 들어있어 진압작전의 면모를 살펴보는 데 유용하다. '브라운보고서', '슈 중령 보고서', '로버츠 준장 공한철' 등이 들어 있어 미군정 시기뿐만 아니라 대한민국 정부 수립 이후에도 미국의 역할이 어떠했는가를 알 수 있게 한다. 미극동사령부와 연합군최고사령관(FEC · SCAP) 정보참보부(G-2)에서 작성한 '1949~1950 일일정보요약(Daily Intelligence Summaries)' 문서들도 여기에 수록되어 있다. 이 외에도 육군참모철(RG 319), 부관부 문서철(RG 407) 등에서는 주한 미24군 제6보병사단과 제971 방첩파견대(CIC)의 정보문서들을 참조했다. 그리고 4 · 3 당시 미군사고문단원이었던 웨슬로스키와 피쉬그룬드의 증언 등을 이용했다.

본고는 문헌 자료 못지않게 증언 채록을 많이 활용했다. 1987년 이후 제주4 · 3연구소를 비롯해 제주지역에서의 증언 채록이 활발하게 이루어졌는데,『제민일보』의『4 · 3은 말한다』도 대부분 증언 채록에 의해 구성되었다. 증언 자료는 4 · 3항쟁과 같이 기록된 자료가 부족한 사건이나 통계적으로 알 수 없는 경험에 관한 정보를 알려주는 유용한 정보원이다. 또한 증언들은 공식 역사에서 기록되지 않은 개인 및 집단의 감정과 인식을 보여준다는 면에서 매우 의미 깊다. 나아가 증언을 통한 기억의 재구성은 국가의 지배담론에 대항하여 4 · 3항쟁에 대한 제주도민의 기억과 경험을 재현하는 방식으로도 이용될 수 있을 것이다.

현대사 관련자료의 현황과 이용법-미국립문서기록관리청을 중심으로-」, 한국역사연구회,『역사와 현실』14, 1994를 참조.

제1장 항쟁의 전주곡
- 인민위원회, 3·1사건, 입산

▶ 미군에 의한 일본군 무장 해제

1. 8 · 15 직후의 제주도 상황과 인민위원회 활동

1) 제주도 인민위원회 조직과 활동

1945년 8월 15일 일본이 항복했지만, 제주도에 남아 있던 일본군이 철수하기 시작한 것은 태평양전쟁이 끝난 지 68일이나 지난 1945년 10월 23일부터였다.[1] 패전 직후 제주도 주둔 일본군은 제주도민에게 위압적이고 폭력적인 행위를 계속했고,[2] 이에 대응하여 도민들은 8월 17일 제주읍 및 서귀포에서 보안대, 학도대, 치안대 결성을 시작으로 각 단위에서 '…관리위원회', '…복구위원회' 등을 조직했다.[3] 해방 직후 제주도민들의 이 같은 활동은 자신들의 이해와 요구, 다시 말해 제주도민들의 "절실한 정치적, 경제적, 문화적 요구의 발현"이었다. 그러나 도민들의 열망이 유기적으로 조직

---

1) 제민일보4 · 3취재반, 『4 · 3은 말한다』 1, 전예원, 1994, 104쪽.
2) 노민영 엮음, 『잠들지 않는 남도 - 제주도 4 · 3항쟁의 기록 - 』, 온누리, 1988, 92쪽.
3) 김봉현 · 김민주 공편, 『제주도 인민들의 4 · 3무장투쟁사』, 대판 : 문우사, 1963 ; 아라리연구원, 『제주민중항쟁』 1, 소나무, 1988, 13쪽. 이때 청년들이 자위대나 보안대를 편성하면서 내걸었던 구호는 "조선 독립 만세!", "일군경은 즉시 철거하라!" 였다.

되지 못하고 '혼선'이 빚어지자 이를 극복할 수 있는 통일적 조직체의 필요성이 도민들 사이에 제기되었다.[4]

이에 따라 제주도 건국준비위원회가 결성되었다. 1945년 9월 10일 읍·면 대표 100여 명이 참석하여 제주농업학교에서 島 단위 건준 조직이 출범되었다. 이날 결성식에서는 임원진 선출에 이어 행정권의 이양문제, 치안문제, 당면한 경제문제 등이 협의되었으며, 참석자 일부는 "행정을 접수한 후 실무를 수행하기 위해서는 악질적인 친일파를 제외하고는 비록 공직에 몸을 담았던 사람일지라도 건준에 참여시키자"고 제안했다.[5]

도 건준 위원장과 부위원장은 각 읍·면 대표들이 추대하였고 이들에 의해 간부진들이 임명되었다. 위원장에는 '재건조선공산당 제주야체이카 사건'으로 투옥한 경험을 가진 오대진, 부위원장에는 제주읍 건준위원장인 최남식이 선출되었다. 이 밖의 제주도 건준의 주요 인물로는 총무부장 김정로, 치안부장 김한정, 산업부장 김용해와 집행위원 김시택·김필원·김임길·이원옥·조몽구·현호경·문도배 등이 있었다.

제주도 건준 결성은 오대진, 김정로, 김용해 등에 의해 추진되었다. 이들은 해방직후 목포에서 건준 조직이 결성되는 과정을 보고 제주에 들어와 조직 결성에 착수했다.[6] 이들은 각 면을 돌아다니면서 중앙과 연계를 원활히 하기 위해서는 상부조직인 도 건준이 필요하다고 역설했다. 이들의 노력으로 도 건준 결성이 준비되었고, 그에 발맞추어 도 건준의 하부단위인 면 건준이 먼저 결성되었다.

서귀면은 타 지방의 건준 결성 방송 소식을 듣고 8월 15일부터 강성모, 현재탁을 중심으로 건준 결성이 착수되었으나 일본군의 제지로 8월 말에 결성되었다. 제주읍은 9월 7일 각 리 4명의 대표들이 제주 향교에 모여서

---

4) 김봉현·김민주 공편, 앞의 책, 13~14쪽.
5) 김봉현·김민주 공편, 앞의 책, 16쪽.
6) 이운방 증언. 제주도 대정읍 하모리, 1995년 2월 26일. 인민위원회 결성 당시 이운방은 대정면 인민위원회 선전부장을 지냈다.

읍 건준을 결성했는데, 위원장은 최남식, 부위원장에는 강규찬이 선임되었다. 대정면의 경우에는 9월 6일경에 면 건준이 조직되는데 다른 면과는 달리 리 건준이 먼저 결성되었다. 대정면 건준의 주요 인물로는 위원장 우영하, 선전부장 이운방, 행정부장 이신호, 문교부장 문달진 등을 들 수 있다. 서울에 미군이 진주하기 직전인 1945년 9월 6일 조선인민공화국의 수립과 더불어 우익세력이 강한 일부 지방에서는 자체적으로 건준이 해산되기도 했지만 대부분의 건준 지부들은 중앙인민위원회의 지시에 따라 또는 중앙과 보조를 맞추기 위해 지방인민위원회로 대체되었다.[7]

제주도의 경우도 건준의 발전적 해소로 인민위원회가 결성되었는데, 도 인민위원회는 1945년 9월 22일 제주농업학교에서 조직되었다. 이날 결성식에서는 전체 도민의 역량을 결집하여 "자주통일 독립과 민족의 완전한 해방을 위한 투쟁, 일제 잔재 세력과 국제 파시스트 주구들의 청산을 통해 민족의 민주주의 발전에 기여"한다는 기본정책 노선이 채택되었다. 위원장과 부위원장에는 건준 위원장, 부위원장이었던 오대진과 최남식이 선출되었고, 간부들도 건준 인사들이 거의 그대로 계승되었다.[8]

그러나 일부 면의 경우에는 건준에서 인민위로 조직이 개편되면서 보수적 인물들이 탈락하고 보다 진보적인 인사들로 구성된다. 서귀면의 경우 건준위원장 오용국과 부위원장 강성모가 탈락하고 항일 경력이 있는 이도백·송태삼이 선출되었으며, 한림면은 김현국 대신 항일운동 경험이 있는 고운선·김태안 등으로 교체되었다.

제주도 인민위원회는 대체로 총무부, 조직부, 선전부, 산업부, 문교부 등을 두었으며 중앙인민위원회에서 발표된 정강 시정 방침에 따라 자주국가 건설 및 일제 잔재 청산을 위한 정책을 적극적으로 실천했다.

---

7) 제주4·3연구소, 「제주지방 건국준비위원회와 인민위원회 조직과 활동」, 『4·3장정』 5, 나라출판, 1992, 10~11쪽.
8) 김봉현·김민주 공편, 앞의 책, 17쪽.

도 인민위원회가 조직됨에 따라 각 읍 · 면위원회가 결성되었는데, 중산간 마을은 물론 대정면에서 떨어진 섬인 가파도에 이르기까지 1읍 11개 면의 거의 모든 지역에서 인민위원회가 조직되었다. 이와 같이 제주도의 건준과 인민위원회 조직 결성은 수직적 · 수평적 확산이 그 속도와 범위에 있어 도→읍 · 면→리에 이르기까지 매우 빠르고 광범위하게 이루어졌다.[9] 이 결과 제주도는 1945~1946년 시기에 인민위원회의 통제 속에 놓이게 되었다.[10]

건준은 좌우 세력을 총망라한 조직이었기 때문에 좌우세력의 갈등관계가 잠재화되어 있던 상황이었으나, 인민위원회로 재편되면서 점차 좌우의 갈등관계는 표면화되고 결국 좌익세력이 주도권을 장악하게 된다. 그 과정에서 인민위원회는 조선공산당을 비롯한 좌익정당과 긴밀한 관계를 형성해 갔다.

건준 조직이 명망가 · 유지 중심으로 조직된 다른 지방처럼 제주도도 건준 시기부터 주요구성원 대부분이 일제하 민족해방운동을 주도했던 인물들이었다는 점을 제외하고는 이와 비슷한 상황이었다. 1930년대 이후 일제하 제주도 민족해방운동은 일반적으로 사회주의 운동이 압도적이었다. 따라서 제주도 건준 · 인민위의 주요 구성원은 조선공산당의 조직원이었다.

8 · 15 직후 제주에서 최초로 결성된 정당 조직인 조선공산당 전남도당 제주도위원회(이하 朝共 濟州島黨)는 1945년 10월 초 제주읍 한 민가에서 결성되었다.[11] 이날 회의에는 김정로, 조몽구, 문도배, 김유환 등 일제하부터 사회주의 운동을 계속해 왔던 20여 명의 인물이 참석했다. 회의는 김정로가 주도했고 당 지도부의 구성에 관해서도 김정로에게 일임하기로 하고

9) 제주4 · 3연구소, 앞의 책, 12~13쪽.
10) 미군정기 전라남도 군정청 정보국장을 지냈던 그란트 미드(E. Grant Meade)는 당시 제주 인민위원회는 제주의 유일한 정당이었고, 유일한 정부였다고 평가하고 있다(그란트 미드, 『주한미군정 연구』, 안종철 역, 공동체, 1993, 241쪽).
11) 조선공산당 제주도당은 조직상으로는 전남도당의 하부기관이었다. 여기에서 제주도당은 道黨이 아니라 섬을 뜻하는 島黨임을 밝혀둔다. 이 조직관계는 제주도가 1946년 8월 행정구역상 道로 승격되어도 계속 유지되었고, 남로당으로 개편되어서도 마찬가지였다.

각 참가자는 각 면 지부를 결성할 것을 결정한 다음 산회했다. 김정로는 1928년 8월 제주도 야체이카사건으로 일제의 검거를 피해 일본으로 건너갔으나 일본에서 체포되어 6개월형을 살았다. 석방된 이후에는 목포에서 생활하다가 해방을 맞이했다. 김정로는 전남 목포에서 건준 결성에 참여한 후 건준 조직의 임무를 띠고 제주도로 들어와 제주도 '건준'의 결성을 주도했다. 전남 건준에서 김정로를 보낸 이유는, 30년대 중·후반부터 일제의 강고한 탄압으로 많은 제주도의 운동가들이 운동을 그만두거나 일제와 타협했음에도 불구하고 김정로는 변절하지 않은 채 해방을 맞은 인물이었기 때문이다.[12]

당시의 조직구성과 주요간부에 대해 구체적으로 알 수는 없으나, 도당 서기는 김정로였다. 그는 남로당으로 개편되어서도 당을 주도해 나갔다. 김정로는 오대진[13]과 함께 제주도 건준 결성을 주도했던 인물로 당과 인민위원회의 지도적 위치에 있었다.[14] 이 밖에 조공 제주도당의 주요 인물로는 안세훈(조천면),[15] 김유환(조천면), 문도배(세화면), 조몽구(제주읍),[16]

---

12) 제주도당의 결성시기에 관해서 김봉현·김민주의 저서에는 1945년 12월 9일이라고 기록되어 있다 (앞의 책, 14쪽). 그러나 조공 제주도당 결성 당일 직접 참석했던 이운방(이후 남로당 대정면책)은 10월 초라고 주장하고 있다.
李運芳은 1909년 대정읍 모슬포에서 태어났다. 1933년에 일본으로 건너가 1940년까지 7년 동안 공장에서 일하면서 노동운동에 관계하다가 동년 12월에 귀향했다. 그리고 8·15 이후 대정면 건국준비위원회와 인민위원회 선전부장을 맡아 활동하였고 10월 초에 조공 제주도당 결성 당일 직접 참석했다. 1946년 말 남로당 대정면책으로 활동하다가 1947년 3·1기념대회 이후 검거되어 목포형무소에서 10개월 형을 받았다. 1948년 1월 말에 만기 출소하여 제주로 돌아왔다. 4·3항쟁이 발발하면서 1948년 7월에 제주를 떠나 일본으로 갔다가 1979년에 귀향했다.

13) 吳大進은 1898년 대정면 하모리에서 태어나 1927년 2월 조공에 가입하였다. 1932년 '재건조공 제주도야체이카사건'으로 4년형을 선고받기도 하였으며 30년대 초반에 제주도내의 소년·청년·농민·사회운동을 직간접적으로 지도하였다. 인민위 보안부장이었던 김한정, 대정면 인민위부위원장 이신호, 문교부장 문달진 등 유수한 제주도 사회주의 활동가들이 이때 오대진의 지도하에 있을 정도로 오대진은 제주도 민족해방운동의 선구자격인 역할을 했다. 일제의 탄압이 심해지자 출옥 후 목포를 오가며 장사를 하다가 목포에서 8·15를 맞게 된다. 김정로, 김용해 등과 제주도 건준 결성을 주도하여 건준과 인민위 위원장을 맡았다. 그러나 목포를 오가면서 활동했기 때문에 1947년 2월경에 있었던 하귀회의에서 당 활동을 소홀히 한다는 이유로 제명을 당했다. 1949년 일본으로 건너가 거기에서 사망했다.

14) 나이나 경력으로 보아서는 선배인 오대진이 주도해야겠지만 오대진은 1932년 해녀사건 이후 일제 활동을 하지 않았다(이운방 증언).

15) 安世勳 1891년 조천면(당시는 신좌면) 조천리에서 태어났다. 안요검과 안요해는 그의 또 다른 이름이다. 1936년 조천리 김시용, 김유환과 함께 공산주의 사상 학습하여 그 후 사상범으로 징역 6개

오대진(대정면), 김한정(안덕면),[17] 이신호(대정면),[18] 이운방(대정면), 김용해(애월면), 김정로(제주읍), 문재진(제주읍), 부병훈(조천면), 송태삼(서귀포),[19] 이도백(서귀포)[20] 등을 들 수 있다.

조공 제주도당 조직원들은 건준과 인민위원회 조직에 직접적으로 참여하고 있었다. 제주도당은 10월 초에야 결성되었기 때문에 9월 10일에 조직된 건준과 초기 인민위원회(9월 22일 결성) 활동에는 조직적 차원이 아닌 개인 자격으로 참여했다. 사회주의 활동가들은 건준이나 초기 인민위 활동에 개별적으로 참여했지만 그들은 이념과 활동경력에서 공통점이 많았기 때문에 쉽게 결합할 수 있었다. 또한 그들의 의견이 보다 강한 지지를 받을 수 있는 기반도 형성되어 있었다. 따라서 사회주의 운동가들은 건준 조직과 인민위 조직에서 보다 확실한 지도력을 발휘할 수 있었다. 도당이 결성된 후부터는 인민위원회에 프락치를 파견하는 형식으로 당의 지도력을 관철하며 인민위 활동을 주도해 나갔다.[21]

제주도 인민위원회는 통일전선적 조직체로서 당원뿐만 아니라 지역의

월을 살았다. 8·15 후 보안대장을 지냈고 민전공동의장으로 3·1대회를 주도하였다. 이후 서울로 도피하였다가 월북, 해주인민대표자 대회에서 대의원으로 선출된다. 한국전쟁 당시 제주도 조직재건의 사명을 띠고 남파되었으나 제주도로 내려가지 못하고 광주에서 활동하다가 1953년 휴전즈음에 도피 도중 광주 부근 굴에서 사망했다. 남로당 제주도위원회 초대 위원장이었다.

16) 趙夢九는 일제하에서는 대관 조선 노동조합에서 활동했다. 남로당 초대 조직책이었으며 안세훈 다음에 2대 도당위원장을 맡았다. 4·3 발발 당시에는 입산하지 않고 마을에 남아 있으면서 활동한 것으로 보이나 확실하지는 않다. 1951년 9월경 부산에서 체포되었다.

17) 金漢貞은 1894년 대정면 가파도에서 태어났다. 1921년부터 가파도 신유의숙에서 교편을 잡으며 샛별소년단 등 소년운동과 야학운동에 힘썼다. 1932년 '재건제주도야체카'사건으로 징역 5년형을 선고받았는데 이때의 옥중투쟁으로 유명해졌다. 8·15 후 인민위 보안대장을 맡았다. 1946년 10월 미군정의 재검거를 피해 배를 타고 도피 중 삼천포 도중에서 침몰하여 사망하였다. 제주도민장으로 장례식이 치러졌다.

18) 李辛祜는 대정면 하모리에서 1900년에 태어났다. 오대진의 영향으로 1920년대 항일단체인 모슬포청년회에서 활동하였고, 1925년 제주청년연합회 집행위원이었다. 1931년 '농민태제사건'에 연루되었고 1932년 야체이카사건으로 2년형을 선고받았다. 8·15 후는 대정면 인민위 부위원장을 지냈고, 3·1사건으로 징역 6개월을 언도받았다. 출옥 후 활동을 안 했으나 1948년 10~11월경에 집앞에서 피살되었다.

19) 宋泰三은 1945년 당시 34세로 일제하에서는 35년 적색농조에 관여했었고 남로당 서귀포 당책이었다.

20) 李道伯은 남로당 도당부의 거물로 서귀포에서 활동했다. 1947년 3월 파업투쟁을 주도했고 1950년 8월부터 서귀포 지역 토굴에서 본토와 접선을 시도하던 중 1954년 3월 15일 체포되었다.

21) 이운방 증언.

유지, 명망가, 심지어는 전직 일제 관료들까지 포용한 다양한 성분의 인물들로 구성되어 있었다. 인민위원회를 실질적으로 지도하고 이끌어 나갔던 세력은 조공이었다. 도 인민위 위원장 오대진을 비롯하여, 총무부장 김정로, 치안부장 김한정, 산업부장 김용해, 집행위원 김시탁·조몽구·현호경 등 도 인민위의 주요 간부 대부분은 조공당원이었다.

조공 제주도당은 1931년 5월 강창보, 이익우, 오대진, 김한정 등에 의해 조직되었다가 1932년 '해녀사건'으로 일경에 의해 적발되어 해체되었던 재건조선공산당 제주도 야체이카의 후신으로 볼 수 있다. 제주야체이카는 1931년 5월 결성모임에서 "현재 조선공산당은 존재하여 있지 아니하나 장래 재건이 되면 정식으로 연락을 취할 것"을 전제로 하여 당의 세포를 결성하고 아울러 당 규율 및 입당 자격을 정했다. 그리고 각 면, 각 리 단위에 야체이카를 구성하여 중앙야체이카의 통제하에 두었다.[22]

야체이카 사건으로 투옥되었던 김한정, 오대진, 문도배, 오문규, 김유환, 고운선, 이신호 등은 8·15 직후 조선공산당 재건에 주도적으로 참여했다. 야체이카 조직, 즉 각 지역의 당 세포가 8·15 후 당의 재건에 어떻게 활용되었는지는 검증이 필요하지만 인민위원회, 당의 외곽조직인 청년동맹 등 각종 단체가 해방을 맞아 신속히 결성될 수 있었던 데는 이 조직의 영향이 컸던 것으로 보인다.[23]

재건된 조공의 당원 가입은 매우 엄격한 심사를 거쳐 엄선되었다. 당원이 되려면 일단 친일전력 여부에 대한 심사를 통과해야 했다. 그리고 정당원 2명의 보증이 있어야 되는데 이런 절차를 통과한 다음에도 6개월 동안 준당원의 과정을 거쳐야 정당원이 될 수 있었다. 따라서 당원 수는 엄격히 제한되어 결성 직후에는 100여 명 정도에 지나지 않았다.[24]

22) 이기하, 『해방전 정당·사회단체연구 참고자료』, 국토통일원, 1976, 183쪽.
23) 박찬식, 「일제하 제주도 민족해방 주도세력의 성격」, 제주4·3연구소, 『제주항쟁』, 1991, 120~124쪽.
24) 이운방 증언.

그러나 조공 제주도당은 당원을 급격히 확장하려고 하지는 않았다. 왜냐하면 당시 제주도에서는 사회주의 세력 이외의 정파는 미약했고, 일제하 민족해방운동을 주도했던 사회주의 세력은 도민의 강력한 지지를 받고 있었기 때문이다. 그래서 조공 제주도당은 조선공산당의 이름을 내세워 활동하기 보다는 대중조직인 인민위원회 활동에 주력했다.

인민위와 유기적인 관계 속에서 인민위 활동의 일익을 담당한 것은 청년조직인 '청년동맹 제주도위원회(위원장 文在珍)'였다.[25] 청년동맹은 1945년 9월 말에 결성된 건준 청년동맹이 중앙의 '전국청년단체총동맹'에 가입함에 따라, 건준 청년동맹을 모태로 하여 1945년 12월 10일 결성되었다. 청년동맹은 도내 12개 읍·면에 전부 면 청년동맹을 결성했으며, 169개 부락에 거의 리 지회를 두고 있었을 정도로 단일조직으로는 도내에서 가장 많은 수의 맹원을 갖고 있었다.[26]

청년동맹은 겉으로는 독자적인 대중단체였지만 실질적으로는 해당지역의 인민위원회의 지시와 통제를 받았다. 중앙과 도 청년동맹의 통제보다는 해당 지역 인민위원회의 통제를 강하게 받았다. 인민위원회의 실질적 활동은 주로 청년동맹을 통해 이루어졌다.[27]

좌익 세력의 항일운동의 조직적 경험은 8·15 직후 건준과 인민위가 신속하게 결성될 수 있었던 기반이 되었다. 도민들은 사회주의라는 사상을 지지한 것은 아니었으나, 좌익 운동가들의 항일 운동을 높이 평가했다. 혈연과 지연으로 얽힌 제주사회의 특수성 또한 좌익 운동가들의 개인적인 명망성을 그들이 속한 조직에 대한 도민들의 절대적인 지지로 나타나게 했다.

그리고 8·15 직후 6만여 명에 이르는 일본으로부터의 귀환자는 좌익세

---

25) 문재진은 해방 당시 34세로 1928년 제주청년동맹이 이끄는 샛별소년단원이었다. 서울중앙고보에서 '식민지 교육반대 동맹휴업 주모자로 3학년 때 퇴학을 당했고 '재건조공제주야체이카사건'으로 징역 1년을 살았다.
26) 제주4·3연구소, 「8·15직후 제주지역의 진보적 청년운동」, 『4·3장정』 5, 33쪽.
27) 이와 같은 상황이었으므로 인민위와 청년동맹은 사무실을 같이 사용하는 경우가 많았다(제주4·3연구소, 앞의 책, 36쪽).

력의 지지 기반이 되었다. 일본에서 저임금과 민족차별이라는 이중의 고통을 겪으면서 계급의식을 갖추고 노동운동에 직접 참여한 귀환자들이 늘어남에 따라 전형적인 농촌사회였던 제주도에 노동자 의식이 퍼지고 일정 정도 사회주의 운동이 확장되는 기반이 형성되었다.[28]

건준과 인민위원회 활동에서 가장 두드러진 것은 치안대 활동이다. 해방 후 일제 경찰이 자취를 감추면서 도·읍·면·리 건준, 인민위 산하에 청장년들로 구성된 치안대 또는 보안대가 구성되어 사회 질서 유지, 친일파 처단, 일본 패잔병의 횡포 근절, 자체 방범 등의 활동을 했다. 일시적 조직이었던 치안대는 청년동맹이 결성되면서 대부분 그 기능을 청년동맹에게 이관했다.

제주도민에게 호응을 얻었던 또 하나의 인민위 활동으로는 적산관리를 들 수 있다. 일제시대 제주에는 주정공장과 제약회사, 양말공장, 축산물 및 수산물을 원료로 하는 통조림, 패구공장 등 72개소의 화학, 제조업 작업장이 일본인에 의해 가동되고 있었다. 8·15가 되자 이들 공장에는 자주적 관리를 위해 각 단위 관리위원회가 설립되었다. 이후 건준, 인민위가 결성되면서 이들이 산업부와 협의하여 관리를 해 나갔다. 그러나 미군정이 제주도에 들어오고 나서부터는 적산에 대한 모든 관리는 군정관리과에서 담당하게 된다.

이 외에도 인민위의 주된 활동으로는 자치행정기능을 들 수 있다. 인민위는 1945년 9월 말경 각 읍면 대표들이 모여 안세훈을 도사로 선출하여 행정력을 완전히 이양받으려 했으나, 미군정이 이 요구를 수락하지 않아 행정기관을 접수하지는 못했다. 하지만 일부 면과 마을에서는 인민위 위원장이 면장을 겸임하기도 했다. 대정면에서는 인민위 위원장 우영하가 면장을 겸임했으며, 각 마을 인민위 위원장이 자연스럽게 이장이 되기도 했다. 그

---

28) 양한권, 「제주도4·3폭동의 배경에 관한 연구」, 제주학회, 『제주도연구』 제5집, 1988, 220쪽.

렇지 못한 면에서는 면사무소에서 중요한 행정업무를 실시할 때 인민위 간부들과 협의를 하는 것이 관행처럼 되어 있었다. 각 마을 인민위 사무실은 거의 리 업무를 보는 향사를 사용하기도 했다.

제주 인민위원회는 정치적 활동뿐만 아니라 일상적 삶과 직접적으로 연관된 활동도 같이함으로써 주민들의 전폭적인 지지를 얻을 수 있었다. 우선 인민위원회 산하에 소비조합을 두어 공산품, 생활필수품을 주민들에게 공급했다. 일부 마을에서는 거리 청소 및 도로 정리, 체육대회와 연예대회[29] 등을 주관하고 축산 및 일반 농사법에 대한 교육을 실시하기도 했다.[30] 대정면 인민위는 대정중학원을 개설했으며 각 면·리 인민위에서도 국민학교, 중학원을 개설하는 등 자치적으로 교육사업에도 적극 관여했다.[31]

특히 교육 사업은 자주교육운동의 일환으로 인민위원회가 중요하게 여겼던 일이었다. 학생들은 청년동맹 조직원들과 함께 인민위원회의 실제적인 활동 인력이었다. 학생들은 양과자 반대시위와 1947년 3·1절 시위에도 적극적으로 참여했다. 학생들은 교육을 통해 식민지 교육을 탈피하고 민족의식과 사회의식을 성장시켜 나갔다.

이승진(김달삼)은 첫 시간에 우리에게 묻기를 "여러분은 어떤 역사책을 배우냐'고 해. 우리가 "이웃나라 역사 배웁니다' 하니까 책을 달라고 해서 보고는, '이 책은 50% 이상은 거짓말'이라고 하는 거라. 그래서 "이 책 덮어두고 자기 하는 것을 기입해라'고 해서 가르쳤지. 변증법적 유물론, 유물사관 …… 그것을 1차로 공부해 봐도 이해가 안가, 다음에 되풀이 하고 되풀이 해야 이해가 가지. 그 외에도 이승진은 공민(도덕)을 가르쳤는데, 그 공민 시간에 이런 것을 배워

---

29) 1947년 3·1기념행사 때에도 대정면 인민위에서는 2부 행사로 노래자랑 등의 행사를 개최하는 등 주민들과 친밀감을 조성하였다(제주4·3연구소, 「조선의 진정한 독립을 건설하는데 다같이」, 『4·3장정』 2, 35쪽).
30) 제주4·3연구소, 「제주지방 건국준비위원회와 인민위원회 조직과 활동」, 앞의 책, 14~16쪽.
31) 박용후, 『모슬포』, 제주문화, 1990, 184쪽.

주는 거라. 그래서 공민 시험문제를 보니까, 3 · 1운동사건이니 6 · 10만세사건
이니 이런 것을 배워주는 것이라. 3 · 1운동 실패 원인에 대해서는 지도자가 노
동자 농민 출신이 아니라 주로 기독교 출신인 자가 했다. 그러니 지도층에 있는
사람들이 미약했다. 그들은 사건을 일으켜 놓고 다 피했다. 그러니까 이북에서
도 6 · 10만세사건을 더 크게 치른다고 해.[32]

▶ (우) 이덕구 인민유격대장 상업학교 시절

대정중학원, 조천중학원 교사들 대부분은 4 · 3항쟁에 직접적으로 참여
했다. 4 · 3봉기의 핵심 인물이었던 김달삼,[33] 김용관, 이덕구뿐만 아니라

32) 고우경〈대정읍 신평리〉 증언(제주4 · 3연구소, 「대정지역의 4 · 3항쟁」, 『4 · 3장정』 6, 나라출판,
1993, 30쪽에서 재인용).
33) 김달삼의 본명은 이승진으로 대정면 하모리에서 태어났는데 4 · 3 당시 25, 26세 정도였다. 경도성
봉중학, 중앙대학 전문부에 진학했으나 중퇴하고 해방 후 대구시 노동운동에 투신하여 10월항쟁에
참가하였다. 1946년 말 제주도로 돌아와 남로당 대정면당 조직책을 지냈다. 3 · 1사건 이후 도당 조
직책이었다가 1948년 도당 군사부책을 맡았다. 4 · 3 발발 후 인민유격대장으로 4 · 3무장투쟁을 주

이종우, 이경선 등 항쟁에 열렬하게 참여했던 인물들 중에는 교원 출신이 많았다. 김달삼은 대정중학원에서 역사, 이경선은 물리 화학을 담당했다.

1946년 초에 개설되어 5・10선거 직후에 폐교된 조천중학원의 경우도 인민위원회에 의해 설립되어 운영되었는데, 조천면 내 마을 인민위원장들이 학교 운영위원을 담당했다.[34] 당시 교사들은 일본에서 귀환한 유학생들로 이덕구, 김동환, 김민학, 현복유, 김석환, 김평환 등이었는데, 이들 모두 4・3항쟁에 참여했다. 학생들 또한 자치위원회를 구성하여 운영하면서 사회의식을 키워나갔다.

인민위원회는 학교 교육을 받지 못하는 일반인들에 대한 교육에도 주력했다. 인민위 문교부는 각 마을별로 국어강습회를 열고 국민독본을 제작해 마을 주민들에게 나누어 주는 한편, 해방가 등의 노래를 가르치면서 민족의식을 고취시켰다. 그리고 야학을 설치해 한글보급운동을 전개했다. 대정면과 같이 인민위원회 활동이 왕성한 지역은 모든 자연부락에 야학을 설치할 정도였다. 인민위원회는 이를 위해 조명용 석유와 설비, 재정을 마련하여 대정국민학교에 임시 청년지도자 양성학원을 개설하고 청년들에게 국어를 교수하게 했다. 여기서 교육받은 청년들에게는 각 부락의 강습소를 전담하게 했다. 특히 야학은 일반 주민들의 사회의식을 고취시키는 데 결정적인 역할을 담당했다.

> 야학 공부는 마을 회관에서 했지. 공회당에서 주로 한글을 가르쳤는데 "가갸 거겨 나니노……" 또 그때 인민정치학인가 하는 것을 배웠는데, 들은 대로 조금

도하였으나 8월 남조선인민대표자 대회에 참가하기 위해 해주로 떠나서 최고인민회의 대의원과 김일성, 허헌 등과 함께 49명의 조선민주주의인민공화국 헌법위원으로 선출된다. 1949년 8월 인민유격대 태백산지구(제3병단) 사령관이 되어 남하 1950년 3월까지 유격활동을 지휘하다가 1950년 4월 3일 월북했다. 한국전쟁이 일어나자 다시 남하하여 1950년 9월 30에 전사했다.

34) 강두봉 증언・대담 ; 김은희・조정희・장윤식, 제주도 조천읍 조천리, 2001년 9월 26일. 강두봉은 1927년생으로 4・3 당시 조천중학원생이었다. 민애청 활동으로 수배를 받다가 1947년 12월에 입산해서 4・3항쟁 당시 제주도당 선전부에서 일했다.

얘기하면 "하루라도 먹지 아니하면 살아나갈 수 없듯이……. 인민은 모든 식량을 생산하는 주인이요, 능률이다. 그러면 인민은 이 사회에서 가장 주인공이 되고 지배자가 됨에도 불구하고 우리는 가장 헐벗고……." 이렇게 말해.[35]

이처럼 야학의 형식은 문맹퇴치였으나, 그 교육 내용은 '무산대중의 역할과 처지' 등으로 일반 주민들에게 사회 비판 의식을 불어넣었던 것이다. 특히 여성들의 경우 부녀야학을 통해 반봉건의식을 키워나갔다. 부녀야학에서는 남성의 축첩이 사회적 비난이 되기는커녕 능력으로 인정되는 당시 제주 사회의 분위기를 비판하면서 '일부일처제의 실시' 등 반봉건적인 내용을 교육시켰던 것이다. 다음의 사례는 이와 같은 상황을 잘 반영하고 있다.

나는 야학에서 글을 깨쳤습니다. 내가 활동을 하게 된 것은 "여자도 남자와 동등한 권리를 가지고, 선거권이 있게 되고, 토지는 3·7제를 실시" 하고 등의 내용보다 "일부다처제를 철저히 철폐한다"는 말이 좋아서였습니다. 나 자신이 그 제도 속에서 너무나 고통스럽게 살았기 때문에 후세들이나마 좋은 세상에서 살게 하고 싶어서 활동을 했습니다.[36]

즉 제주 여성들의 마음을 움직인 것은 정치적 선전이나 구호보다도 일상에 고통을 안겨주었던 봉건적인 인식과 제도를 타파하자는 데 있었다. 그래서 여성들은 이를 주장하는 인민위원회를 지지했으며 적극적으로 활동했던 것이다. 조천면에서 나왔던 여성 활동가들의 90% 정도가 과부 아니면 두 번째 부인이었을 정도였다.[37]

---

35) 이두생(대정읍 안성리) 증언(제주4·3연구소, 「대정지역의 4·3항쟁」, 『4·3장정』 6, 28쪽에서 재인용).
36) 김이완(4·3 당시 조천면 여맹위원장) 증언. 제주도 조천읍 북촌리, 1995년 3월 3일.
37) 제주4·3연구소, 『이제사 말햄수다』 1, 16쪽.

제주도 좌익세력은 계급운동을 벌여나가기 보다는 인민위원회라는 통일 전선적 대중조직을 통해서 당면 과제를 풀어가려고 노력했다. 그 과정도 자주적 민족국가 수립이라는 정치적 과제뿐만 아니라 일상적 삶의 문제를 지역 공동체 속에서 풀어나가고자 했다. 이러한 제주도 좌익세력의 운동 노선은 사회주의 운동가들의 항일운동의 경력과 함께 이들의 활동이 제주 도민의 지지를 받게 되는 주요한 이유가 되었다.[38]

2) 미군의 제주도 진주와 인민위원회

미군의 지방 진주 과정은 보통 3단계로 이루어졌다. 사전정찰을 위한 선발 대 파견, 전술부대의 진주와 관할구역 점령 및 작전형 군정 실시, 군정단 및 군 정중대의 파견과 그들에 의한 영토형 군정 실시의 3단계를 거쳤다.[39] 미군의 제주도 진주 과정은 이러한 '일반적인' 미군의 지방 진주 과정과는 다소 달랐 는데, 우선 군정중대 진주 이전의 미군 진주 상황을 살펴보면 다음과 같다.

우선 제주도에 최초로 진주한 미군은 전술부대 진주 이전에 사전정찰을 위해 파견된 선발대가 아니라, 제주도 주둔 일본군의 항복접수와 무장해제 를 위해 1945년 9월 28일에 내도한 '항복접수팀'과 '무장해제팀'이었다. 9월

---

38) 미 군정청 공보부 여론조사과 과장보 아더 페라루(Arthur N. Feraru)도 1946년 12월 4-6일간의 제주 도 시찰 보고서에서 제주도 인민위원회의 온건성을 다음과 같이 지적하고 있다.
"서울의 일반적인 생각은 제주도는 압도적으로 정서상 극좌라는 것이다. 이것은 오직 섬의 다수당 이 자신들을 '인민위원회'로 부르고 있는 사실에서 알 수 있다. 사실 그들은 본토의 현재 인민위원회 에서 유래하는 게 아니라 1945년 8월 15일 해방 직후 여운형과 안재홍이 조직한 '건국준비위원회' 로부터 나온 정당에서 유래한다. 그들은 여전히 한국 역사의 그 시대 온건좌과 사회주의적 사상을 갖고 있는 사람들이다. 경찰과 미군, 일반 대중들은 한결같이 섬에는 아무런 충돌이나 폭동이 전혀 없다고 말하고 있다. 인민위원회 대표들은 경찰에 장래에 폭동이 없을 것이라고 약속했다. 경찰은 또 인민위원회가 제주도에서 일어날지도 모를 여하한 소요에 책임지는 것을 수치로 여겨왔다고 밝 혔다. 수적으로 매우 강하고 행동을 하는 데 매우 신중한 인민위원회는 우익단체에 의한 현재의 사 례가 심지어 더 많은 주민들을 제주도의 좌익정당에 가입하도록 야기할 것이라는 우려를 환기시켰 다"(Arthur N. Feraru, 「Report of trip to the province of Cheju during the period 4-6 December 1946」, NARA, RG 332, Box, No.64).
39) 정병준, 「해제 : 주한 미24군단의 대한 군정계획과 군정계획과 군정중대 · 군정단」, 국사편찬위원회 편, 『한국현대사자료집성- 미군정기 군정단 · 군정중대 문서 1』 47, 2000, 1~18쪽.

24~25일에 있었던 미 제308항공폭격단 제주도 상공 정찰비행은 미군의 상륙을 위한 사전정찰이었다. 그만큼 이날의 제주도 진주는 매우 신중히 계획된 것이었다.[40]

우선 무장해제팀은 제24군단 병기장교 파우웰(G. F. Powell) 대령의 지휘하에 보병 제7사단 사병 100명으로 구성되었는데, 9월 26일 2척의 LSM에 분승한 뒤 인천항을 출발하여 구축함의 호위 속에 9월 28일 오전 8시 제주도에 도착했다. 이들은 제주도 주둔 일본군의 무장해제 임무를 10월 6일경까지 완료하고 돌아가거나 혹은 그 이전에라도 완료하면 돌아갈 예정이었는데, 실제로는 그 보다 더 빨리 이루어졌다. 빠른 시일 내에 일본군의 무장해제가 가능했던 것은 무장해제팀이 진주하기 전에 일본군에 의해 거의 모든 탄약과 폭발물들이 파기되었기 때문이었다.[41]

항복접수팀은 보병 제184연대 사령관 로이 그린(Roy A. Green) 대령의 지휘하에 장교와 민간인 38명으로 구성되었고, 여기에는 제7사단과 군정청, 군단 참모부 및 제308항공폭격단 대표들 뿐만 아니라 통역사와 공보 관계자 4명, 특파원 6명, 통신원 2명, 해군 대표로 월든(A. J. Walden) 중령이 포함됐다. 이들은 9월 28일 오전 7시경 2대의 C · 47기에 분승하여 김포비행장을 이륙한 후 오전 9시경 제주시에서 서쪽으로 1.5마일 떨어진 제주 서비행장(Cheju West Airport)에 착륙했다.

제주농업학교에서 열린 항복조인식에는 미군 측의 로이 그린 대령과 월든 중령, 일본군 측의 제58군 사령관 도야마 노보루(遠山 登) 중장, 제주도 주둔 해군 사령관 하마다 쇼이치(濱田昇一) 중령, 제주도사(濟州島司) 센다 센페이(千田專平)였다. 항복조인식 종료 후 미군과 일본군 사이에 1시간 정도의 협의가 있었다. 이 협의가 끝난 뒤 제24군단 정보참모부 해리슨(Harrison) 대령을 포함한 몇 명의 장교들만 정보수집 차 제주에 남고, 그린

---

40) 제민일보4 · 3취재반, 앞의 책 1, 95쪽.
41) 제주4 · 3사건진상규명및희생자명예회복위원회, 『제주4 · 3사건자료집』 8, 2002, 205~209쪽.

대령을 위시한 항복접수팀은 항공편으로 귀경했다.[42]

1945년 9월 9일 조선총독부 제1회의실에서 조인된 항복문서에 따라 38 도선 이남의 모든 일본군이 항복한 결과가 됨에도 불구하고 제주도에서 다시 항복조인식을 가졌던 것은 제주도가 본토에서 멀리 떨어져 있었고, 제주도 주둔 제58군이 제주도의 방위작전에 관한 한 제17방면군과는 독립적인 위치에 있었으며, 그 병력규모가 컸기 때문이다.[43]

먼저 제주도 주둔 제58군은 1945년 4월 15일 제주도 방비를 강화하기 위해 제17방면군 휘하에 창설한 사령부 조직이었지만, 제주도의 방위작전에 관한 한 독자적 위치를 차지하는 독립된 형태였다.[44] 미군 점령 전 제주도 주둔 일본군은 5만 8,320명인데, 이는 당시 서울에 주둔하고 있던 일본군보다도 많은 병력이었다.[45]

다음으로 미군의 두 번째 제주도 진주는 군정청 관리 및 군정장교의 방문이었다. 1945년 9월 30일 군정청 법무국장 겸 총무과장 에머리 우달 (Emery J. Woodall)과 그의 실행보좌관 김영희(金永羲)는 군정청의 '중요한 임무'를 수행하기 위해 제주도를 방문했다. 군정청의 '중요한 임무'란 제주도 주둔 일본군의 대민 횡포설 또는 미국의 폭격에 의한 폐허화설 등 제주도에 대한 풍문을 확인하고, 제주도의 행정 및 치안상태를 점검하며, 완전 정지상태에 있던 지방법원사무를 적임자에게 위촉하는 것이었다. 그래서 에머리 우달은 제주도사(濟州島司)는 물론 변호사, 유림, 건준과도 회견을 했다. 아울러 공석 중인 광주지방법원 제주도지청 판사에 최원순(崔元淳), 검사에 양홍기(梁洪基)와 박종훈(朴鍾壎)을 각각 임명하고, 그들에게 하위 직에 대한 임명권을 위촉하여 사법절차를 재개시킨 후 당일 서울로 돌아왔

42)『주한미군사』1, 돌베개, 1988, 527~530쪽.
43) 현석이, 「도제(道制) 실시를 통해 본 '제주4·3'의 정치·사회적 배경」, 고려대 사학과 석사학위논문, 2005, 19쪽.
44) 임종국,『일본군의 조선침략사』II, 일월서각, 1989, 158쪽.
45) Hq. USAFIK, G-2 P. R. 1948. 9. 14(No.4). 38선 이남의 일본군 총 병력은 17만 9,720명이었고, 서울 주둔 병력은 5만 7,110명이었다.

다.[46] 에머리 우달의 제주도 방문은 군정청의 특정 임무 수행을 목적으로 한 것이었다.[47]

1945년 10월 22일에는 제749야전포병대대와 시드니 페가손(Sydney C. Fergason) 대령이 이끄는 '제24군수지원사령부 전쟁포로과' 소속 선발대가 제주도에 도착함으로써 미군의 세 번째 진주가 이루어졌다. 이들은 전술부대이기는 했으나, 제주도 주둔 일본군을 일본으로 철수시키기 위한 것이었으므로, '본격적인' 전술부대의 진주는 아니었다. 이 부대는 일본군 철수업무팀으로 볼 수 있다.[48] 이들에 의해 제주도 주둔 일본군은 1945년 10월 23일부터 일본으로 철수되기 시작했는데, 11월 12일에 그 철수가 완료되었다. 제749야전포병대대는 2개 제대(梯隊)로 나뉘어 각각 11월 26일과 29일에 제주도를 떠났다.[49]

위와 같이 미군의 제주도 진주는 철저하게 계획적으로 이루어졌다. 이는 제주도 주둔 일본군의 수효가 많았을 뿐만 아니라, 미군의 오키나와 상륙작전에서 얻은 경험 때문이었다. 오키나와와 거의 같은 크기로 중무장된 요새나 다름없는 제주도의 무장해제는 미군에게 중대한 문제였던 것이다.[50]

마지막으로 제주도에 군정을 실시하기 위해 광주에 주둔하고 있던 제101군정단 예하의 제59군정 중대가 11월 9일 제주도에 진주했고, 11월 10일에는 전술부대로서 보병 제6사단 제20연대 제51야전포병대대 분견대가 파견되었다. 59군정중대가 제주도에 상륙함으로써 본격적인 군정업무가 시작된 것이다.[51] 이들은 일제하 제주도청으로 사용했던 건물에 그대로 군정청을 설치하고 군정장관에 스타우드 소령, 법무관 존슨 대위(차기 패트

46) 『주한미군사』 3, 돌베개, 1988, 535쪽.
47) 현석이, 앞의 글, 20쪽.
48) 제민일보4·3취재반, 앞의 책 1, 102~103쪽.
49) 『주한미군사』 1, 544~545쪽.
50) 『주한미군사』 1, 531쪽.
51) 제주4·3사건진상규명및희생자명예회복위원회, 『제주4·3사건진상조사보고서』, 2003, 80~81쪽.

릿치), 정보관 실크 중위, 공보관 라크우드 대위, 재산관리관 마틴 대위로 미군정 관리를 구성하여 군정업무를 실시했고, 포고령 제1호에 따라 붕괴된 일제통치기구를 재수립하기 시작했다.[52]

하지만 59군정중대는 도착 후에도 내적으로는 준비부족과 인원부족으로, 외적으로는 인민위원회의 힘이 강력했던 관계로 통치업무를 수행하지 못하였으며 오히려 인민위원회에 협조적이었다. 이는 제주 섬의 권력의 소재를 파악한 군정 당국의 현실적 인식에 기인한 것이었다.[53] 그러나 59군정중대가 인민위원회를 공식적인 행정기관, 통치기구로 인정한 것은 결코 아니었다.

미군정은 1946년 8월 1일 제주도를 道로 승격시키면서 우익의 입지를 넓혀주었고[54] 도내의 물리력을 증강시켜 인민위원회와의 충돌은 예고되고 있었다.[55] 즉 미군정이 도내의 물리력을 군 수준에서 도 수준에 맞게끔 법적·제도적으로 확대·강화시킬 수 있었기 때문에 제주도의 도 승격은 단순한 행정적 의미 이상의 정치적 결정이었다.[56]

제주도가 도로 승격됨에 따라 경찰기구와 경비대 조직이 신설되었다. 그것은 곧 제주감찰청의 신설과 조선경비대 제9연대의 창설을 의미하는데,

52) 제민일보4·3취재반, 앞의 책, 102쪽.
53) 존 메릴(John Merrill), 「제주도의 반란」, 노민영 엮음, 『잠들지 않는 남도』, 온누리, 1988, 28쪽.
54) 제주도의 道 승격은 전남에 배치된 제101중대에 소속되어 있지만 독자적으로 활동했던 59중대가 제주도의 독립을 강력히 서울에 요구했기 때문이라고 한다(그란트 미드, 『주한 미군정연구』, 공동체, 1993, 136쪽). 이 외에도 제주도의 우익 또한 꾸준히 승격운동을 벌여 왔다.
55) 제주도민의 미국에 대한 반감은 해방 전에도 일정 정도 있었다. 이것은 제주도가 제2차 세계대전 말기 일본에게 있어서나 미국에게 있어서 군사전략적으로 매우 중요한 위치에 있었기에 일본은 일본대로 본토 최후의 방어진지로 상정하여 '결7호 작전'을 준비하였고, 미국 역시 일본 본토를 공격하기 위해선 무엇보다도 제주도가 필요하였기에 1945년 3월부터 제주도에 대한 공습이 대대적으로 이루어졌다. 미국의 공습에 대한 가장 대표적인 사례가 바로 1945년 5월 7일에 있었던 황화환(晃和丸) 피습사건이다. 총독부와 제주도 주둔 일본군은 제주도를 본토사수의 최후 보루로 결정하면서 제주도의 노약자와 부녀자 5만 명 정도를 본토로 대피시킬 계획을 세웠다. 그 계획의 첫 번째 단계로 황화환을 통한 소개 작전을 실행했는데, 목포로 향하던 황화환이 미군기의 피습을 받고 침몰하였던 것이다. 지금까지 '일본군의 군수물자 수송선으로 오인한 미군기의 폭격으로 민간인이 대량 희생됐다'고 알려진 이 사건은 당시 생존자의 증언을 통해 사실과 다름이 드러났고, 이 사건이 제주도민들에게 미친 영향은 매우 컸다. 이에 대해서는 제민일보4·3취재반, 앞의 책, 34~38쪽 참조.
56) 박명림, 「제주도 4·3민중항쟁에 관한 연구」, 고려대 정치외교학과 석사학위논문, 1988, 52쪽.

이런 군경기구는 군(郡) 수준에서는 갖출 수 없는 조직이었다.[57]

제주도제 실시 이후 도내 우익의 강화는 신탁통치국면 당시에는 미약했던 제주에서의 반탁운동이 도제 실시 이후 본격화되었다는 점에서 그 실마리를 찾을 수 있다. 도제 실시 이후 때 아닌 반탁운동이 일어났던 것이다. 이는 도내 우익 세력이 뒤늦게나마 힘을 얻어 중앙의 반탁운동에 합류했기 때문이었다. 이 과정에서 1946년 8월 15일 반탁전국학생총연맹 제주도 지부가 결성되기도 했다.[58]

우익의 조직화 역시 도제 실시 이후에 활발히 진행되었다. 도제 실시 이전에 조직된 우익 정당 및 청년단체로는 1945년 12월 26일 결성된 '조선독립촉성중앙협의회' 제주도 지부와 1946년 3월에 조직된 '대한독립촉성전국청년총연맹' 제주도 지회 정도를 들 수 있다. 이렇게 미약했던 도내 우익은 도 승격 결정 시점을 전후하여 활발한 조직화를 보였다. 1946년 7월 9일에는 '독립촉성국민회 제주 분회'가 결성되었는데, 제주읍 본정통 독립단사무소에서 도내 유지 200여 명이 참석한 가운데 회장 박우상, 부회장 김문희·임기봉을 선출했다.[59] 1946년 7월 14일 김구는 한국독립당의 조직을 강화하기 위해 제주도를 방문했다. 당시 제주도에는 한국독립당 제주도당부(위원장 김근시)가 결성되어 있었으나, 그 당세가 미미하여 개편대회를 개최하고 홍순용을 새 위원장으로 선출했다.[60] 1947년 2월 1일에는 한국광복군 중좌 출신인 한효현을 중심으로 일본군에서 복무했던 청년들이 조일 구락부에 모여 한국광복청년회 제주도지회를 결성했다.[61]

이에 따라 도내의 긴장관계도 높아져 갔다. 특히 일제 경찰로 이루어진 경찰 병력의 강화와 '미군기지 설치설 파문'은 도민들의 반발을 불러일으켰다.[62]

57) 제민일보4·3취재반, 앞의 책, 168쪽.
58) 현석이, 앞의 글, 44쪽.
59) 『동아일보』, 1946년 7월 23일.
60) 제주도, 『제주도지』 2, 1993, 439쪽.
61) 『제주신보』, 1947년 2월 4일.
62) 제주도 미군 군사기지화에 대한 우려는 『한성일보』 1946년 10월 22일자에 제주도에 대한 AP시사평

이와 같은 정치적 갈등 위에 경제적인 어려움이 중첩되면서 도민들의 불만은 더욱 커져 갔다. 8·15 당시 제주도는 본토 다른 지역과는 달리 소작농의 비율이 매우 낮았다. 농민의 대부분은 자영농이었다.[63] 그러나 제주도 농촌 대부분의 농지가 밭이었고 토지 생산성이 매우 낮았기 때문에 절대적 빈곤에 놓일 수밖에 없었다.[64] 농업은 계속된 흉년으로 인해 그 생산량이 급격히 줄어들어 있었고, 빈농들의 보조적 경제활동인 수산업 어획고 또한 38선 이북에서 재료공급이 두절됨에 따라 급격히 감소하는 추세에 있었다.

더욱이 상황을 악화시킨 것은 해외로 이주했던 도민들이 대거 귀환하면서 늘어난 인구와 그에 따른 문제들이었다. 일제 시기에는 많은 제주도민이 경제적인 사정으로 일본으로 건너갔다. 1938년 당시 평균적으로 제주도에서는 1가구당 1명 이상이 생계를 위해 일본으로 진출할 정도였다.[65] 해방이 되고 많은 사람들이 귀환했지만, 제주의 경제는 빈사상태였다. 귀환자들이 일본에 있었을 때 제주도로 보냈던 송금도 끊김에 따라 제주 지역의 경제적 상황은 더욱 악화되었다.

여기에다가 미군정은 "대일교역 및 일본상품 유통은 불법"이라는 조치를 취하여 제주도 경제를 더욱 위축시켰다. 제주와 일본을 드나들던 정기여객선의 운항과 일본과의 교역이 중단되었다. 실업률은 급증했고,[66] 생활필수

론가 화이트의 견해가 보도되면서 시작되었는데, 군정청은 이 터무니없는 소문을 잠재우기 위해 주요 신문의 기자들을 12월 10일부터 16일까지 제주에 특파했다. 이들은 제주도 시찰 이후 그 시찰담을 연재 형식으로 보도했는데 대체로 군정청의 주장을 대변했다. 이후 결국 제주도의 군사기지화는 낭설로 되었지만, 이에 대한 도민들의 반발감과 의구심은 여전했다. 이에 대해서는 제민일보4·3취재반, 앞의 책, 198~203쪽 참조.

63) 〈표1〉 8·15 당시 제주도와 전국의 토지소유관계 비교

	자 작	자작겸 소작	
제 주(1946)	71%	20%	17%
전 국(1947)	16.5%	38.4%	42.1%

자료 : 『조선경제연보』, 1948년 지3~지4에서 작성

64) 1948년에 펴낸 『조선경제연보』의 곡물 평균수확량 비교표를 보면, 단보당 제주도의 논벼 수확량은 1,029석으로 전국치 1,315석의 78%에 밑돌며 단보당 보리 수확량도 0.695석으로 전국치 0.864석에 비해서 80%에 머물고 있는 것으로 집계되었다. 더욱이 제주도의 논밭은 전체 경지면적의 1%에도 미치지 못하는 수준이었다(조선은행, 『조선경제연보』, 1948, 지3~지4쪽).

65) 제주도청, 『제주도세요람』, 1939, 11쪽.

품은 절대적으로 부족하여 도내에 유통되는 상품은 귀환자가 반입해 온 일본상품 및 미군정에 의해 분배된 미국 상품이 대부분이었다.[67]

1946년 8월 1일 道制가 실시된 후, 도제 승격에 따른 각종 부담 잡세가 신설되거나 증가하여 도민의 부담은 더욱 심해졌다. 도 승격을 추진하던 도내 우익세력들도 도제 실시 이후에 세금이 더 나온다고 반대하던 사람들을 꾸준히 설득시켜야만 했을 정도로, 행정기구 구상의 확대에 따른 경제적 부담 때문에 도 승격에 반발하는 도민들이 많았다.[68] 이와 같은 우려는 현실로 나타났다. 제주도민은 도(道)의 행정조직에 필요한 400만 엔을 추가로 부담해야 했고,[69] 목포항의 경찰은 제주에서 선적되어 온 상품에 세금을 매겼고, 입항한 승객에 대해서조차 상륙세를 부과하기 시작했던 것이다.[70]

더욱 심각한 것은 식량난이었다. 6만 명에 이르는 귀환인구[71]로 식량난은 더욱 악화되었는데, 이 와중에서 실시된 미군정의 미곡수집정책은 도민들의 강한 반발을 불러일으켰다. 인민위원회는 이러한 미군정의 정책에 맞서 미곡수집거부운동을 전개했고, 도민들은 이에 적극적으로 호응했다. 인민위원회를 중심으로 한 미곡수집저지의 선전활동과 거부운동에 대해 민중들은 폭넓은 지지를 보냈으며, 수집 관리를 집단구타하거나 마을별로 거부하기도 했다.

1946년산 추곡에 대한 지역별 수매실적을 보면 전국적으로는 69.5%가 이루어진 반면에 제주도는 0.1%를 기록하여 추곡수매가 거의 이루어지지

---

66) 1946년 11월 현재 실업자 비율은 제주도가 7.5%로 경남의 8.9%에 이어 두 번째로 높았다. 조선은행 조사부, 『조선경제연보』, 1948, 203쪽.

67) 조선은행 조사부, 앞의 책, 지13~지14쪽.

68) 강용삼·이경수, 『대하실록 제주백년』, 태광문화사, 1984, 435쪽.

69) 그란트 미드, 앞의 책, 242쪽.

70) 존 메릴, 앞의 글, 30쪽.

71) 일제하 제주도의 인구변동은 자연적 요인에 의한 현상이라기보다는 주로 일본으로의 인구유출이라는 사회적인 요인에 기인하고 있다. 일본으로의 인구유출이 본격적으로 나타나기 시작한 시기는 제주-대판 간의 직항로가 개설된 1924년경부터이다. 자세한 내용은 이영훈, 「일제하 제주도의 인구변동에 관한 연구」, 고려대 경제학과 석사학위논문, 1989 참조. 8·15 후 제주도의 인구는 일본을 비롯한 해외에서의 귀환자들로 인하여 6만 명 가까이 늘어났다.

않고 있었다.[72] 미군정의 미곡수집정책과 더불어 밀무역을 둘러싼 모리배와 결탁한 단속기관의 뒷거래 행위는 도민들의 감정을 직접적으로 악화시켰고 이때에 이르러 제주도민들 사이에서는 "미군정이 일제 때만도 못하다"는 개탄의 소리가 터져 나왔다.[73]

道制 실시 이후 군정당국은 강화된 물리력을 이용하여 인민위원회를 탄압했다.[74] 하지만 1946년 말까지만 하더라도 미군정과 좌익의 대립 정도는 육지부의 다른 지역에 비해서 덜한 편이었다.

3) 남조선과도입법의원 선거투쟁

인민위원회 활동에서 행정·경제적인 측면 못지않게 두드러진 것은 정치적인 활동이었다. 이 시기 인민위로 대변되는 제주도 좌익세력의 주요 정치활동은 '모스크바 삼상회의 지지'와 '남조선과도입법의원 선거투쟁'이었다.

조선공산당은 우익의 반탁투쟁을 민족분열적 행위로 규탄하고 민족통일전선을 주장하면서, 적어도 1946년 1월 1일 오후 2시까지는 신탁통치를 반대하는 입장이었다. 그러나 1월 2일에 인민공화국 중앙인민위원회에서는 모스크바삼상회의 결정은 조선민족해방을 확보하는 진보적 결정으로서,

---

72) 제민일보4·3취재반, 앞의 책, 158쪽.

73) 모리배와 결탁한 관리의 비리로 대표적인 사건이 1947년 1월에 일어난 '福市丸사건'이다. 1947년 1월 11일 일본에서 화물을 싣고 서귀포항으로 가던 화물선 복시환이 성산포 근해에서 목포주둔 해안경비대에 의해 밀수선으로 나포되면서 시작된 이 사건은 중앙조사반의 현지 조사결과 미군정 고위관리들이 모리배와 결탁, 비리를 저질러 온 사실이 밝혀졌다. 이 사건의 여파로 신우균 당시 제주도 감찰청장이 모리행위로 파면되었고, 제주군정 법무관인 패드릿치 대위가 배후 비호인물로 지목되었다. 이처럼 제주도 경찰책임자와 군정청의 2인자가 개입되어 있었기 때문에 이 사건이 제주도 사회에 미친 충격은 큰 것이었다. 자세한 내용은 제민일보4·3취재반, 앞의 책, 232~250쪽 참조.

74) 미군정과 인민위 조직이 제주에서 마찰을 빚은 최초의 사건은 '한라단 사건'이었다. 1945년 11월 5일 밤 미군정은 경찰력을 동원하여 한라단 단원들을 집단구타한 범인들을 잡는다는 명목 아래 제주도 인민위원회 사무실을 급습 보안대원 154명을 체포, 벌금형을 선고했다. 미군이 제주에 진주한 후 처음으로 그날 밤 야간 통행금지령이 발동되었다(Hq. USAFIK. G-2. Periodic Report. 1945년 11월 8일, 11월10일).

이 결정을 전면적으로 지지한다고 표명했고, 같은 날 조공은 중앙위원회의 명의로 이를 지지하였다. 이와 같은 신탁통치에 대한 조공의 갑작스런 입장 변화로 인하여 지방에서는 인민위원회나 공산당 조직에서 주관하여 반탁대회와 삼상회의 결정 지지대회가 잇달아 일어나는 등 많은 혼란이 야기되었다.[75]

제주도에서도 중앙의 결정과 달리 1946년 1월 5일 인민위원회 주도하에 각 면에서 동시다발적으로 신탁반대궐기 대회가 열렸다. 제주읍내에서도 2만 관중이 참석한 가운데 제주북국민학교 교정에서 반탁대회가 열렸다. 중앙에서는 이미 3일 전에 '모스크바삼상회의 결정지지대회'를 가졌는데도 이틀 후에 제주도에서 반탁대회가 열린 것은, 삼상회의의 전문이 알려지지 않고 다만 '4대 강국에 의한 신탁통치 5년제 실시'라는 부분만이 전해졌기 때문이다.[76]

이후 인민위, 조공 제주도당을 비롯한 제주도 좌익세력은 삼상회의 지지운동을 전개했다. 이러한 활동은 처음에는 도민들에게 혼선을 가져오는 부작용을 초래하기도 하였으나, 부락 내 세포원을 통한 설득 등의 노력으로 삼상회의 결정지지운동은 자연스러운 일이 되어 갔다. 이 결과의 이면에는 삼상회의 결정 그 자체보다 인민위로 대변되는 좌익세력에 대한 제주도민의 신뢰감이라는 부분이 더 크게 작용했다.

제주도 인민위원회는 '10월 인민항쟁'에는 동참하지 않고 오히려 그해 10월 말에 있었던 남조선과도입법의원 선거에 참여하였다. 1946년 10월 말 입법의원 선거를 군정 연장의 음모이자 남조선 단정수립 기도라는 이유로 중앙의 좌익세력이 전면적으로 거부했음에도 불구하고, 제주도의 경우는 참여를 결정하고 2명의 좌익계 인물을 당선시켰다.

제주도 좌익세력이 중앙의 선거 거부에도 불구하고 중앙의 양해도 없이

75) 서중석, 『한국현대민족운동연구』, 역사비평사, 1991, 317~318쪽.
76) 이운방 증언.

선거에 참여하게 된 경위를 이운방은 다음과 같이 밝히고 있다.[77]

> 미군정의 하수기관인 입법의원의 창설에 반대하고 따라서 의원선거 역시 보
> 이코트한다는 것이 우리 진영의 기본입장이었으나 우리 제주도에서는 뜻하는
> 바 있어 이 기회를 역이용하여 우익의 진출을 막고 선거를 무효화함과 동시에
> 우리의 힘을 과시하는 효과를 거두어 보자는 의미에서 입법의원 선거투쟁에 돌
> 입했었다. 서울 중앙에 대해서는 차후에 우리의 진의를 해명하면 대체로 양해
> 할 것이라고 생각되었다.

즉 인민위를 비롯한 제주도 좌익세력은, 입법의원 선거 참가가 입법의원
의 창설을 반대한다는 근본원칙에 위배됨이 없이 다만 선거투쟁에 국한하
는 것이기 때문에 중앙의 보이콧과 다를 바가 없다고 인식하고 있었다.

제주도의 입법의원 선거 참여 여부는 조공 제주읍당의 건의로 시작되었
다. 제주읍당이 대정면당에 선거 참여를 주장하는 문건을 보냈고, 그로부
터 며칠 후가 되자 도당으로부터 읍당과 마찬가지 취지로써 입법의원 선거
투쟁에 착수하라는 지령이 하달되어 제주도에서 선거투쟁에 들어가게 되
었다.

입법의원 선거는, 선거방법과 선거일은 정하지 않은 채 지방 실정에 맞
춰 지방장관에게 일임되었는데, 선거는 10월 28일에서 30일 사이에 진행되
었다.[78] 제주도에서는 10월 말에 실시되어 좌익계 인물인 문도배(구좌면
인민위 인원장)와 김시탁(조천면인민위 문예부장)이 당선되었다.

그러나 이들은 1946년 12월 10일까지 마감된 입법의원 등록을 하지 않고
12월 12일 입법의원 개원식에도 참석하지 않았다. 대신 민전회관에서 기자

77) 이운방, 「제주도에 있어서의 '남조선 과도입법의원 선거투쟁'에 관하여」, 『4 · 3장정』 4, 백산서당,
1991, 70쪽.
78) 『한성일보』, 1946년 10월 25일.

회견을 갖고 "3상회의의 충실한 수행만이 민족독립의 유일한 길"이라며 사퇴해 버렸다.[79]

제주도 좌익세력의 입법의원 참가는 우익의 진출을 막고 선거를 무효화하는 동시에 좌익의 승리가 전도, 나아가 전국에 확산되는 선전효과를 거두자는 데 있었다. 그래서 즉각적인 거부선언이 당연한 것이었지만, 제주도 인민위는 2, 3일의 시간 여유를 두어 선전효과를 거두는 것과 중앙에 진의를 해명함과 동시에 그 자리에서 당선 거부를 발표하는 이중의 효과를 기대했다.[80]

제주도당의 입법의원 참가는 일정 정도 성과를 거두기도 했으나, 11월 4일로 예정된 입법의원 개원일이 연기되는 바람에 두 사람의 상경이 늦어져 좌익도 입법의원에 참가했다는 미군정과 우익 측의 선전을 가져오는 역효과도 초래했다.

그리고 조직의 정식계통으로 볼 때 이것은 당 조직의 이상을 뜻하는 것으로 중앙이 제주를 통제하지 못하고 있음을 의미했다.[81] 당 중앙의 거부 방침에도 불구하고 입법의원 참가라는 제주도당의 결정은 조직규율상 항명에 가까운 것으로 일종의 반당적인 행위라고도 볼 수 있다.

이는 당시 제주도당의 수준을 반영하는 것이기도 하지만, 조공 제주도당이 중앙당과의 관계에서 일정 정도 자율성을 유지하고 있음을 보여주고 있다. 이러한 관계는 4·3봉기 때까지 지속되고 있다.

이러한 관계가 이루어진 원인은 정확히 알 수 없다. 당시 제주도당이 이정윤 계열이 많았던 전남도당의 영향권 아래에 놓여 있었기 때문에 박헌영 노선과 일정한 거리를 유지할 수 있지 않았을까 하는 추측만 할 수 있을 뿐이다. 제주 출신으로 전남도당에서 활동했던 윤석원, 이익우가 이정윤 계열

---

79) 김천영, 『연표한국현대사』 I, 한울림, 1985, 507쪽.
80) 이운방, 앞의 글, 67쪽.
81) 남로당의 당 규율은 "당원 간의 횡적 연락을 엄금"하고, "하급은 상급에 복종하고 전 당원은 중앙에 복종"한다고 정하고 있다(박일원, 『남로당의 조직과 전술』, 세계, 1984, 63쪽).

이었기 때문이다.[82] 8 · 15 직후 전남도당 농림부장이었던 윤석원과 전남도 당 재정부장이자 전남 도 인민위원회 서기국장을 지냈던 이익우는 1932년 제주해녀사건의 배후 세력으로 지목된 재건조선공산당제주야체이카 조직 원으로 체포되어 수감생활을 했고, 해방 이후에는 전남 도당에서 활동했다.

특히 중앙의 통제를 일정 정도 벗어났다는 것은, 이후 4 · 3항쟁의 주도세 력이 되고 있는 제주도의 좌익정당 즉, 조공 제주도당(1946년 말 이후 남로당 제주도당)이 무장투쟁을 독자적으로 결정하게 되는 하나의 요인이 되었다.

다른 한편 10월 항쟁에 참여하지 않음으로써 육지와는 달리 제주도 좌익 세력의 조직 역량은 보존될 수 있었다. 제주도 좌익 세력은 1947년 3 · 1시 위와 3 · 10총파업을 주도함으로써 여전히 제주도민의 신뢰를 받는 '유일 한 정부'임을 보여주었다.

2. 1947년 3 · 1사건 및 3 · 10총파업과 남로당

1) 남로당 제주도당과 민전의 결성

제주도 인민위원회는 좌우익을 총망라한 대중조직이었지만, 주도세력은 조공 제주도당을 비롯한 좌익세력이었다. 조공 제주도당이라는 좌익정당 은 1945~1946년 말까지는 겉으로 드러내지 않고 인민위원회 활동에 주력하 고 있었다. 그런데 1946년 12월에 남로당 제주도당으로 개편된 후에는 이전 의 조공 때와는 달리 표면에 등장하고 있다. 이는 남로당이 합법적 정당으 로 미군정에 등록하면서 대중정당의 형식을 취하고 있었기 때문이다.

남로당 제주도당은 1946년 11월 23일 중앙에서 공산당 · 인민당 · 신민

---

82) 안종철, 『해방직후 건국준비위원회 지방조직과 지방인민위원회에 관한 연구』, 전남대 정치외교학 과 박사학위논문, 1990, 25쪽.

당 등 3개 좌익정당의 통합으로 '남조선노동당'이 결성됨에 따라 조공 제주
도당이 '남로당 전남도당부 제주도위원회'로 개편되면서 조직되었다.[83] 그
러나 제주에서는 조선공산당을 제외한 다른 좌파 정당이 없었기 때문에 중
앙에서처럼 노선대립이나 정당 조직 간의 통합과정을 거치지 않고, 조선공
산당 지부조직이 중앙의 정치변화에 맞춰 남로당으로 개편되는 명칭변경 과
정만을 거쳤다.[84] 제주도당의 위원장은 안세훈, 조직책은 조몽구였다.[85] 이
시기 조직과 구성원에 대해서는 구체적으로 알려진 것이 없으나 남로당으
로 개편될 때까지만 하더라도 조공의 지도체제가 그대로 유지되었다. 당의
주요 간부들의 교체가 이루어지는 것은 3·1시위 이후 당 지도부의 검거로
조직 개편이 불가피해지면서부터이다.

남로당은 10월 항쟁의 여파로 인한 당 조직의 정비와 미소공위 재개에
대응할 당세확장을 위해서 많은 인적자원이 필요했다.[86]

제주도당의 주요활동 또한 당의 대중조직 사업에 집중되었다. 따라서
1947년 초에 당원배가운동이 전개되었는데 그것은 민전, 민청, 부녀동맹
결성 등 외곽조직의 확산과 함께 추진되었다. 이 무렵 남로당 대정면책을
맡았던 이운방의 증언에 따르면 "대정면의 경우 당원이 25~30명에 불과했
으나 1947년 3·1대회를 앞둔 2개월 전 60명 정도로 늘어났다"고 한다. 당
원배가운동은 당원 한 사람이 비당원 한 사람을 끌어들이는 책임제로 진행
되었는데 한 달 정도의 짧은 기간 동안에 성과를 거두었다. 이처럼 당원배
가운동이 수월하게 이루어진 주된 요인은 미군정의 실정에 실망한 일반 대
중이 그 대안을 남로당에서 찾았기 때문이다. 1947년 1단계 당원배가운동
때만 하더라도 사람 늘리기 식이 아니라, 사상이 확실한 사람을 입당시켰
기 때문에 당원확장운동이 당의 질적인 저하를 불러일으키진 않았다.[87]

83) 남로당 제주도위원회로 개편된 정확한 날짜는 알 수 없다. 이운방은 1946년 말경이라고 증언한다.
84) 제민일보4·3취재반, 앞의 책 1, 536쪽.
85) 이운방, 앞의 글, 104쪽.
86) 김남식, 『남로당 연구』 1, 돌베개, 1984, 276쪽.

제주도 민주주의 민족전선은 1947년 2월 23일 도 · 읍 · 면 대의원 300명과 200명의 도민이 모인 가운데 조일구락부에서 결성되었다.[88] 이때 선출된 민전 간부진은 의장단에 안세훈 · 이일선(관음사 주지) · 현경호(제주중교장) · 부위원장 김용해 · 김택수 · 김상훈 · 오창흔, 사무국장과 조직부장에 김정로, 선전부장 좌창림, 문화부장 김봉현 외 31명의 집행위로 구성되었다.

서울에서는 민전이 1946년 2월 15일에 결성되었기 때문에 제주도 민전 결성은 중앙에 비해 1년이 늦고 있다.[89] 이것은 제주도에서는 좌익세력 이외의 다른 세력은 미약했고 무엇보다도 인민위원회가 민족민주세력을 망라한 통일전선을 구축하고 있었기 때문이다. 따라서 제주에서의 민전결성은 중앙의 정치변화에 맞추어 명칭만 변경한 것에 불과했다. 민전 결성 이후에도 면 · 리 단위에는 인민위원회가 계속 존재한 곳이 많았다.

남로당의 외곽단체로 대중투쟁의 중요한 역할을 담당한 조선민주청년동맹은 청년단일전선을 목표로 중앙에서는 1946년 4월 25일에 결성[90]되었지만 제주도에서는 9개월 후인 1947년 1월 12일에 결성되었다.[91] 제주도 민청은 1947년 1월 12일 오전 10시 조일구락부에서 결성되었는데, 도 민청은 중앙민청의 강령을 채택하고 위원장에 金澤鍊를[92] 선출했다.[93] 청년동맹

87) 이운방 증언.
88) 『제주신보』, 1947년 2월 26일.
89) 송남헌, 『해방3년사』 1, 까치, 1985, 287쪽.
90) 송남헌, 앞의 책, 308쪽.
91) 중앙의 민청결성은 진보적 청년단체의 단일화와 광범위한 청년층을 포섭하기 위한 절대적 조건이었으나 제주는 적어도 1946년 말까지는 그 필요성이 그다지 절실하지 않았다. 제주에서 청년동맹은 중앙과 같이 분산되어 있지 않았으며 진보, 보수를 막론하고 유일한 조직이었으며 가장 강력한 조직이었다. 1946년 말에 이르러야 10월항쟁이 일어나면서 청년동맹이 급변하는 중앙의 정세에 대처하지 못하는 한계를 느끼면서 민청 결성을 도모하게 된 것이다(제주4 · 3연구소, 「8 · 15직후 제주지역의 진보적 청년운동」, 『4 · 3장정』 5, 39쪽).
92) 金澤鍊는 송종현, 강창보 등과 함께 제주도 민족해방운동의 선구자로 유명하다. 1925년 결성된 사회주의 조직인 신인회 간부로 1925년 직후 조선공산당에 가입하였다. 1925년 4월 '제주도 신인회강령' 이 문제가 되어 송종현과 같이 검거되어 6개월 형을 살았다. 1927년 조선공산당 제주도야체이카 조직원이었으며 1928년 제주청년동맹에서 일하며 청년운동을 지도하였다. 1947년 47세의 나이로 제주민청위원장이 되었으나 이후 일본으로 밀항하여 1948년 2월, 당에서 제명을 당한다.
93) 『제주신보』, 1947년 1월 10일.

을 기반으로 1947년 1~2월에 걸쳐 결성된 읍·면 민청은 기존의 리 청년동맹을 바탕으로 곧 마을까지 뿌리를 내린다.

그러나 민청은 미군정의 인정을 받지 못함으로써 사실상의 활동이 쇠퇴됨에 따라 인민위원회의 통제를 받던 청년동맹과는 달리 자체적으로 도 → 읍·면 → 리 → 반으로 이어지는 조직체계를 구축했다. 각 면 민청 위원장들도 청년동맹보다 진보적인 인사로 교체되었다.

미군정이 1947년 행정명령 제2호로 민청을 불법단체로 지목하여 해산명령을 내렸기 때문에, 중앙에서는 1947년 6월 6일 조선민주애국청년동맹으로 재조직하게 된다. 제주도에서도 민청이 조직된 지 6개월 만에 해산되어 1947년 7월경 조선민주애국청년동맹 제주도위원회(위원장:姜大錫)로 개편되었다.

민청과 민애청의 주요간부들은 대부분이 남로당원으로서 민청은 남로당의 강력한 통제를 받았다. 이후 이들은 4·3항쟁에 있어서 중요한 역할을 수행했는데 김평원은 도군사부 간부로 송태삼은 서귀면 군사부장, 강대석은 남로당 청년부 책임자로 각각 활동하였다. 조천면의 김완배는 당 농민부장, 김대진은 인민유격대 부사령관이었으며, 김의봉은 유격대의 중심인물로서 1949년 이덕구가 체포된 후 유격대 사령관이 되었다. 특히 민애청은 조직원이 청년조직이라는 특성상 당의 전투적 전위대로서 활약하였다. 당시 학교 내에서도 민청과 민애청이 있었고 조천중학원의 경우 학생들 70~80%는 직접 도당의 지시를 받을 만큼 당의 조직원으로 활동했다.[94]

남로당의 지시를 받았다. 어디 모이라 연락이 오면 모였다. 한달이면 두 번씩 모여서 투쟁방침이 나오면 그 지시대로 따라서 했다. 조천 민애청은 '지서 앞으

---

94) 1학년에 입학하면 세포에 가입하게 되는데 일정 정도의 학습기간이 끝나면 교대로 두 사람씩 보증을 서 입당하였다. 학교 내에 세포위원장, 조직부장, 선전부장이 있었고 도당의 명령을 직접 받았다 (제주4·3연구소,『이제사 말햄수다』1, 52쪽).

로 가서 우체국 쪽으로 해서 나무 전주에 삐라를 붙이라'하는 명령을 내린다. 그때는 종이도 없고 할 때니까 신문지에 붓으로 크게 "누구누구 잡아 죽이라!"라고 써서 할당받은 곳에 가서 활동을 했다. 그 후는 공개적으로 시위를 못했다. 경찰로 꽉차버리니까 밤에는 나가서 삐라 붙이고 하는 활동을 한 것이다. 작성문안은 위에서 나온다. 그러면 그대로 붓하고 종이하고 해서 붓글씨로 써서 붙이는 일을 하는 것이다. 신문지에 크게 써서. 붙이기 좋은 데를 골라 붙이고 전신주에 붙이고 어디서부터 어디까지 붙이라는 할당이 '조천중학원 민애청'으로 내려왔다. 다음 날 보면 조천 관내가 삐라 천지가 되었다. 전신주에 보면 삐라가 파닥파닥 날리게 되어 있고 어떻게 그렇게 붙였는지 희한하게 삐라가 붙여 있고 했다. 부락 민애청은 따로 있었다. 삐라 뿌리는 일은 여자도 하고 남자도 하고 다같이 했다. 여자들이 삐라 붙이는 일은 더 잘했다. 여자들도 중학원생 민애청이다.[95]

위와 같이 학생들은 삐라와 벽보 붙이기 등 선전 활동에 동원되었고 민청·민애청에서 열성적으로 활동했는데, 이는 4·3 발발 이후에도 계속되었다. 당시 조직표를 보면 1947년 3·1사건 이후에 학생부가 신설되어 선전부, 조직부와 동등한 위치에 놓일 정도로 학생들의 활동은 당에서도 중요하게 여겨졌다.[96]

민청과 더불어 면·리에 이르기까지 광대하게 조직된 부녀동맹도 1947년 1월 15일에 결성된다. 위원장에는 김이환, 부위원장에는 고인선·강어

95) 강두봉 증언.
96) 강용삼·이경수,『대하실록 제주 백년』, 태광문화사, 1984, 549쪽.

〈표2〉 제주읍 특별위원회

'제주읍 특별위원회'는 당조직을 의미한다. 곧 '남로당 제주읍위원회'를 말한다.

영이 선임되었고, 고덕순을 비롯한 80여 명이 집행위원으로 선출되었다.[97]

제주도 부녀동맹 결성은 전국에서 가장 늦게 이루어졌지만, 부녀동맹이 결성되기 이전에도 부녀동맹이라는 명칭은 아니더라도 여성조직(부녀회 등)이 제주도 전역의 읍과 면에 조직되어 있었다.[98] 부녀동맹으로의 개편은 보다 조직적인 체계를 갖추고 여성운동에 매진할 수 있는 조건이 이루어졌음을 의미했다.[99]

부녀동맹에 참여한 여성들은 교육활동과 밀접한 관련이 있었다. 교육을 통해 사회주의사상을 받아들이면서 인민위원회와 청년동맹, 부녀동맹 등의 활동을 주도적으로 이끌어갔다. 여성의 경우 이러한 활동들은 제주여중과 일본유학이라는 고등교육을 받을 수 있었던 비교적 부잣집 여성들과 부녀야학을 통해 사회주의 사상을 받아들였던 빈곤층 여성들을 중심으로 이루어졌다.

부녀동맹의 간부들은 대부분 읍내 명문가 출신으로, 몇몇 사람들은 도내에 여자중학교 하나 없던 일제시기에 서울로 유학해 경기여고, 숙명여고 등을 나온 인텔리 여성들이었다.[100]

빈곤층 여성들은 주로 사회주의 운동가들에 의해 설립된 야학을 통해 새로운 의식을 갖게 되었다.[101] 특히 여성들은 "일부일처제의 확립으로 봉건적 억압에서 벗어날 수 있는 것, 남성과 마찬가지로 교육을 받을 수 있다는 것" 등 좌익이 제시한 여성해방의 전망 때문에 남로당의 지지기반이 되었

---

97) 『제주신보』, 1947년 1월 28일.

98) 조선부녀총동맹은 1945년 12월 22일 결성되었다(김남식, 앞의 책, 97쪽).

99) 이승희, 『한국여성운동사 연구』, 이화여대 정치외교학과 박사학위논문, 1990, 158쪽.

100) 제민일보4·3취재반, 앞의 책 4, 230쪽.

101) 제주도의 야학운동은 1920년대부터 사회주의 운동가들에 의해 활발히 전개되었다(예를 들면 신좌면 조천리 야학은 제주도야체이카 사건에 연루되었던 김유환이 강사를 맡았다). 일제하 사회주의운동가들과 여성운동의 관계는 해녀투쟁에서 잘 나타난다. 8·15 이후에도 자주교육운동의 일환으로 부녀야학이 이루어졌다. 좌익세력이 강했던 대정면의 경우 송원병, 김두봉, 조석두 등과 같이 각 마을 단위로 있었던 야학 교사들이 4·3이 발발하자 입산한 경우가 많았다. 이 역시 마을 주민들에게 적지 않은 영향을 끼쳤을 것이다. 이와 같은 상황은 다른 마을도 비슷했다(제주4·3연구소, 「대정지역의 4·3항쟁」, 『4·3장정』 6, 새길, 1993, 13~14쪽).

고 열성적으로 활동했다.

더욱이 마을에서 교육받고 일제시대부터 존경받는 선구자적 인물들, 가깝게는 아버지, 오빠와 남편들이 좌익 활동을 하였으므로 여성들이 부녀동맹에 가입하는 것은 자연스러운 일이었고 활동을 시작한 여성들은 나이에 관계없이 연락업무, 삐라살포 등 조직이 맡긴 일을 헌신적으로 수행했다.[102]

여학생들 또한 남로당 활동에 적극적이었다. 당시 농업학교, 오현중, 제주중, 제주여중과 함께 학생들 사이에는 연계가 되어 있었다.[103] 학생들은 '독서회' 같은 써클을 통해 책을 읽고 토론을 하면서 사회주의 사상을 접하게 되었고, 남로당 역량의 중요한 인적자원으로서 활동했다.

이와 같이 그동안 봉건적 가부장 사회에서 고통받고 있었던 여성들은 교육과 사회주의 운동가들에 의해 설립된 야학을 통해 새로운 의식을 갖게 되었다. 여성들은 좌익이 제시한 여성해방의 전망 속에서 남로당의 지지기반이 되어 열성적으로 참여했다.

2) 3·1사건 및 3·10총파업

1947년에 이르러 남로당은 조직 정비를 서두르는 한편 대중투쟁의 핵심 과제를 미·소공동위원회의 재개 촉구에 두고 이를 추진해 갔다. 이에 따라 남로당은 제28주년 3·1절이 다가오자 3·1절을 미소공위의 재개 투쟁과 결부시켜 기념대회를 대대적으로 개최할 것을 결정했다.[104]

---

102) 경찰에서도 "남조선에 있는 부녀동맹원은 남로당원보다 인원이 얼마 되지 않으나 열성적인 일은 부녀동맹에서 다하고 있다"라고 여길 정도였다(대검찰청 수사국, 『좌익사건실록』 8, 411쪽). 남로당 제주도당의 3·1사건 진상보고서에서도 부녀동맹의 용감성을 칭찬하고 있다(「남로당 제주도위원회, 각 야체이카 귀중」, 제주4·3연구소 엮음, 『제주항쟁』, 196쪽).

103) 김동일 증언·대담 ; 양조훈·김종민, 일본 동경, 2002년 7월 9일. 김동일은 4·3 당시 조천중학원 생이었다. 4·3 당시 입산했다가 1948년 겨울 김옥희, 한금자와 조천중학원 동기인 김민주와 함께 체포되었다. 김옥희는 곧바로 총살당했다. 김동일은 광주소년형무소로 가서 재판을 받고 나왔다. 이후 목포시당에서 한 달 정도 활동하다가 한국전쟁이 발발하자 지리산으로 들어갔다가 체포되었다. 이후 무역업을 하는 남성과 결혼해서 일본으로 밀항했다.

제주도에서도 2월에 접어들자 남로당을 중심으로 한 좌익진영은 3·1절 기념대회를 본격적으로 준비해 나갔다. 2월 17일에 관공서를 비롯한 사회단체, 교육계, 유교, 학교단체 등 각계각층 인사들이 참석하여 '3·1기념행사 준비위원회'를 결성했고, 이 과정에서 민전의 필요성이 제기되면서 안세훈과 김정로를 비롯한 30여 명의 발기로 민전을 조직하기로 결정했다.[105] 2월 23일 민전이 결성됨에 따라 3·1절 기념행사는 민전의 주도로 준비되었다. 하지만 지역단위로 갔을 때는 민전 결성이 안 된 지역이 대부분이어서 면 단위 기념식은 '행사위원회'를 구성해 치른 경우가 많았다.

한편 미군정은 3·1절이 다가오자 전국 경찰에 비상경계령을 내리고, 제주도에 2월 23일 충남·북 응원경찰 100여 명을 증파하는 등 전국적으로 긴장관계가 고조되었다. 또 제주도 군정과 경찰은 시위는 절대 불허한다는 방침 등 4가지 사항을 발표함으로써 3·1절 기념행사를 사실상 허용하지 않았다.[106]

위와 같은 긴장된 상황 속에서도 제주 북국민학교에서 개최된 '제28주년 3·1절 기념대회'는 3만여 명의 도민이 모인 가운데 진행되었다. 당시 제주도 인구의 10분의 1이 넘는 주민이 참석한 셈이다.

> 3·1운동 기념행사에는 많이들 나왔습니다. 섬인 가파도의 400여 명이 넘는 인구 중에서 백 이 삼십 명이 배를 타고 나와서 참석을 했습니다. 그때 대정면 인민위원회에서 각 마을 부락기를 들고 나오라고 해서, 각 마을 별로 기를 들고 함께 나갔습니다.[107]

---

104) 「3·1투쟁교훈 살리자」라는 제하에 "조선인민에게 드림」, 『독립신보』, 1947년 3월 1일.
105) 『제주신보』, 1947년 2월 18일.
106) 『제주신보』, 1947년 2월 24일.
107) 대정면 인근의 섬 가파도에서도 총 인구의 4/1 이상이 대회에 참가할 정도로 3·1기념운동의 열기는 대단한 것이었다(제주4·3연구소, 「조선의 진정한 독립을 건설하는데 다같이」, 『4·3장정』 2, 백산서당, 1990, 35쪽).

이와 같이 3·1절 기념대회는 제주읍의 행사와는 별개로 한림, 대정, 안덕, 중문, 서귀, 남원, 표선, 구좌 등지에서도 수천 명이 모여 "제주도 개벽 이래 최대인파가 참석했다"고 할 정도로 도민의 절대적인 지지 속에 치러졌다.[108]

이 행사는 민전의 주관하에 개최되었지만 실제로는 남로당의 지도 아래 이루어졌다. 남로당 제주도당은 "각 읍·면에서는 인민위, 민청, 부녀동맹, 기타 각종 단체 및 직장 대표로 3·1기념 준비위원회를 즉시 조직할 것. 준비위원회에는 동원부, 선전선동부, 준비부를 둘 것" 등 12개항의 투쟁방침을 정하고 하부기관과 각 외곽단체에 시달했다. 2월 20일에는 '3·1운동 기념투쟁 방법'을 정하여 3·1기념식에 조직적으로 참여할 것을 지시했는데, 3·1대회로 고조된 대중의 열기를 각종 형태의 대중집회를 통해 조직화하여 당의 세력을 확장하는 것을 주된 내용으로 하고 있다.[109]

3·1대회의 행사 인원 동원은 각 면, 리에 방대하게 조직되어 있던 민청과 부녀동맹이 주로 담당했다. 가부장적 사회에서 이중의 고통을 받고 있었던 부녀자들도 부녀동맹의 지휘하에 적극적으로 참여했으며, 3·1시위에 가담한 혐의로 부녀동맹위원장 김이환과 당 부녀부장 고진희가 체포되기도 했다.[110]

3·1기념대회의 주요 슬로건은 "삼상회의 결정 즉시 실천", "미소공동위원회의 재개", "3·1정신으로 통일독립 전취하자"였지만, 이외에도 "친일파를 처단하자", "부패 경찰을 몰아내자"와 "양과자를 먹지 말자" 등의 반미구호도 등장했다.

---

108) 제주읍 3·1기념행사에 참여한 도민의 숫자는 3월 14일자 『동아일보』에는 3만 군중으로, 『제주경찰사』는 2만 5,000명으로 기록되어 있다. 그러나 주최 측인 남로당 제주도당은 진상보고서에서 조직군중 1만 6,000명, 미조직 군중 4,000명으로 파악하고 있다(「남로당 제주읍위원회, 각 야체이카 귀중」, 제주4·3연구소 엮음, 『제주항쟁』, 181쪽).

109) 「3·1운동 기념투쟁의 방침」, 위의 책, 161~164쪽.

110) 고진희는 4·3 당시 30대 초반으로 1946년 조공 제주도당 부녀회장을 지냈고 남로당으로 개편되어서도 계속되었다. 1948년 8월 해주대표자대회에 참석하기 위해 제주를 떠났다. 한국전쟁이 발발하자 남하하여 빨치산 활동을 하였다. 1951년 2월 군경에게 체포당했으나 비밀을 유지하기 위해 자살하였다고 한다. 4·3 당시 제주도당 당책이었던 강규찬의 부인이었다(『천리마』, 1993년 8월호).

한편 기념행사가 끝나자 곧 관덕정 광장을 향해 가두시위가 시작되었다. 1만 명가량이 참여한 대규모 행렬이었다. 관덕정의 제주감찰청 앞에는 응원경찰과 미군들이 포진하고 있었고, 그 자리에서 발포사건이 발생하였다. 그러나 발포는 시위행렬이 다 지나간 후여서 희생된 사람들은 시위를 구경하던 사람들이었다. 6명의 민간인이 경찰의 총격에 의해 사망했고 8명이 부상당했다.[111]

3·1절 발포사건이 알려지고 육지부 응원경찰대에 의해 발포되었다는 것과 희생자들이 시위대가 아닌 단순한 관람군중이었다는 사실이 밝혀지면서 도민들의 분노는 커져갔다. 그러나 미군정과 경찰은 사태를 수습하기는커녕 3·1시위 주동자를 검거하는 일에 더욱 주력했다.

제주경찰은 이날 초저녁부터 통행금지령을 내리고 제주읍내에 50m 간격으로 경관 3명씩을 배치할 정도로 삼엄한 경계망을 폈다.[112] 곧이어 경찰은 3·1절 시위 주동자들 검거에 주력하여 대대적인 체포 작전이 전개되었다. 이들은 3·1절 준비위원회 간부들을 검속하는가 하면 중등학생들을 마구 잡아들였다.

3·1발포사건과 관련하여 사과성명은커녕 미군정이 대대적인 탄압을 가해오자 남로당 제주도위원회는 삐라를 부착하여 미군정과 경찰의 만행을 폭로하고,[113] 희생자 구호금 모금[114]을 하는 등 즉각적으로 대응에 들어갔다. 제주도당은 3·1사건의 강력한 대응책으로 평화적인 항의의 수단으로서 전도총파업을 전개하자는 대정면당의 건의를 받아들였다.[115] 곧이어

---

111) 제민일보4·3취재반, 앞의 책 1, 270쪽.
112) 「남조선노동당 제주읍위원회, 삼양 1구 각 야체이카 귀중」, 제주4·3연구소 엮음, 앞의 책, 182쪽.
113) 3월 5일 남로당 제주읍위가 삼양1구 각 야체이카에게 보낸 문건에는 3월 6일에 조직되는 3·1사건 진상조사단에 양심적 인물 또는 당원을 보내어 그 진상을 알리는 동시에 반동경찰을 폭로하고 여론화시킬 것을 지시하고 있다(제주4·3연구소 엮음, 앞의 책, 182~183쪽).
114) 3·1사건 희생자에 대한 구호금은 공동대책위원회와 제주신보사 두 단체가 나서서 모았는데, 전 도민의 관심 속에서 6월 15일까지 전개된 모금운동의 총액은 26만 7,118원 15전이었다(『제주신보』, 1947년 6월 18일).
115) 이운방(4·3 당시 남로당 대정면책) 증언.

조직적인 준비작업에 들어간 제주도당은 3·1사건만을 전담하는 기관으로서 당내 조직인 '제주도 3·1사건 대책투쟁위원회'(이하 투쟁위원회)를 3월 5일에 결성했다.[116]

남로당 투쟁위원회는 위원장 1명(金龍寬), 부위원장(李蓍行) 1명, 지도부 5명, 조직부 5명, 선전부 10명, 구호부 3명, 조사부 3명으로 구성되어, 3·1사건 대책 투쟁을 전체적으로 지도했다. 투쟁위원회는 3월 10일 정오를 기하여 총파업을 단행하기로 결정, "대책위원회 조직방법, 파업부의 조직 및 지도, 선전활동, 연락방법, 슬로건" 등 투쟁 방법 전반을 치밀하게 계획하여 지시를 내렸다.[117]

우선적으로 3·1사건 대책 투쟁을 합법적으로 추진시키기 위해 당외 투쟁조직으로서 민전 등 표면화된 대중단체의 인사로 대책위원회를 구성할 것을 시달했다. 이 방침에 따라 3월 9일에 '제주3·1사건 대책위원회'(위원장 洪淳容)가 결성되었다. 대책위원회는 읍·면·리·구에 이르기까지 구성되었는데 농촌 부락은 리·구 3·1기념준비위원회가 3·1사건 대책위원회로 대체되는 형식으로 조직되었다.[118]

직장총파업과 관련해서는 "각 파업단 대표자로서 읍·면적 파업단을 구성하여 책임자 1명 부책임자 1명, 투쟁부(성명서의 발표, 교섭 각 직장파업에 대한 지도), 선전부, 구호부(구원기금 및 투쟁기금 캄파), 조사연락부"를 두고 다음의 6가지 요구조건과 성명서를 1통은 미 지방장관에게, 1통은 미 중앙장관에게, 1통은 각 대책위원회에 제출하는 동시에 3월 10일 정오를 기하여 총파업에 들어갈 것을 지시했다.

　1. 발포책임자 강동효 및 발포한 경관을 살인죄로써 즉시 처형하라.

116) 제주도경찰국, 『제주경찰사』, 1990, 289쪽.
117) 「남조선 노동당 제주도 위원회, 각 면위원회 읍위 각 야체이카 앞」, 제주4·3연구소 엮음, 『제주항쟁』, 189~195쪽.
118) 「남조선 노동당 제주도위원회, 각 야체이카 귀중」, 제주4·3연구소 엮음, 위의 책, 197쪽.

2. 경찰관계의 수뇌부는 즉시 책임 해임하라.

3. 피살당한 동포의 유가족의 생활을 전적으로 보장하며 피상자에게 충분한
　치료비와 위로금을 즉시 지불하라.

4. 3·1사건에 관련되어 피검된 인사를 즉시 무조건 석방하라.

5. 경관의 무장을 즉시 해제하라.

6. 경찰에서 친일파, 민족반역자를 축출하라.

　제주도당 투쟁위는 1에서 5항까지의 요구조건은 최소한도이며 최후까지 양보할 수 없는 것임을 밝힘으로써 투쟁의 목표를 일정하게 규정하고 있다. 즉 투쟁의 1차적 목표는 3·1발포사건의 책임을 묻는 데에만 집중되고 있다. 투쟁위는 이상의 요구조건을 쟁취하기 위해 "구호기금캄파를 추진할 것과 부락민대회를 열어 진상을 폭로·선전하고 부락별로 전 도민에게 요구조건에 연명·날인시켜 미군정장관에게 보낼 것" 등을 대책위원회라는 통로를 통해 전개함으로써 합법적으로 목표를 달성하고자 했다.[119] 이것은 투쟁의 대상을 발포경찰에만 한정하는 것과 함께 육지부 응원경찰대의 발포로 격앙된 민심과 결합하여 투쟁의 정당성을 획득하고, 이러한 정당한 요구를 거부하는 미군정에 대해 당이 비난하지 않더라고 도민들이 자연스럽게 반감을 느끼게 되는 이중의 효과를 가져오게 했다.

　3월 10일 제주도청의 파업을 시발로 제주도는 '조선에서 처음보는 관공리의 총파업'에 휩싸였다.[120] 도청 파업에 이어 모든 관공서는 물론 은행, 회사, 학교, 교통, 통신기관 등 도내 156개 단체 직원들이 파업에 들어갔고[121] 상점은 철시되었고 학생들은 동맹휴업에 들어갔다.[122] 심지어는 미군정청

119) 「남조선노동당 제주도위원회, 각 면위원회 읍위 각 야체이카 앞」, 위의 책, 192쪽.
120) 조선통신사, 『조선연감』, 1947, 318쪽 ; 『제주신보』, 1947년 3월 12일.
121) 『독립신보』, 1947년 4월 5일.
122) 제주도 3·10총파업의 규모는 관련인: 41,211명, 행정기관: 23개 516명, 초등학교: 92개 교직원·학생 35,861명, 중등학교: 13개 교직원·학생 3,999명, 통신기관: 8개 136명, 교통기관: 7개 121명, 금융기관: 8개 36명, 산업단체 및 공장: 15개 542명으로 집계되었다(제주도경찰국, 앞의 책, 290쪽). 그러나

통역까지 참여하고, 모슬포 · 중문 · 애월 지서 등지에서 제주출신 경찰관 중심으로 현직 경찰관들이 파업에 동참하는 일도 벌어졌다(이 일로 인하여 경찰관 65명이 파면되었다).[123]

총파업은 조직적으로 전개되었다. 3월 11일 제주읍에서는 관공서, 학교단체 등 파업단체 대표자들이 파업의 효과적인 실효를 거두기 위해 연합전선을 펴기로 하고 '제주읍 공동투쟁위원회'를 구성하였다.[124] 공동투쟁위는 제주읍뿐만 아니라 각 면에서도 조직되었다. 각 직장별로는 파업투쟁위원회가 조직되고, 3 · 1사건 대책위원회가 행정단위 말단에까지 만들어짐에 따라 제주도 전역에 걸쳐 강력한 투쟁태세가 갖추어졌다.

한편 미군정과 경찰은 제주도내 각 기관이 총파업을 단행하고 도 군정청의 업무까지 마비되자 강인수 제주도 감찰청장이 "도립병원 앞의 발포는 유감"이라는 성명을 발표하는 등 유화적인 태도를 취하기도 하였다.[125] 그러나 3월 14일 미군정 경부부장 조병옥이 내도하여 진상을 조사함과 동시에 3월 18일까지 무차별로 총파업을 분쇄하기 시작했다.[126] 미군정은 총파업을 깨뜨리기 위하여 3월 15일 전남 · 북에 응원경찰 222명, 3월 18일 경기도에 응원경찰 99명을 증파했다.[127] 그리고 3월 15일부터 파업주모자 검거라는 명목으로 총파업투쟁위원회를 급습해서 투쟁위 간부들과 민전 간부들을 연행한 것을 시작으로 4월 10일까지 500명을 검속했다. 검속된 사람들은 미군정 포고령 제2호 위반, 즉 무허가 집회 및 무허가 시위 혐의로 5월 말까지 진행된 재판에 모두 328명이 회부되었다. 이때 실형을 받은 사람들은 대부분 목포형무소에 이감되어 징역살이를 했다.[128]

상점 등 개인점포의 파업상황은 누락되었기 때문에 이보다 더 많은 인원이 파업에 참여했을 것이다.
123) 제민일보4 · 3취재반, 앞의 책 1, 301쪽.
124) 『제주신보』, 1947년 3월 14일.
125) 『제주신보』, 1947년 3월 14일.
126) 『제주신보』, 1947년 3월 16일.
127) 『독립신보』, 1947년 4월 5일.
128) 제민일보4 · 3취재반, 앞의 책 1, 382쪽.

이와 같은 미군정과 경찰의 무차별 검거와 탄압으로 총파업은 조병옥이 제주를 떠나던 3월 19일에 이르러 거의 끝이났지만 그 여파는 컸다. 미군정과 경찰은 총파업의 원인과 배경은 무시한 채 '남로당의 선동에 의해 조장되었다'고 파악하면서 무차별적인 검거와 탄압으로 총파업을 분쇄했다.[129] 미군정과 경찰은 이때 이미 제주도를 '붉은 섬'으로 인식하기 시작하여 "제주도는 70%가 좌익정당에 동조자이거나 혹은 좌익정당에 가입해 있을 정도로 좌익 본거지"로 규정하는 등 좌우의 대립으로 상황을 몰고 갔다.[130]

3·10총파업을 주도했던 남로당 제주도당 또한 미군정의 강경한 탄압으로 인하여 지도적 인물들이 검거되고 기존 조직이 약화됨에 따라 일정 정도 조직 개편을 단행해야 했다. 그리고 총파업을 통해 고양된 대중의 열기를 조직화하는 데는 일정 정도 성공을 거두었지만, 미군정의 계속되는 탄압에 맞서 새로운 투쟁방법을 고민해야 하는 전환점에 놓이게 되었다.

3. 미군정 · 우익청년단체의 탄압과 남로당 대응

1) 3·1사건 이후의 제주도 상황

사상 초유의 민관총파업을 불러일으킨 3·1사건 진상에 대한 미군정의 시각은 3월 20일 발표한 담화문에서부터 드러났다. 담화문의 요지는 "제1구 경찰서(제주경찰서)에서 발포한 행위는 치안유지의 대국에 입장한 정당방위로 인정한다"는 것이었다. 이 담화문은 경무부장과 제주도지사, 제주도 민정장관 등 3자가 임명한 '제주도 제주읍 3·1절 발포사건 조사위원회'가 3월 18일에 합의한 내용으로, 조사위원회는 제주지방검찰청장 박종

---

129) Hq. USAFIK, G-2. P. R. 1947년 3월 15일.
130) Hq. USAFIK, G-2. P. R. 1947년 3월 20일.

훈, 제주읍내 박명효, 제주고녀 교장 홍순녕, 경무부 공안국 부국장 장영복, 그리고 경무부 수사국 고문관 쇼터 대위로 구성되었다.[131] 카스틸 대령의 3·1사건 조사결과가 발표되지 않은 상황에서 고문관 자격으로 미군 대위가 포함된 담화문은 3·1사건에 대한 미군정의 시각으로 볼 수 있다. 담화문 발표와 함께 조병옥은 근거도 제시하지 않은 채 "제주도 사건은 북조선의 세력과 통모하고 미군정을 전복하여 사회적 혼란을 유치하려는 책동으로 말미암아 발생된 것"이라고 단정했다.[132]

미군방첩대(Counter Intelligence Corps, 이하 'CIC')의 보고서에도 미국의 시각은 잘 나타나 있다. 1947년 3월 31일자 반월간보고서에는 전국의 정치 상황 가운데 제주도 총파업을 주목해서 다루고 있다. "제주도 총파업이 남한 전역의 파업으로 퍼질 시금석이 될 수 있기 때문에 별도로 취급하고 있다"라고 하고 있다.[133] 또 다른 미군정보고서는 제주도의 총파업을 "좌익의 남한에 대한 조직적인 전술임이 드러났다"는 주장을 하면서, 미군정은 "제주도 인구의 70%가 좌익단체 동조자이거나 혹은 관련이 있는 좌익 본거지"로 상황을 몰고 갔다.[134] 위와 같이 미군정은 경찰의 발포에 의한 제주도민 6명의 사망에 대해 정당방위라고 강변하는 한편 제주도를 좌익 거점으로 규정하면서, 무차별 검거와 탄압으로 총파업을 분쇄했다.

총파업 분쇄 이후 미군정은 집중적인 우익강화정책에 들어갔다. 우선적으로 제주도의 수뇌부를 전면 교체하는 인사를 단행했다. 3월 31일에는 제주경찰감찰청장에 서울 출신 김영배를 임명하고 4월 2일에는 군정장관을 교체, 스타우드 소령의 후임에 베로스 중령을 임명했다. 또한 3·1사건의 강경진압에 대한 항의의 표시로 사표를 제출한 초대지사 박경훈의 사

---

131) 『대동신문』, 1947년 3월 21일.
132) 『독립신보』, 1947년 3월 21일.
133) 이에 대한 출처는 NARA, RG 407, Entry, 427, Box, No. 18342.
134) FEC(미극동사령부), Intelligence Summary No. 1767, 3 April 1947.

표를 수리, 철저한 극우파인 한독당 독립부장 유해진으로 전격 교체했다.[135] 발포사건의 책임문제로 도민들로부터 사퇴압력을 받았던 강동효 제1구 경찰서장은 계속 재임토록 하다가 5월 24일에 이르러 해임, 그 후임에 제주출신 김차봉(제주경찰감찰청 부청장)을 발령했다. 그러나 김차봉은 3개월 만에 도중하차해 그 후임으로 평남출신의 문용채(만주군 대위 출신)가 임명되어 4·3을 맞게 된다.[136] 또 제주경찰의 진로에 중요한 역할을 하였던 경찰고문관 패드릿치 대위도 6월 초 교체, 그 후임에 수도경찰서 수사과 고문관 래더루가 부임했다.

군정장관 베로스나 도지사 유해진 등은 모두 강성인물로 이들의 부임 이후 집중적인 우익강화정책이 전개되었다. 철저한 극우주의자로 소문난 유해진은 취임하자마자 "좌익계의 파괴공작을 철저히 분쇄하고 청년단 등 반공 단체에는 지원을 아끼지 않겠다"고 공언하면서 관공리의 숙정작업에 들어갔다.[137] 총파업에 가담하거나 주도했던 관리들을 가려 사상이 불온하다는 이유로 파직시켰는데 이는 도청, 군청, 운수 등 전 행정기관을 대상으로 실시되었다. 거기에다가 행정기관의 주요 요직을 자신이 데려온 본토 출신으로 채운 반면 제주도 출신 관료들은 한직으로 좌천시켰다. 경찰 또한 상황은 마찬가지였다.[138] 유해진은 제주도 경찰부대를 '극우단체의 테러리스트들'과 같이 일했던 본토출신이거나 북한출신 인물들로 채웠다. 제주도에 주둔했던 응원경찰이 철수하게 되자 새로이 타 지역에서 제

135)『제주신보』, 1947년 4월 6일, 4월 8일, 4월 14일.
136) 이 외에도 미군정보고서에는 친일파였던 인물에 대한 보고가 두드러진다.
　　"제주도의 전범 혐의자 비밀 정보원으로부터 받은 정보에 따르면 제주경찰감찰청 부청장 이형석(실제는 제주경찰감찰청 총무과장: 역주)은 일본군 소령 출신으로 일본 육군 철도부대의 부대장이었다. 이 부청장은 임기 동안 수천 명의 영국인들을 포로로 잡아 강제노역을 시켰다. 그의 지휘로 포로 가운데 일부는 잔인하게 고문받았고 폭행당했으며 총살됐다. 이 부청장은 해방이 되자마자 선편으로 한국에 몰래 들어왔다. 그리고 나서 현재의 직위를 차지했는데, 지금도 한국인들에게 상당한 말썽을 일으키면서 일본인들과 비밀 접촉을 하고 있다"는 파악하고 있었다(「Counter Intelligence Semi-Monthly Report(1947년 10월 16일~1947년 10월 31일 (제21호))」, RG 407. Box. No. 18342).
137) 강용삼·이경수, 앞의 책, 571쪽.
138)『서울신문』, 1947년 7월 20일.

주도에 근무할 경찰 245명(주로 철도경찰 출신)을 모집하여 제주도에 배치시켰다.[139] 이로써 4월 말경에는 제주도 경찰병력은 500명에 이르게 되어, 일제 말기의 100여 명에 비하면 다섯 배나 늘어난 처지였다.

심지어는 경찰조차도 제주도 출신이라면 믿지 못하는, 이와 같은 인사 단행의 이면에는 '좌익들의 세상인 붉은 섬'이라는 제주도에 대한 인식이 깔려 있었다. 육지부에서 1946년 10월 항쟁의 여파로 좌익의 세력이 약화되었음에도 불구하고 3·1시위나 3·10총파업에서 보여준 제주도민들의 힘은 대단한 것이었다. 미군정과 경찰은 3·1시위나 총파업의 원인은 무시한 채, '좌익이 모든 것을 선동하고 있다'라는 인식하에 무차별적인 좌익탄압에 들어갔다.

이와 같은 정책은 전통적으로 육지인에 대해 배타적이던 제주도민들을 자극시켰고 연이어 일어난 육지부 경찰대에 의한 고문 취조는 도민들의 분노를 불러 일으켰다. 이에 따라 경찰과 주민의 물리적인 충돌이 늘어갔다. 이와 같은 상황에서 일어난 사건이 '종달리 6·6사건'이다.

구좌읍 종달리에서는 1947년 6월 6일 당면한 민청조직 개편과 제2차 미소공동위원회의 재개에 대한 정세보고를 겸해서 마을 민청대회가 열렸다. 그러나 경찰은 이 집회를 불법 집회로 지목하여 탄압했다. 이 과정에서 민청원들과 경찰관이 충돌하여 경찰이 집단구타당하는 사건이 발생했다. 민청의 집회를 기습하였던 3명의 경찰이 오히려 체포당하고 철사로 묶이자 다음 날 경찰은 100여 명의 무장 경관을 파견하여 종달리 주민들을 체포했던 것이다.[140] 종달리 청년 50여 명이 검거되고 일부는 마을과 도외로 피신해야 했다.[141] 8월 13일에는 조천면 북촌리에서 주민들이 삐라를 단속하던 경찰관을 구타하고, 함덕 지서 앞에서 항의 시위를 전개하였다. 경찰은 공

139) 김창후, 「1948년 4·3항쟁, 봉기와 학살의 전모」, 『역사비평』 1993년 봄, 127쪽.
140) Hq. USAFIK, G-2. P. R, 1947년 6월 11일.
141) 제민일보4·3취재반, 앞의 책 1, 444~447쪽.

포 발포 끝에야 시위를 진압할 수 있었다.

1947년 8월에 접어들면서 미군정은 좌익세력에 대한 적극적인 파괴정책을 전개했다. 이것은 중앙은 물론 지방에까지 전국에 걸쳐 진행되었다.

제주도에서도 8월에 접어들자 미군정은 좌익에 대한 대대적인 탄압에 착수하였다. 3·1발포사건의 강경진압에 대한 항의의 표시로 도지사를 사임하고 7월에 제주민전의장에 추대된 박경훈을 비롯한 민전간부 30여 명을 구속하였다.[142] 또한 좌익세력에 비해서 열세를 보이던 우익진영의 세력확장에 들어갔다. 10월에 독립촉성청년연맹과 광복청년회를 통합, 대동청년단 제주도지단부(단장 김충희→김인선)가, 12월에는 조선민족청년단 제주도단부(단장 백찬석)가 각각 결성되었다. 또 10월에 제주경찰후원회(회장 홍순용)가 조직되면서 각 지서마다 후원단체들이 생겨났다.[143] 도지사 유해진은 경찰과 청년단을 적극 지원하면서 좌익탄압을 독려하였다. 아울러 각 관공서와 학교 등지에서도 좌파성향의 인물들에 대한 추방운동이 전개되었다.[144]

청년 조직인 민청은 특히 불법단체로 지목되어 미군정으로부터 각종 탄압을 받았고, 민청이 해산되고 재편된 민애청의 상황도 마찬가지였다. 민애청은 합법적 대중조직으로서 존속하지 못하는 현실적 한계 속에서 경찰과 우익청년단의 극심한 탄압에 직면하게 되었다. 예를 들어 종달리의 경우도 6·6사건 이후 경찰의 순찰이 계속되었다. 특히 세화지서에 배치되었던 서청 단원들은 마을 청년들을 발견하기만 하면 무조건 지서로 연행하여 폭력을 자행하였다. 백색 테러의 위험 때문에 이때 이미 마을의 젊은이들

---

142) 『제주신보』, 1947년 8월 22일.
143) 제민일보4·3취재반, 앞의 책 1, 521쪽.
144) 제2대 인민유격대 대장이었던 이덕구도 조천중학원에서 역사를 가르치다가 8·15 검거 선풍 이후 입산하게 된다. 이 당시 이덕구는 조천면 민청 책임자였다. 1947년 중·후반이 되면 학교 안 좌파성향의 교사들에 대한 무차별적인 검거가 시작되어 이 시기에 입산하는 사람들이 늘어났다(金民柱 증언, 일본 동경, 1995년 5월 4일). 김민주는 4·3항쟁 당시 조천중학원생으로 1948년 7월에 입산하여 조천리 단위 비무장부대에서 활동하다가 1949년 4월 말 체포되었다).

은 산에 오르거나 외지로 떠나야 했다.[145]

특정한 단어의 사용도 금지당하기 시작했다. '동무'라는 호칭은 학교 조직 활동 이 외에는 쓰기 힘들어졌다. 밖에서 동무라는 말을 한 마디라도 했다가 경찰에 들키면 폭력에 시달려야 했다. 학교에서는 애국가의 구절도 '조선' 사람이 아닌 '대한'으로 고쳐서 부르기를 강요하기도 했다. 탄압을 피해 좌익계 교사들이 학교를 떠나면서 이러한 현상은 더욱 심해졌다. 하귀중학원의 경우도 1947년 9월에 남로당원 김용관이 하귀중학원 교장에서 물러나고 문창무 교장으로 바뀌면서 이를 강요하자, 이에 반대하는 소위 '애국가 사건'이 일어났다. 교장의 강요에 반발한 학생들이 동맹휴업을 단행했다가 많은 학생들이 경찰에 검거된 것이다.[146]

이 시점에서 제주도민들의 미군정·경찰·육지출신 관료 그리고 서청에 대한 인식은 불만의 정도를 넘어서 적개심으로 표현될 정도였다. 특히 제주도민들의 분노를 가중시킨 것은 육지출신 경찰과 서북청년회의 테러와 만행이었다.[147] 서청은 도내 각 읍·면에 골고루 분파되어 활동자금을 마련한다는 명목으로 금품을 갈취했고 테러를 자행했다. 해방 후 북한의 사회개혁 시 일제치하에서 누려오던 사회적·경제적인 모든 기득권을 박탈당하고 월남한 이들은 "자다가도 공산주의자라면 벌떡 일어날 정도"로 극단적인 반공주의자들이었다. 제주도 지부가 발족된 것은 1947년 11월 2일이었지만 서청은 3·1사건 직후에 이미 들어와 활동하고 있었다.[148] 서청은 제주도를 '한국의

---

145) 제민일보4·3취재반, 앞의 책 1, 451쪽.

146) 「하귀 근방은 삐라를 뿌릴 필요가 어서서」, 『이제사 말햄수다』 2, 113쪽 ; 「조선사람 조선으로」, 같은 책, 132~133쪽.

147) 미군 보고서에도 서청의 폭력에 대한 우려가 종종 등장한다. "우익 서북청년회 순회 조직에 의해 제주도 주민들에게 가해진 테러 소동에 대해 서북청년회 지도자는 11월 18일 방첩대에 사과하고, 단원들이 더 이상 테러 소동을 일으키지 않도록 하겠다고 약속했다. 우익들은 서북청년회 자금 모금을 테러에 의존해 왔다. 구타 사건이 5건 일어났고, 적어도 같은 수의 협박 사건이 발생했다"(방첩대 정보요약, 〈1947년 11월 22일~1947년 11월 24일 (No. 692)〉 11월 21일).

148) 서청은 이미 3·1사건 직후에 제주도에 들어와 있었다. 구좌면에 속한 섬인 우도에도 이때 서청이 들어와 활동하고 있었다고 한다(고성화〈3·1사건 당시 남로당 구좌면당 우도책 겸 민청책임자〉 증언, 제주도 우도면 서광리, 1994년 9월 25일).

모스크바'라고 부르면서 제주도민에게 무자비한 폭력을 휘둘렀다.[149]

　서청의 만행은 4·3 발발 직후에 '항쟁에 가담하라'는 인민유격대의 호소
문에도 서청은 제외될 정도로 항쟁의 직접적 원인이 되고 있었다. 하지만 서
청을 비롯한 우익청년단은 부락 내에서 지하화한 남로당 세포와 외곽 단체에
대한 대항세력으로 기능했으며 미군정과 경찰에 의해 비호받고 있었다.[150]

　주한미군보고서에도 "당시 대부분의 폭력 행위가 우익청년단에 의해 저
질러졌고, 새로 결성된 대동청년단 또한 다른 우익 단체처럼 테러단체가
될 가능성이 많다"고 지적할 정도로 우익단체에 의한 백색테러가 기승을
부렸다.[151]

　경찰의 폭력 또한 제주도민의 불만을 가중시켰다. 12월에는 제주도 방첩
대조차 "제주도에서 계속 문제가 발생하고 있으며 국립 경찰 당국이 제주
도 경찰에 대해 조치를 취하지 않으면 유혈사태가 일어날 것"이라고 보고
할 정도였다.[152]

　경찰·서청의 만행과 더불어 제주도민을 궁지로 몰아넣은 것은 굶주림
이었다. 1946년의 보리농사의 대흉작으로 제주도의 식량사정은 이미 악화
된 상태였다. 육지와 달리 논농사를 지을 수 없는 제주도에서 보리는 식량
의 대부분을 차지했다. 게다가 미군정의 미곡정책의 실패로 다른 지방에서
쌀을 도입할 수가 없었기 때문에 칡뿌리 등으로 연명하는 사람들이 늘어났
다.[153] 공출을 바치고 남은 곡식으로는 한두 달도 버티지 못하였고, 풀뿌리
나 갯가의 톨 같은 것을 뜯어다 보리쌀 몇 방울과 같이 갈아 범벅해서 죽을

---

149) 미군 보고서에 따르면, "우익 서북청년회 제주도위원장 안철은 제주도는 '한국의 작은 모스크바'
　　이며, 자신은 이러한 주장을 미군 방첩대에 입증해 보일 작정이라고 말했다"(Hq. USAFIK, G-2.
　　P.R. 1947년 11월 25일).

150) Bruce Cummings, 『The Origins of the Korean War Vol.2』, Princeton Univ. Press, 1990, 248쪽.

151) 「Counter Intelligence Semi-Monthly Report〈1947년 10월 16일~1947년 10월 31일 (제21호)〉」,
　　NARA, RG 407. Box. No. 18342.

152) 「Counter Intelligence Semi-Monthly Report〈1947년 10월 16일~1947년 10월 31일 (제21호)〉」,
　　NARA, RG 407. Box. No. 18342.

153) 제민일보4·3취재반, 앞의 책 1, 154쪽.

쒀 먹는 것이 다반사였다.

쌀의 배급 또한 원활하게 이루어지지 않았다. 미군정은 1인당 1일 3홉 배급을 실시하겠다고 발표했지만, 제주도민이 1947년 한 해 동안 배급받은 식량은 2홉 5작이 최대였다. 그것도 매달 초에 배급받는 것이 아니라 하순에 이르러서야 그달의 상반기분을 배급받는 식이였기 때문에 제주도민은 배고픔에 허덕여야 했다. 이마저도 질이 나빠 주민들이 구토를 하는 사례도 있었다. 배급된 식량 가운데 소맥분은 질이 좋지 않은데다, 비료나 석유, 석탄분 등의 섞여 있어 이를 식량으로 먹은 주민들이 구토를 하는 증세까지 보여 배급을 중지하는 사태가 벌어졌다.[154]

제주도 산업국장 임관호는 "2월 배급 전에는 다른 지방으로부터의 미곡 반입이 순조롭지 못해 1홉씩밖에 배급하지 못했다"면서 "장차 반입이 순조로우면 미곡 2홉, 잡곡 5작씩 비농가에 배급할 예정"이라고 밝혔으나,[155] 1947년 내내 미곡 2홉을 배급한 적은 없었다.

제주도민이 식량난에 허덕이는 동안 미군정은 심각성을 고민하기보다는 식량난을 3·10총파업과 연관지으면서 오히려 정치적으로 이용하였다. 민정장관 스타우드 소령이 1947년 3월 20일 발표한 담화는 이를 잘 보여주고 있다.[156]

도민 여러분, 식량배급 시기가 지났음에도 불구하고 배급을 못 받는 것으로 인해서 대단 곤란을 당하시고 있는 줄 안다. 배급기한이 지연된 것은 파업으로 인하여 배급사무소가 중지된 때문이고 읍내 각 직장이 전부 복구되면 즉시 배급이 시작될 것이다. 그리고 여러분은 파업을 했으나 아무 효과가 없었다. 오히려 여러분 중에 고통과 불편을 받은 사람이 많이 있었다고 생각한다. 나는 선량

---

154) 『제주신보』, 1947년 4월 8일.
155) 『제주신보』, 1947년 2월 2일.
156) 『제주신보』, 1947년 3월 22일.

한 인민이 나쁜 선동에 빠지지 않기를 원하여 마지 않는 바이다. 직장에 복귀치 않는 교원이 약간 있는데 빨리 직장에 돌아가길 바란다.

이와 같은 상황 속에서 미군정의 곡물수집정책은 흉년에 시달리는 도민들을 더욱 괴롭혀 곳곳에서 미곡수집반대투쟁이 일어났다. 특히 이 시기 뿌려진 삐라에 가장 많이 거론된 내용이 '보리공출 문제'일 정도로 강제적인 곡물수집에 대한 불만이 높았다.[157] 이전부터 미군정의 무리한 미곡수집정책에 대해 행정 조직 내에서도 비판의 목소리가 나오고 있었다. 박경훈 지사는 미곡 수집이 잘 안되는 이유는 "무리한 할당이었고, 아울러 굶주리는 동포를 구원한다는 의협심이 희박한 것에 기인한다"며 미군정의 무리한 곡물수집을 비판했다.[158] 특히나 중산간 지대의 농민들은 과거와는 달리 비옥한 해안마을의 밭과 농산물 소출이 적은 중산간 지대의 밭을 똑같이 취급, 면적단위로 공출량을 균배한 데 대해 불만이 대단했다. 일제 때에도 중산간과 해안마을의 공출량은 같은 면적이라 할지라도 차등 적용됐었다.[159]

하곡 수집과정에서 7월 말 한림면 명월리, 8월 8일 동광리 등 부락마다 곡물수집에 반대하여 마을주민과 당국이 동원한 우익 청년단의 충돌이 있었다. 그러나 제주도 민정장관 베로스는 우익단체를 동원한 강압적 방법에 의한 곡물 수집의 길을 열어놓았으며, 폭행 사건 재발을 우려해 사복경관을 대동하고 하곡 수집을 실시하기도 했다.[160]

이처럼 극심해진 식량난으로 인해 사회적 분위기가 악화되자 관민사절단이 전남 지역을 방문해 중앙식량행정처로부터 지시받은 5만 톤의 미곡

157) Hq. USAFIK G-2, P. R. 1947년 8월 20일. 좌익분자들은 이달 들어 곡물수집에 반대하는 선동 문구가 적힌 삐라를 제주도 전역에 뿌리고 있다. 삐라에는 "살인 경찰들에게 살찌울 하루 5홉씩의 쌀이 분배되고, 악질적 테러리스트인 광복청년단원들의 배만 살찌울 강제곡물수집 정책을 거부하자"고 적혀 있었다. 좌익분자들의 주장을 요약하면 "어떠한 희생을 치르고라도 곡물수집 정책을 거부하자"가 될 것이다.
158) 『제주신보』, 1947년 2월 10일.
159) 제민일보4·3취재반, 앞의 책 1, 454쪽.
160) 『제주신보』, 1947년 8월 22일.

을 보내줄 것을 호소했다.[161] 식량배급량을 조금이라도 확보하기 위해 유령인구가 등장하는가 하면[162] 호별세 체납자에 대해서는 식량배급을 중지하겠다는 발표도 나왔다.[163] 이런 과정에서 박경훈 후임으로 부임한 유해진 제주지사는 식량 배급표를 임의대로 통제할 수 있도록 하여 이를 정치적으로 이용했다. "양곡배급의 직접적인 통제권"은 면사무소 밖에서 활동하면서 유해진의 눈치를 살피는 '정치꾼'의 손 안에 있었다.[164] 이에 반하여 추곡 수집은 1947년산의 경우 할당량을 넘어선 전량이 거두어지고 있었다. 1946년산 추곡 수매율이 0.1%를 기록한 결과와 비교해 볼 때 얼마나 많은 물리력이 동원되었는지 짐작할 수 있다.[165]

귀환자와 실업자의 증가, 제주업체의 폐쇄, 대일무역의 중지와 미군정의 미곡정책의 실패와 식량난 등 제주지역의 경제 상황은 악화 일로를 걷고 있었다. 특히 양곡배급을 둘러싼 모리배의 발호는 도민들의 분노를 자아냈다.

이에 따라 미군정에 대한 제주도민의 반감도 점점 높아졌다. 이 시기부터 반미투쟁의 성격이 들어 있는 전단이 살포되기 시작하는데,[166] 이것은 3·1시위 이후 짧은 시기 동안에 미군정이 제주도에서 행사했던 폭력의 정도와 그에 대한 제주도민들의 인식의 전환 정도를 의미한다. 일반 제주도민들이 확고한 반미의식을 갖게 된 것은 3·1발포사건과 총파업 뒤에 경찰

---

161) 도대표 도청 산업국장 임관호, 군대표 김영진, 읍면대표 고은삼, 식량영단 소장 박태훈, 제주신보사 백찬석, 민간측, 박명효, 홍순녕 등 7명의 식량사절단은 4월 28에 제주를 떠나 5월 7일에 귀향했다(『제주신보』, 1947년 4월 12일, 5월 10일).

162) 『제주신보』, 1947년 5월 8일. 제주읍이 조사를 벌인 결과 용담리에서만 200명이 적발됐다. 제주읍은 부정으로 식량을 배급받는 자가 적발되면 그 세대는 물론 당해 반의 모든 세대에 배급을 중지하겠다고 밝혔다.

163) 『제주신보』, 1947년 10월 22일.

164) Bruce Cumings, 『The Origins of the Korean War Vol 2』, Princeton Univ. Press, 1990, 253쪽.

165) 남로당 중앙위원회 기관지 '노력인민'은 이 상황에 이르자 '앉아서 죽느냐' 아니면 '일어나 싸우느냐'는 양자택일의 기로에 서게 되었다고 보도하고 있다(『노력인민』, 1948년 5월 25일 ; 아라리 연구소, 『제주민중항쟁』 3에 수록).

166) 삐라 내용의 일부는 다음과 같다.
"자신들의 이익을 위해 한국을 강탈하려는 미군을 몰아내자!
총칼로 인민을 위협하는 경찰을 공격하자!
한민족의 흡혈귀인 우익분자들을 처단하자!"(Hq. USAFIK, G-2, P. R, 1947년 8월 8일).

과 서청 등 우익청년단을 동원한 미군정의 지속적인 탄압정책 때문이었다.[167] 미군정 보고서도 "1947년 3월 1일 경찰이 제주읍에서 좌익 3·1절 행사 참가자 무리를 습격하여 몇 사람을 죽이기 전까지는 제주 섬에서 공산주의자에 부화뇌동하여 일어난 소요는 상대적으로 적은 편이었다"고 파악할 정도로,[168] 3·1사건 이전과 이후의 양측의 대립의 정도는 아주 달랐다. 1947년 중반을 넘어서면서 제주도민의 반미의식은 상당한 수위에 이르렀다.

이와 같이 제주지역의 정치·사회적 긴장감이 높아지자 미군정은 유해진 지사에 대한 특별감찰을 실시했다. 특별감찰은 주한미육군사령부 군정청 특별감찰실 로렌스 넬슨(Lowerence A. Nelson) 중령 지휘하에 1947년 11월 12일부터 1948년 2월 28일까지 제주도에서 진행되었고, 제주도지사 유해진과 제주도 군정청 부서 및 제59군정중대에 대한 특별감찰 보고서를 작성·제출하였다. 여기에는 "특별감찰보고서-제주도지사 유해진, 서울고등검찰관의 박경훈 전 지사 등에 관한 조사내용, 제주도내 식량사정에 대한 자세한 파악" 등의 내용이 실려 있다.[169]

특히 주목되는 내용은 넬슨의 '특별감찰보고서-제주도지사 유해진'이다. 유해진에 대한 특별감찰이 실시된 이유는, 유해진이 제주도 군정장관과 갈등을 빚기도 하고, 정치적 반대파의 탄압에만 몰두하여 중앙부처의 지시를 무시하는 등 군정 업무 수행에 심각한 문제가 있다고 보았기 때문이다. 감사 이후 넬슨은 다음과 같은 건의 사항을 딘 군정장관에게 제출했다.

---

167) 제주도민의 반미의식은 1947년 초 이미 나타나고 있었다. 1947년 2월 10일 천여 명이 넘는 제주시 내 중·고등학교 학생들이 관덕정 광장에 모여 양과자 배격시위를 벌였다(『제주신보』, 1947년 2월 10일). "조선의 식민지화는 양과자로부터 막자"는 슬로건을 내걸고 학생들은 제주읍내의 군정부대에 '분명하고도 직접적'으로 대항해 시위를 벌였다(Hq. USAFIK, G-2. P. R, 1947년 2월 17일). 이 운동은 반미운동의 초보적인 형태로 나타나면서 일반 제주도민들에게 적지 않은 영향을 끼쳤다.
168) Hq. USAFIK, G-2. P. R, 1949년 4월 1일.
169) 4·3항쟁 발발의 한 원인을 규명할 수 있는 중요한 자료로 평가되는 이 문서의 제목은 "특별감찰보고서-제주도 정치상황(Report of Special Investigation-Cheju-Do Political Situation)"으로 총 108쪽으로 구성되어 있다(이 문서의 출처는, NARA, RG 332, Box. No.83). 또한 넬슨 감찰보고서는 제주도의회, 『제주4·3자료집-미군정보고서』, 2000에 번역되어 있다.

유해진은 식량배급표를 정치적 무기로 사용하였고, 지사의 독단으로 인사문제를 좌지우지하고, 독재적인 방법으로 정치 이념을 통제함으로써 좌익세력의 숫자와 동조자를 증가시켰다 …… 나아가 잘못된 도정운영과 좌익인사들에 대한 기소의 불법성 등의 이유로 유해진 지사는 교체되어야 한다.

즉 "유해진의 부적절한 행정 운영과 좌익에 무조건적인 탄압으로 인해 제주도의 혼란스러운 상황이 더욱 악화되고 있다"고 파악하면서 유해진의 해임을 건의했던 것이다. 이와 같은 견해는 제주도 민정장관 베로스 중령의 참모인 법무관 사무엘 스티븐슨 대위도 마찬가지였다. 스티븐슨은 "유지사가 한민당이나 독촉의 의견과 다른 인사를 좌익분자로 분류하는 극우의 슬로건을 채택하고 있다"며 극우단체의 테러와 경찰의 좌익탄압이 제주도민을 좌익으로 기울도록 하고 있다고 분석했다. 스티븐슨은 더 나아가 "표면적으로는 현 정치상황이 비교적 조용하지만 중도 및 온건단체에 대한 지속적인 탄압이 이들 단체를 극좌로 빠지도록 하는 결과를 초래해 파괴 활동을 할 것으로 믿는다"고 할 정도로 당시의 극단적인 상황을 지적했다.[170]

군정장관 딘 소장은 1948년 3월 23일 모든 건의사항을 받아들여 인력의 배치나 현지 조사 등을 명령했으나, 유해진 지사 해임 건의에 대해서는 별다른 조치를 취하지 않았다. 이에 앞서 감찰을 받던 도중 유 지사의 행정 오류가 알려져, 남조선과도정부 수석고문관 존슨이 유 지사의 면직을 건의했으나, 딘은 1947년 12월 3일 "도지사에 대한 면직은 간단하지 않고, 내각과 민정장관 안재홍의 추천이 있어야 한다"면서 부정적인 입장을 나타냈다.[171] 결국 유해진은 해임되지 않은 채 4·3을 맞이했다.

넬슨의 감찰보고서가 딘 소장에게 보고된 시점은 이미 5·10선거 실시가

170) Opinion of Political Situation in Chejudo as of 15 November 1947, Samuel j. Stevenson, Captain, Adjutant, 59th M.G Hq Company, to Lawerence A. Nelson, OSI, USAMGIK, 21 Nov. 1947, Nelson Report.
171) Hq. USAFIK, G-2. P. R. 1947년 12월 2일(No. 698).

결정된 후로, 미군정은 총력적인 선거 준비에 들어간 상태였다. 따라서 이 시기 선거의 성공적인 실시만이 주된 관심사였던 군정 수뇌부는 유해진의 우익강화정책이 선거에 도움이 될 수 있다고 파악했다. 유해진과 같은 극우세력이 남한단독정부 수립을 위해 필수적인 존재라고 여겼던 것이다.

2) 제주도당 조직개편과 입산

미군정과 경찰·우익청년단의 탄압이 심해지자 남로당 제주도당은 1947년 9~10월에 중산간 지역인 조천면 선흘 쪽으로 아지트를 옮겨야 했다. 이에 따라 각 조직도 지역을 옮겨가기 시작했다. 서북청년회와 경찰력이 미치지 못하는 중산간 지역에 근거를 두면서 활동해야 했던 것이다. 병원, 인쇄소 등도 산 쪽으로 올라갔다. 1947년 말에 이르면 산에 올라간 젊은이들이 훈련을 받기도 했다.[172] 하지만 이는 무장투쟁이 결정되어 하나씩 준비한 것이 아니라 산에 오르지 않으면 안 되었던 당시의 상황 때문이었다. 3·1사건 이후부터 수많은 응원경찰대, 서북청년회가 각 지서와 마을로 배치되어 폭행을 자행했다. 우익 테러로 제주도민은 빨갱이사냥의 표적이 되었고 특히 젊은이들은 공산주의자 검색이라는 명목으로 테러의 주요 대상이 되었다. 이후부터 인민위원회 세력이 강했던 중산간 지역들도 마을 입구에서 보초를 보다가 "검은 개 온다. 노랑 개 온다"는 신호를 하게 되었고, 마을 젊은이들이 날이 밝으면 산으로 갔다가 어두워지면 마을로 내려오는 일과가 반복되었다.

이와 같은 상황 속에서 당시 젊은 청년들이 선택할 수 있는 길은 세 가지였다. "첫째는 육지로 가거나 일본으로 밀항하는 것, 둘째는 앉아서 그대로 당하는 것, 셋째는 산으로 가는 것"이었다. 두 번째의 선택은 경찰이나 서북청

172) 제주4·3연구소, 「4·3의 진실과 증언」, 『이제사 말햄수다』 2, 40쪽.

년회 단원들에게 폭력을 당하거나 심부름을 하며 견뎌야 하는 생활이었다.

육지와 일본으로 도피한 당의 조직원들도 있었지만 결국 마을의 청년들과 당의 조직원들은 한라산으로 입산하기 시작했다.

이와 같이 미군정과 경찰·우익청년단의 계속되는 탄압으로 조직적 활동이 위축되자 남로당 제주도당은 1947년 가을에 이르러 새로운 조직개편을 단행했다.

우선적으로 당 지도부가 일정 정도 개편되게 된다. 이는 3·1사건과 총파업 이후 당원들이 대거 검거되는 바람에 불가피하게 취해진 조처로 보인다. 3·1사건의 재판 결과 최고형 1년 이하, 6개월, 3개월 등으로 당원들이 투옥되는데 이 가운데에는 애월의 김용해, 대정의 이운방·이신호, 중문의 김성추, 서귀의 강성렬·송태삼 등 거물급 당원들도 포함되었다.[173]

각 지역 중심 지도부의 체포는 각 면 지역에서 활동하던 활동가가 지도부로 부상하는 계기가 되었고 이들은 도당의 부족한 인원을 메우기 위하여 도당과 면당을 오가며 활동하게 되었다. 김달삼의 경우도 3·1발포사건 대책으로 항의 총파업을 전개하자는 대정면당의 건의를 도당에 전달하면서부터 입지를 넓히고 있다. 3·1사건 이후 지도부가 투옥되는 등 도당에서도 인원이 부족해지자 대정면당 조직부장이었던 김달삼은 이 공백을 채우기 위해 도당으로 가서 활동하였는데 1948년이 되면 도당 군사부책으로까

---

173) 3·1사건 이전에도 1947년 2월 말에 열린 하귀회의에서 조공 시절 당서기였고 남로당으로 개편된 이후에도 당을 주도해 나갔던 김정로와 인민위 위원장이었던 오대진이 당에서 제명을 당하였다. 이 조치는 당의 조직책인 조몽구의 건의하에 이루어졌다. 당의 중심적 인물이었던 두 사람이 제명된 이유를 살펴보면 김정로의 경우는 입법의원 선거과정에서 행한 반당적 행위로, 오대진은 당 활동을 게을리 한다는 것이었다. 남로당 대정면책 이운방의 증언에 따르면, 하귀회의가 1947년 1월 혹은 2월에 있었다고 한다. 그러나 2월 23일의 민전 결성식에서 김정로가 사무국장과 조직부장을 겸하는 등 이때까지만 하더라도 당의 중심적 위치에 있었다고 보여진다. 그러므로 하귀회의는 아무리 빠르더라도 2월 말경에야 개최되었다고 볼 수 있다.
   "김정로는 1946년 말 입법의원선거에서 남제주군 대표 2명을 선출할 때, 대표자들이 가진 2표의 선거권을 한표는 우익에게로 분산시키라고 지시하였다. 이 결과 좌익 15표, 우익 13표라는 근소한 차이로 좌익이 겨우 승리하게 된다. 이때 만약 김정로의 지시에 모든 좌익 대표들이 따랐더라면 좌익 인물이 당선되기가 힘들어진다. 이운방 본인은 이에 따르지 않았다"(제주4·3연구소, 『4·3장정』 4, 72~73쪽).

지 부상하게 된다. 물론 남로당 중앙위원이었던 장인 강문석의 후광도 어느 정도 작용했겠지만 총파업을 건의 할 때 도당에서도 그의 역할을 인정했을 것이다. 항쟁 발발 직후 남로당 조직책이었던 이종우도 이때에 대정면당에서 도당으로 옮겨 활동하게 된다. 이들 대부분은 8·15 이후부터 활동한 젊은 층이었다.

당 지도부의 개편과 더불어 하부조직도 변화를 갖게 된다. 이 시점까지만 하더라도 제주도당의 주요활동은 대중조직사업에 집중되었는데, 3·1사건의 성과와 더불어 상당한 성공을 거두고 있었다. 이후 미소공위 개최 직후부터 시작된 당원 5배가운동은 1947년 9월에 이르러 대대적으로 전개되었다.[174] 특히 당원배가운동으로 당에 들어온 사람들은 20대 초·중반의 젊은 층이었다.

이들은 당 지도부로 부상한 젊은 층과 함께 당 조직에 새로운 기류를 형성했다. 해방 직후 지도부에서 활동하였던 사람들은 대개 일제시대에 활동한 경험을 갖고 있었고 활동과정에서 어느 정도 이론적 훈련을 거친 사람들이었다. 그런데 이들 가운데 많은 사람들이 3·1시위 이후에 미군정과 우익의 탄압과 체포로 신변이 노출되었다. 이렇게 되자 이들 중 육지로 활동 공간을 옮기거나 일본으로 밀항하는 사람들이 늘어났다. 심지어는 활동하기 어려운 조건을 이유로 조직에서 이탈하는 사람도 있었다.

이런 상황에서 당 조직의 부족한 인원을 채우고 조직에 사기를 불어넣은 세력이 젊은 층이었다.[175] 특히 이들 중에는 해방 후 사회모순을 온몸으로 느끼면서 성장해온 농민, 어부(해녀) 등 기본계급 출신이 많았다.[176] 이들

174) 김이완(4·3 당시 조천면 여맹위원장) 증언, 제주도 조천읍 북촌리, 1995년 3월 3일.
175) 고창훈 또한 경제사회적 해석을 통해, 4·3항쟁 시기에 들어서면서 연령층의 핵심은 40대와 30대에서 30대와 20대로 바뀔 뿐만 아니라 계층적 근거 역시 하층계층으로 확산되었음을 지적하고 있다. 이는 투쟁지도세력의 중심조직체가 인민위원회에서 남로당으로 바뀌어가면서 농민계층의 이해를 수렴하고 실천하는 방향으로 전개하였으며, 농민세력 자신이 항쟁의 지도세력으로 발전하였음을 시사한다고 보고 있다(고창훈, 「제주민중항쟁의 경제사회적 해석」, 제주4·3연구소, 『제주항쟁』, 59~60쪽).
176) 조공이 결성되고 1년 정도 지나자 대중집회에는 당과 외곽단체의 조직원뿐만 아니라 농민층이 대

은 실천력에서는 그 누구보다도 탁월했다.[177] 3·1시위 이후 부상한 신진들과 당원확장사업을 통해 들어온 이들이 당의 주요활동 역량으로 자리 잡게 됨으로써 당 활동에도 변화가 일어나기 시작했던 것이다. 결국 이들이 1947년 후반부터는 당을 주도했고 무장투쟁을 주장하여 4·3봉기의 지도세력이 되었다.

1948년에 이르면 미군정과 우익진영의 좌익에 대한 탄압이 더욱 심해진 가운데, 남로당 제주도당 조직은 몇 차례 치명적인 타격을 받게 되었다. 그 첫번째는 조직부 연락책의 전향으로 빚어진 '1·22 검거사건'이었고, 두번째는 2·7구국투쟁 이후 전도에 불어 닥친 '2·7 검거선풍'이었다. 1월 22일 미군정은 남로당 제주도당지도부가 회합을 갖고 있던 조천면 지부를 습격, 106명을 체포하고 등사기를 비롯하여 다량의 문서를 압수했다. 미군정은 이때 압수된 문서에 "2월 중순에서 3월 5일 사이에 봉기할 것"을 내용으로 하는 폭동지령 유인물이 있다고 주장하면서 전도에 걸쳐 검거령을 내리고 1월 26일까지 115명을 추가로 구속했다.[178] 이 무렵 김달삼, 안세훈, 김용관 등 남로당 거물급 지도자들이 체포되었지만 김달삼은 경찰서로 호송되는 도중 도망쳤다.[179] 곧이어 전국적으로 전개된 2·7구국투쟁의 여파로 인해 제주도에서도 2월 7일 당일에는 시위가 일어나지 않았지만 2월 8일 성산면 신양리의 시위를 시작으로 3일에 걸쳐 방화 1건, 17차례의 시위가 발생하였고 6개의 경찰서가 습격당했으며 각종 삐라가 살포되었다.[180]

거 참석했다고 한다(이운방 증언). 이후 이들은 곡물수집반대과 3·1시위 총파업 등 대중투쟁을 거치면서, 당원배가운동을 통해 당원으로 흡수되었다.

177) 다른 지방의 경우도 이와 비슷한 상황이었다.
"10월 인민항쟁 이후 모든 것이 복잡해지니까 그저 도피 생활을 하고, 개별적으로 아는 자기 친구들을 찾아 도당이다, 중앙당이다 이런 데로 무질서하게 가버린 친구들도 많았죠. 이제는 8·15 이후에 나와서 열성껏 투쟁한 젊은 친구들로 조직된 겁니다"(김시중 증언, 「남로당 지방당 조직은 어떻게 와해되었나」, 『역사비평』 1989년 봄, 349쪽).

178) Hq. USAFIK, G-2 P.R. 1948년 2월 6일. 그러나 좌익 측 자료에서는 이에 대해 남로당 세력을 압살하기 위해 꾸며낸 유언비어라고 반박하고 있다(김봉현·김민주 공편, 앞의 책, 70쪽).

179) 『제주경찰사』에서는 김달삼의 도주가 경찰관 프락치에 의해 저질러졌을 거라고 주장하고 있다(제주도 경찰국, 앞의 책, 297쪽).

180) 『제주신보』, 1948년 2월 20일.

이에 경찰은 290명을 체포하고, 2월 12일에는 CIC까지 가담하여 남로당 제주도당 본부를 습격, 다량의 문서와 삐라를 압수했다.[181]

그러나 남로당 제주도당 조직을 노출시킨 '1·22검거사건'도 앞의 8·15 폭동음모사건처럼 요란한 검거선풍을 일으켜 놓고도 사후처리는 흐지부지되었다. 그것은 폭동음모사건에 대한 구체적인 근거를 밝히지 못한데다, 3월에 이르자 5·10선거를 앞두고 미군정에서 특사령을 내렸기 때문이다. 이로 인하여 제주도당 거물급 인사들도 4·3 발발 이전에 모두 석방되었다.[182] 하지만 이 두 사건으로 조직의 노출이란 치명타를 입은 제주도당은 당을 보전하고 활동공간을 확보하기 위한 방안을 치열하게 모색해야 할 처지에 놓이게 된다.

한편 제주도민에게 육지부 경찰과 서청과 같은 외부세력에 의한 폭력이 심하게 자행됨에 따라 도민의 분노는 높아갔다. 그리고 여기에 자극제가 된 것이 3월에 연쇄적으로 일어난 3건의 고문치사 사건이었다.[183] 1948년 3월 6일 조천중학원생 김용철이 경찰의 혹독한 고문 끝에 사망했으며, 대정면 영락리 출신 양은하가 모슬포지서에서 경찰의 고문으로 숨졌다. 거의 같은 무렵에 한림면 금릉리를 급습한 서청 중심의 경찰대에 의해 이 마을 청년 박행구가 구타 끝에 총살당했다.

양은하는 당시 마을에서 조직 활동을 하던 지도급 청년으로 알려져 있다. 양은하는 2·7구국투쟁 이후 전국적으로 검거 선풍이 일던 1948년 2월에 경찰에 체포되었다. 당시 그가 옮겨진 모슬포 지서는 '왓샤시위'나 삐라 살포의 혐의로 붙잡혀 온 청년들로 가득 차 있었다. 체포된 후 경찰에서의 취조는 가혹한 구타와 고문으로 이어졌다.

---

181) Hq. USAFIK, G-2. P.R. 1948년 3월 12일.
182) 제민일보4·3취재반, 앞의 책 1, 534쪽.
183) 제민일보4·3취재반, 위의 책, 556~557쪽.

지서에서 취조할 때에는 매질부터 시작했습니다. 주로 몽둥이로 때리거나 각목을 다리 사이에 끼워 무릎을 꿇게 하고 위에서 밟기도 했습니다. 또 물고문을 했고 유도하는 것처럼 내던지기도 했지요. 특히 수감자들이 더욱 울분을 느꼈던 것은 경찰관들이 심심하면 한 사람씩 밖으로 불러내 장난삼아 고문을 했던 일입니다. 양은하 씨는 고문을 받던 중 급소를 맞아 숨지게 되었습니다.[184]

김용철 고문 치사 사건 또한 도민들에게 두려움과 분노를 일으킨 사건이었다. 김용철은 조천중학원에서 학생운동의 중심 인물로, 3·1시위 투쟁 이후 수배를 받다가 체포되어 고문 끝에 사망했다. 김용철의 장례식에는 경찰이 근접하지 못할 정도로 분노에 찬 도민들이 각지에서 몰려들었다. 장례식이 끝난 후에야 응원경찰대가 동원되어 겨우 해산시킬 수 있을 정도였다.[185]

위와 같은 사건들은 좌익 세력뿐만 아니라 일반 제주도민에게도 '가만히 있다가는 나도 맞아 죽을 것이 아니냐'는 공포감을 안겨 주었다. 하지만 분노 또한 컸다. 특히 조천과 대정 지역 주민들의 분노는 극에 달했다. 이들 지역은 4·3항쟁 지도부의 고향이었을 뿐만 아니라 제주도에서도 특히 좌익 세력이 강한 곳이었다. 그러므로 이들 지역은 고향 사람이 고문치사 당했다는 사실 자체만으로도 투쟁에 대한 여론이 강했다. 이러한 분위기는 더 나아가 대다수 제주도민에게까지 영향을 주었고, "그냥 있어도 죽을 것이니까 싸우다가 죽자"라는 자위적인 투쟁을 불러일으켰다.

결국 당의 존립을 가능하게 하고 통일을 이루기 위해 5·10단독선거를 저지하고자 하는 남로당 제주도당과 1947년 3·1사건 이후 지속된 미군정과 경찰·우익청년단의 탄압의 한가운데 있는 일반 제주 도민의 처지가 맞물리면서 4·3항쟁은 시작되고 있었다.

---

184) 김시병 증언(제주4·3연구소, 「대정지역의 4·3항쟁」, 『4·3장정』 6, 41쪽에서 재인용). 김시병은 양은하와 함께 모슬포 지서 유치장에 수감되었었다.
185) 강두봉 증언.

제2장
항쟁을 원치 않거든 인민의 편에 서라

▶ 4 · 3항쟁 당시 인민유격대 측에서 붙인 삐라들.

제2장
항쟁을 원치 않거든 인민의 편에 서라

1948년 4월 3일의 봉기로 시작된 제주4·3항쟁은 1957년 4월 2일 마지막 빨치산인 오원권이 생포될 때까지 만 9년에 걸쳐 전개되었다. 하지만 사실상의 전투와 항쟁 그리고 학살은 1948년과 1949년 봄까지에 집중되었다. 이에 따라 4·3항쟁은 세 가지 시기로 구분될 수 있다.

첫째 시기는 선거가 실시되기 전까지의 시기로 5·10단선을 파탄시켜 남한단독정부수립을 저지하고자 했던 시기이다.

둘째 시기는 선거가 치러지고 난 후 -비록 제주도에서는 선거를 파탄·저지시켰지만- 단독정부 수립이 기정 사실화된 시기이다. 4·3 발발 이후 5·10단선 전까지는 '무장투쟁'이라고는 하지만 좀 더 조직적이었다는 점을 빼놓고는 공격횟수나 규모 면에서나 당시 전국적인 단선거부투쟁의 면모와 크게 다를 바가 없었다.[1] 그러나 5·10단선이 끝나고 미군정과 군경 토벌대에 의한 강경진압작전이 실시됨에 따라 인민유격대는 자위적이고 방어적인 무장투쟁을 전개할 수밖에 없었다.

---

1) Hq. USAFIK, G-2. Weekly Summary, 1948년 4월 23일에 따르면 같은 기간 중 선거 관계 기관이 받은 공격은 전국적으로 52호로서 경북21회, 충북10회, 서울 10회, 전남 8회, 제주 2회로 나와 있다. 제주도의 경우는 실제보다 적게 기록되었지만 다른 지방의 단선저지투쟁 또한 제주도에 비해 적지 않음을 알 수 있다.

그리고 남한 단독정부수립이 확실시됨에 따라 남로당을 비롯한 항쟁 세력은 인민공화국수립으로 투쟁의 방향을 전환했다. 그러나 이것은 능동적인 선택이라기보다는 남한에 단독정부가 수립되고, 그들과의 타협여지가 봉쇄되어 정면으로 무장투쟁을 하고 있었던 상황으로 인한 불가피한 선택으로 보여진다.[2]

셋째 시기는 남북한에 단독정부가 수립된 이후의 기간이다. 남한단독정부의 초토화 작전으로 인해 항쟁 세력이 약화되어 1949년 봄의 대토벌을 거쳐 1949년 중반에 이르면 무장 투쟁은 사실상 끝나게 된다.

1. 항쟁의 발발 : 목표와 전술

제주4 · 3항쟁은 1948년 4월 3일 새벽 2시, 한라산과 주위의 각 오름들에서 일제히 봉화가 오르면서 시작되었다. 1,500여 명(무장 500명, 비무장 1,000명)의 인민자위대는 도내 24개 지서 가운데서 제1구 경찰서 관내 화북, 삼양, 조천, 세화, 외도, 신엄, 애월, 한림지서와 제2구 경찰서 관내 남원, 성산포, 대정지서 등 11개 지서와 서북청년단숙사, 국민회, 독촉, 대동청년단 사무소 등을 습격했다.

항쟁의 목적은 4월 3일 인민자위대가 기급공격과 더불어 살포한 두 가지호소문과 삐라에 잘 나타나 있다.[3] 하나는 유격대가 공격대상으로 삼았던경찰관, 공무원, 대청단원들에게 보내는 경고문이다.

친애하는 경찰관들이여! 탄압이면 항쟁이다. 제주도 유격대는 인민들을 수호

---

2) 박명림, 「제주도 4 · 3민중항재에 관한 연구」, 고대 정치외교학과 석사학위논문, 1988, 138쪽.
3) 호소문은, 김봉현 · 김민주 공편, 「제주도 인민들의 4 · 3무장투쟁사」, 아라리연구원 편, 『제주민중항쟁』 1, 소나무, 1988, 84~85쪽 참조.

하며 동시에 인민과 같이 서고 있다. 양심 있는 경찰원들이여! 항쟁을 원치 않거든 인민의 편에 서라. 양심적인 공무원이여! 하루빨리 선을 타서 소여된 임무를 수행하고 직장을 지키며 악질 동료들과 끝까지 싸우라. 양심적인 경찰원, 대청원들이여! 당신들은 누구를 위하여 싸우는가? 조선사람이라면 우리 강토를 짓밟는 외적을 물리쳐야 한다. 나라와 인민을 팔아먹고 애국자들을 학살하는 매국 배족노들을 거꾸러뜨려야 한다. 경찰원들이여! 총부리란 놈들에게 돌려라. 당신들의 부모 형제들에게 총부리를 돌리지 말라. 양심적인 경찰원, 청년, 민주인사들이여! 어서 빨리 인민의 편에 서라. 반미구국투쟁에 호응 궐기하라.

다른 하나는 유격대가 도민에게 보내는 호소문이다.

시민 동포들이여! 경애하는 부모 형제들이여! '4·3' 오늘은 당신님의 아들 딸 동생이 무기를 들고 일어섰습니다. 매국 단선단정을 반대하고 조국의 통일 독립과 완전한 민족해방을 위하여! 당신들의 고난과 불행을 강요하는 미제 식인종과 주구들의 학살만행을 제거하기 위하여! 오늘 당신님들의 뼈에 사무친 원한을 풀기 위하여 싸우는 우리들을 보위하고 우리와 함께 조국과 인민의 부르는 길에 궐기하여야 하겠습니다.

여기에서 항쟁세력은 항쟁이 경찰과 우익청년단의 탄압에 저항하는 자위적 투쟁임을 밝히는 동시에 단선 저지를 통한 조국의 통일 독립쟁취, 그리고 반미구국투쟁이라는 항쟁의 지향점을 분명히 드러내고 있다. 이것은 경찰과 서청의 횡포에 맞서 싸우겠다는 도민적 울분의 토로에서 더 나아가 보다 정치적인 색채를 띤 것으로 당시 전국적으로 전개되고 있던 단선단정 반대투쟁과 그 맥을 같이 하고 있다.

그리고 이와 같은 목적을 이루기 위해 남로당 제주도당이 선택한 전술은 무장투쟁이었다.

남로당 제주도당 지도부가 무장투쟁을 결행하기까지 어떤 논의와 준비 단계를 거쳤는지는 명확히 알 수 없지만, 여러 증언을 종합해 볼 때 대체로 2월회의에서 무장투쟁노선을 채택한 것으로 보여진다.

　　2월회의는 1948년 2월 중에 약 보름 동안 구좌면과 조천면 지역을 오가 면서 이루어졌던 중요간부회의이다. 각 지역책임자들이 필수적으로 참석 하였고 최종회의는 신촌에서 연 3일 동안 열렸다. 정세판단과 대응책에 대 해 열띤 토론이 있었다고 한다.

　　여기에서 주목되는 것이 "2월회의에서 '무장투쟁'에 대한 이견이 있었고 무장투쟁을 지지하는 소위 강경파와 이를 반대한 온건파의 노선갈등이 있 었다"는 주장이다. 무장투쟁의 반대에 섰던 소위 온건파는 안세훈, 조몽구, 김유환, 김용해 등의 40대 지도부들이고 김용관, 김달삼, 강규찬, 김양근, 김대진 등 8·15 이후부터 활동하기 시작한 신진급진파들이 무장투쟁을 지지하였다는 것이다.[4] 그리고 강·온건파의 노선갈등으로 4·3 발발 직 전에 도당지도부 핵심세력이 일제하 사회주의운동을 했던 장년층에서 보 다 젊고 급진적인 인물들로 교체되었다고 주장하고 있다.

　　하지만 이와 같은 주장은 검토가 필요하다. 우선 "무장투쟁을 주장한 강 경파와 이를 반대한 온건파의 노선 갈등이 있었다"는 주장을 살펴보자. 2 월 신촌회의에 참석했던 이삼룡은 당시 상황을 다음과 같이 증언했다.

　　도당 책임자와 각 면당의 책임자 19명이 신촌의 한 민가에서 모였다. 참석자 는 조몽구, 이종우, 강대석, 김달삼, 이삼룡, 김두봉, 고철종, 김양근 등 19명이었 다. 이덕구는 없었다. 이 자리에서 김달삼이 봉기 문제를 제기했다. 김달삼이

---

4) 제주4·3연구소, 『이제사 말햄수다』 1, 한울, 1989, 162~163쪽. 뿐만 아니라 4·3을 주제로 한 논문의 대부분에서 강경파와 온건파의 갈등이 있었다고 적고 있다.
　이와 같은 주장을 담고 있는 글은 다음과 같다. 박명림, 앞의 글, 76쪽 ; 고창훈, 「4·3민중항쟁의 전 개와 성격」, 『해방전후사의 인식』 4, 한길사, 1989, 270쪽 ; 김창후, 「1948년 4·3항쟁 봉기와 학살의 전모」, 『역사비평』, 1993, 봄, 134쪽 ; 제민일보 4·3취재반, 『4·3은 말한다』 1, 전예원, 1994, 587쪽.

앞장선 것은 그의 성격이 급하기 때문이다. 그런데 강경파와 신중파가 갈렸다. 신중파로는 조몽구와 성산포 사람 등 7명인데 그들은 "우린 가진 것이 없는데 …. 더 지켜보자"고 했다. 강경파는 나와 이종우, 김달삼 등 12명이다. 당시 중앙당의 지시는 없었고, 제주도 자체에서 결정한 것이다.

이승진(김달삼)이 조직부장이니까 실제 조직을 장악했다. 그리고 장년파는 이미 징역살이를 하거나 피신한 상태였다. 안세훈, 오대진, 강규찬, 김택수 등 장년파는 이미 제주를 떠난 뒤였다.[5]

하지만 2월회의에 대해 또 다른 증언자인 조규창은 "2월회의에서 안세훈, 조몽구, 김유환 등의 장년파는 무장투쟁을 반대하지도 않았고 당시에 무장투쟁을 반대하는 의견이 정식으로 제기되지도 않았다"고 한다.[6] 즉 2월회의가 이루어질 쯤에는 이미 제주도당은 일정 정도 지도부 개편이 이루어져 신진세력들이 도당의 핵심세력으로 자리잡고 있었다. 그리고 당시의 급박한 정세 때문에 무장투쟁을 반대하는 의견은 목소리를 높일 수 있는 상황이 아니었다는 것이다.

위의 증언들을 검토해 보면 2월회의에서 무장투쟁에 대한 이견이 있었던 것은 사실이지만, 장년파 중심의 온건파와 신진급진파 간의 논쟁이 치열하게 이루어지지는 못했던 것 같다. 회의에 참석했던 이삼룡도 "이미 회의의 분위기는 김달삼 등의 급진파에 의해 장악되고 있었다"고 한다. 미군정과 우익의 탄압으로 당 존립 자체가 흔들리고 있었고 단선이 구체화되는

---

5) 이삼룡 증언·대담 ; 김종민·양조훈, 일본 동경, 2003년 7월 11일. 이삼룡은 4·3 당시 남로당 제주도당 정치위원이었다. 1년 정도 항쟁에 참가했다가 이후 일본으로 건너갔다.

6) 조규창 증언, 일본 동경, 1995년 5월 3일. 조규창은 조공 제주도당이 결성된 직후부터 조천면당책을 맡았다. 1946년 말 제주를 떠나 일본과 부산을 왕래하며 활동했으며 1948년 8월 해주인민대표자대회에 참석하였다. 한국전쟁이 발발하자 제주도 조직을 재건하라는 지시를 받고 안세훈과 함께 남하했으나 제주도에 들어오지 못하고 광주에서 활동하였다. 1953년 전쟁 막바지에 이르러 도피 도중 광주 외곽 동굴에서 안세훈이 사망했을 때 같이 있었다.
조규창은 2월회의에 직접 참여하지는 않았지만, 해주 대회에 참석한 유격대 지도자들을 통해 2월회의와 무장투쟁 전반에 대해서 들었기 때문에 이 주장은 유용하다고 여겨진다. 조규창은 1950년 4월 3일자 『로동신문』에 "제주도 빨치산들에게 영광을 드린다"는 봉기 2주년 기념시를 게재하기도 했다.

상황 속에서 투쟁을 해야 한다는 '명분'을 뛰어넘을 만한 분위기가 아니었다는 것이다. 온건파들도 '도피 아니면 무장투쟁' 이 외의 두 가지 대안밖에 없는 상황에서 도피투쟁을 강력하게 내세우지는 못했을 것이다. 즉 구성원들 간의 의견 차이는 투쟁노선을 결정하는 투표를 위해 각자의 의견을 내놓은 정도에 그친 것으로 보인다.

그리고 "강·온건파의 노선갈등으로 4·3 발발 직전에 도당지도부 핵심세력이 일제하 사회주의운동을 했던 장년층에서 보다 젊고 급진적인 인물들로 교체되었다"는 주장 또한 사실과는 다르다.[7] 4·3봉기를 주도한 소위 '신진급진파'는 2월회의 이전에 이미 당의 핵심세력으로 자리 잡고 있었다. 김달삼, 이종우, 강규찬 등은 이미 도당의 핵심세력이었다. 신진세력은 3·1시위, 3·10총파업 이후 지도부의 검거 이후의 공백을 메우면서 당 내의 입지를 확보했다.

한편으로는 이때 일제시기에 활동했던 장년층 중에는 활동을 중단하거나 육지 혹은 일본으로 도피한 사람들이 많았다.[8] 남로당 초대위원장인 안세훈과 조직책이었던 조몽구도 이 당시 발언권이 약해져 있었다. 이들은 1947년 3·1시위 때 경찰의 발포상황에 직면하여 즉각적인 대처를 못했기 때문에 일종의 책임추궁을 받아 당 지도부에서 사퇴했을 가능성이 크다.

그리고 탄압과 투쟁의 분위기가 고조되는 1947년의 상황은 뛰어난 실천력을 바탕으로 한 신진들이 부상할 수 있는 또 하나의 조건이었다. 당 조직의 부족한 인원을 보완하고 조직에 사기를 불어넣은 세력은 젊은 층이었다. 3·1시위 이후 당원확장사업을 통해 들어온 하급 청년당원들의 투쟁의지는 신진세력들이 당의 주요활동 역량으로 자리 잡는 기반이 되었다. 결국 이들이 1947년 후반부터는 당을 주도했고 무장투쟁을 주장했던 4·3항쟁의 지도세력이 되었던 것이다.

---

7) 강·온파의 이견 갈등을 주장한 앞의 논문들 모두가 이를 주장하고 있다.
8) 이삼룡 또한 장년파들은 이미 제주를 떠났다고 증언한다.

한편 1948년 4월의 이 시점은 남로당이 아직 본격적인 무장투쟁으로 돌입한 단계가 아니었으므로, 4·3봉기는 38선 이남지역만의 단독선거를 저지하려던 남로당의 운동이 발전된 형태로 나타난 것이긴 하지만 남로당 중앙과의 협의를 거치지 않은 채 제주도당의 독자적인 결정에 의해 이루어졌다.[9] 이 시기 남로당 중앙은 현 시기에 38선 이남 지역의 전 지구당은 선거반대투쟁을 보다 신중하게 전개하라는 지시를 내렸다. 곧이어 북측에서는 38선 이남 지역의 정치지도자들에게 평양연석회의에 참가해 달라고 초청하였고, 그러한 일련의 상황전개로 보아 선거반대투쟁을 더욱더 중앙의 통제 아래에서 신중하게 수행하려 했을 것이다.[10]

남북연석회의에서도 제주도의 상황은 거의 주목을 끌지 못했다. 이는 8월 말 해주 인민대표자대회 상황과는 뚜렷한 대조를 보인다. 박헌영의 '남한의 정치정세'에 관한 연설과 허헌의 '단독정부 수립을 위한 남한의 선거에 대한 반대투쟁의 계획'에 관한 연설 가운데 어디에도 제주도에 관한 언급이 없다. 반면에 제주도 유격대 지도자들이 참석한 해주대회에서는 단독선거를 분쇄한 4·3항쟁이 인민의 구국투쟁으로서 대단히 강조되고 선전되었다.

다음과 같은 증언을 통해서도 4·3항쟁은 제주도당의 독자적인 결정이었음을 짐작하게 된다. 항쟁지도부는 국방경비대 9연대도 항쟁에 참여시키려고 노력했으나 9연대 책임자는, "나는 중앙당의 지시를 받고 여기 책임자로 온 사람이다. 그러니 나는 중앙당의 지시를 받아야지 (제주)도당의 지시는 받을 수가 없다. 그것도 몇 사람이면 모른다. 전 군인들은 봉기할 수 없다"고 해서 응하지 않았다고 한다.[11] 당시 남로당 국방경비대 프락치

9) 남로당의 무장투쟁전술은 1948년 2월에 전개된 2·7구국투쟁과 5·10단선반대투쟁을 계기로 전개된 부분적인 무장투쟁에서 그 시발을 찾아볼 수 있다. 그렇지만 이때까지만 하더라도 무장부대인 야산대는 당활동을 원만히 보장하기 위한 수단으로서 이용되었다. 남로당이 본격적인 무장투쟁전술로 전환한 시기는 1948년 여순항쟁 이후부터이다(김남식, 「1948년~50년 남한내 빨치산 활동의 양상과 성격」, 『해방전후사의 인식』 4, 한길사, 1989, 210~211쪽).

10) 존 메릴, 『침략인가 해방전쟁인가』, 과학과 사상, 1988, 126쪽.

11) 「항쟁참여자의 증언내가 겪은 4·3」, 제주4·3연구소, 『4·3장정』 6, 나라출판, 1993, 70쪽. 이와 같은 내용은 경찰 측에서 입수한 〈제주도 인민유격대투쟁보고서〉에도 실려 있다(문창송, 「한라산

공작은 장교와 사병을 구분하여 일반 사병은 각 지역 도당위원회의 통제를 받고 있었지만 장교는 중앙당의 직접적인 지시를 받고 있었다.[12] 따라서 남로당 9연대 세포책 직책이 장교임을 고려할 때 중앙의 지시를 못 받았다는 것은 제주도당이 당 중앙과의 논의를 거치지 않고 독자적으로 무장투쟁을 일으켰음을 의미한다.

그러면 무장투쟁을 주장한 신진세력들의 정세 인식은 어떠했을까? 당시 "무장투쟁을 주장한 신진세력은 정세를 낙관하고 있었다"고 한다. 당시 단선을 저지해야 한다는 인식이 팽배해진 상황에서 제주도 봉기가 일종의 기폭제가 되어 전국적인 봉기를 유발시켜 제주도에 진압병력을 추가로 내려보내지 못할 것이라고 파악하였다. 남로당 세포가 많이 들어가 있던 국방경비대는 중립을 지킬 것이고 그러면 경찰력만으로는 진압이 어려울 것이라고 예상하였다. 미국 또한 국제문제로 화할 염려가 있기 때문에 직접적으로 진압에 관여하지 못할 것이라고 인식하였다.[13] 그들은 항쟁이 장기화되리라고는 예상하지 못했다.[14]

그러나 4·3봉기 지도부의 낙관적인 인식은 모험주의적인 태도로서 너무나 안일한 것이었다. 우선 무장봉기와 같은 중요한 전술은 일개 도당 차

은 알고 있다. 묻혀진 4·3의 진상-소위 제주도인민유격투쟁보고서를 중심으로」, 1995, 14쪽). 이 유격대보고서는 1948년 3월 15일부터 7월 24일까지의 상황을 조직, 작전, 투쟁 등을 적고 있다. 1949년 6월 7일 경찰특공대가 이덕구를 사살하는 과정에서 보고서를 입수했다고 한다. 전직 경찰관 문창송이 이 보고서 필사본을 가지고 있다.

12) 남로당의 국방경비대 공작은 장교와 사병을 구분하여 진행하였다. 장교의 경우에는 사관학교에 침투시키거나 이미 임관된 장교를 포섭하는 방법으로 진행되었고, 사병의 경우에는 당성이 강하고 성분이 좋은 사람들과 이미 신분이 노출된 사람을 리·면 군당위원회를 거쳐 도당위원회에 보내면 도당위원회에서 각 부대에 이미 조직된 조직망을 통하여 침투시켰고, 이 경우 연대 인사계의 역할이 가장 중요하였다. 방법에서의 구분과 더불어 관장하는 부서도 달랐다. 장교의 선발과 교육 및 배치 등 모든 인사권이 중앙집권적인 일원화를 이루고 있었고, 근무지 이동이 심했으며 포섭된 장교의 신분노출을 막기 위하여 남로당 중앙당에서 직접 장교 공작을 관장하였다.
반면에 도에 주둔하고 있던 각 연대는 자체가 모병체제를 유지하고 있었고, 이동도 적었기 때문에 각 도당위원회에서 직접 사병 공작을 지도하고 있었다(김남식, 『남로당 연구』 I, 돌베개, 1984, 379~380쪽). 이러한 이유로 위와 같은 상황이 일어난 것이었다.

13) 이운방의 증언에 따르면 4·3 발발 직후 아지트에서 김달삼과 만났을 때 김달삼이 위와 같이 판단하고 있었다고 한다.

14) 김시종 증언(제주4·3사건진상규명및희생자명예회복위원회, 『제주4·3사건진상조사보고서』, 2003, 159쪽에서 재인용).

원에서 결정될 문제가 아니었다. 무장투쟁은 사회주의 세력의 정치투쟁 중 가장 높은 단계로서 주·객관적 역량과 일반대중의 상태를 고려하면서 결정적인 시기에 일어나야 하고 당의 지도와 통제 속에 이루어져야 한다. 그러나 이 시기는 남로당이 본격적인 무장투쟁전술로 돌입한 시기도 아니었고 북의 관심도 남북협상에 집중되어 있었다.

그런데도 남로당 제주도당은 무장투쟁을 결정한 2월회의와 4·3의 발발까지 한 달간이라는 시간이 있었음에도 불구하고 독자적으로 이를 추진시켰고 봉기가 일어난 후에야 사후 추인의 형식으로 중앙의 승인을 받았다.[15] 당시 남로당 중앙이 하부조직을 제대로 통제하지 못하고 있는 상황이었다고 하더라도, 도당 차원의 독자적인 봉기는 신중하지 못한 결정이었다. 실제적으로 4·3 발발 직후 항쟁에 호응하는 전국적인 봉기는 일어나지도 않았다.

섬이라는 공간의 특수성 속에서는 육지부의 투쟁이 함께 일어나야만 성공할 가능성이 있었기 때문에, 더욱더 중앙과의 협의를 거쳐야 하고 육지부의 투쟁역량을 고려했어야 했다. 제주도는 2천 평방 km 미만의 좁은 섬으로 산림도 없으며 인도차이나에서 볼 수 있는 바와 같은 넓은 면적을 가진 유수한 정글도 없으므로 비행기나 헬리콥터를 띄우면 아지트의 초막뿐 아니라 유격대원의 세세한 동정까지도 일일이 포착할 수 있게 된다.[16] 이런 섬에서 상황이 여의치 않을 경우 인민군의 남하할 때까지 싸우면 된다고 인식한 것은[17] 항쟁을 책임지는 지도부로서의 역할을 방임한 것이나 다름없었다.

---

15) 4·3항쟁에 대해 남로당 중앙이 처음으로 언급한 것은 5월 25일 당기관지 노력인민 보도부터이다. 그러나 4월 중순이 되어서는 최소한 전남도당과는 연계가 이루어진 것 같다. 당시 순천군당에서 일했던 조직원이 전남도당의 지시문을 갖고 제주도로 가서 김달삼에게 전달했다고 한다(심명섭〈4·3 당시 순천군당 지도과장〉증언, 전남 순천, 1994년 11월 26일).

16) 김점곤,『한국전쟁과 노동당전략』, 박영사, 1973, 143쪽.

17) 이운방 증언.

2. 인민유격대 결성과 단선단정반대투쟁

1) 인민유격대 조직과 무장력

5·10선거일이 다가오자 봉기지도부인 남로당 제주도당은 4월 15일 당대회를 개최했다.[18] 4·3항쟁 발발 이후 처음 열린 이 대회에서는 정세판단, 역량분석, 민중의 동향, 장래의 전망 등 지금까지의 투쟁에 관한 종합적인 평가가 이루어졌다. 그리고 단선을 저지하고 통일독립을 이루고자 하는 앞으로의 투쟁방향이 확고히 정해졌고, 무장조직을 정예화하여 투쟁을 강화했다.

군사부는 도당대회에서 수립된 기본방침에 입각해서 우세한 토벌대의 집중공격에 대적하는 강력한 전투대를 만들기 위하여 종전의 인민자위대를 발전적으로 해체하고 전투적으로 유능한 전사를 중심으로 각 지구로부터 30명씩을 선발하여 '인민유격대'를 편성했는데, 여기에 기동성과 민첩성을 보장하고 지휘체계의 일원화를 꾀하기 위하여 연대와 지대로 구분 편성했다. 김달삼이 인민유격대장을 맡았고 조직은 다음과 같다.[19]

---

18) 4·3봉기를 전후한 시기의 남로당 제주도위원회의 간부들은 다음과 같다.
　"도당부 : 안세훈, 조몽구, 김유환, 강규찬, 김용관
　군사부 : 김달삼, 김대진(대리), 이덕구
　총무부 : 이좌구, 김두봉
　조직부 : 조몽구, 이종우, 고칠종, 김민성, 김양근
　농민부 : 김완배
　경리부 : 현복유
　선전부 : 김은환 김석환
　청년부 : 강대석
　보급부 : 김귀한
　정보부 : 김대진
　부인부 : 고진희"(김봉현·김민주 공편, 앞의 책, 88~89쪽). 여기에는 약간의 검토가 필요하다. 조몽구와 김유환이 도당책을 맡았다는 것은 확실하지 않다. 특히 조몽구는 잠시 몇 달 동안 당책을 맡았을 가능성도 있지만 김유환은 그렇지 않다(이운방 증언). 이운방에 따르면 김달삼도 당책이었다고 한다. 김달삼이 군사부책이 되면서 강규찬이 도당책을 맡게 되었다고 한다. 그렇다면 조몽구와 강규찬 사이에는 김달삼이 들어가야 한다.

19) 김봉현·김민주 공편, 위의 책, 88쪽. 경찰에서 입수한 인민유격대 투쟁보고서에도 이와 비슷한 내용이 들어있다. "5·10투쟁 직후에 엄격한 규율과 기밀 확보 그리고 신속한 행동을 보장하기 위한 작전상의 필요에 의해 각면 투위 군사부 직속의 각 유격대를 도사령부 직속으로 편성하였음"(「제주도인민유격대 투쟁보고서」, 21쪽).

1연대 : 조천면, 제주읍, 구좌면 - 3 · 1지대 (대장 이덕구)

2연대 : 애월읍, 한림면, 대정면, 안덕면, 중문면 - 3 · 7지대 (대장 김봉천)

3연대 : 서귀면, 남원면, 성산면, 표선면 - 4 · 3지대

이 밖에 독립대로서 정찰임무를 맡는 특공대와 우익 단체들의 움직임과 각 지방 자위대의 행동을 감시하는 별동대가 조직되고 각 지대와 소대에 '정치소조원'을 배치하여 정치교육을 시켰다.

물론 이와 같은 투쟁조직의 개편은 당과 유격대 그리고 민중과의 연대를 공고히 하고 투쟁역량을 극대화시키기 위한 것이었다.

각 읍 · 면의 무장대는 권역별로 묶인 3개의 연대에 소속되어 있었지만, 실제의 활동은 독자적으로 했다. 대정면을 예로 들어 면사령부 조직표를 그려보면 다음과 같다.[20]

〈표 3〉 남로당 대정면당 사령부 조직표

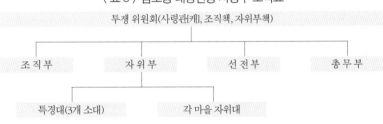

면당책이 캐(캡틴)가 되고, 자위부책은 도당에서 파견된 정치지도원(정치소조원)이 맡았다. 특경대는 소위 인민군이라고 불리는 무장대였지만 자위대는 무장대와 일반 대중들과의 유기적인 연대를 강화하기 위해 각 부락마다 조직되었는데 무장을 한 사람은 거의 없었다. 자위대는 토벌에 대

---

20) 『항쟁 참여자의 증언-내가 겪은 4 · 3』, 『4 · 3장정』 6, 77쪽.

비하여 마을 사람들을 보호하고 선전이나 홍보를 담당하는 역할을 했다. '왓샤부대'는 주로 이들이었다.[21] 이 밖에 조직부와 총무부, 그리고 선전부가 있었다. 총무부는 식량과 의류 등 보급 활동을 담당했다. 총무부 활동은 마을의 자위대원들의 도움으로 수행되었다. 마을 자위대는 식량과 자금을 정기적으로 모집하고 산에 전달했다. 선전부는 삐라를 만들거나 산간부락, 민주부락에 가서 사람들에게 연설하는 일을 맡았는데 선전부는 학생들이 주요 구성원이었다.

특히 도당 선전부는 공문 발송과 삐라 작성뿐만 아니라 남로당 제주도당의 기관지인 '샛별신문'을 제작했다. 무전기를 가지고 다니고 사령관(캐)과 보위 조직과 함께 다닐 정도로 선전부는 도당에서 중요한 위치를 차지했다. 다른 조직은 따로 다녔다.[22] 이는 전투 조직은 아니었지만 선전선동을 중요시 여기는 사회주의 조직의 특성상 선전부의 비중이 컸기 때문이었다.

유격대의 무장력을 살펴보면 4·3봉기 직후 유격대 편성은 무장대원과 자위대를 합쳐서 320명 정도로 구성되었다. 13면 중 8개 면에 유격대원이 조직되었는데 무장대원의 수가 가장 많았다는 대정면의 경우가 약 30명 정도였다.[23] 유격대의 인원은 5·10선거 이후 본격적인 무장투쟁에 들어가면서 7월에 이르면 500여 명으로 늘어났다.[24] 이때 전력 또한 강화된다. 4·3봉기 직후 무기는 35정 정도의 열악한 일제 99식 보병총과 죽창 농기

---

21) 왓샤부대는 지역별로 조직된 무장대에 소속되어 있던 마을자위 부대로서 항쟁 초기에는 직접 공격에 참여하지는 않았고 토벌에 대비하여 마을사람들을 보호하고 선전이나 홍보를 담당하는 역할을 맡았다. 눈깜짝할 사이에 나타난 이들 왓샤부대들이 무리지어 마을골목을 누비고 다니면서 "완전독립 왓샤 왓샤" 등을 선창하면 구경하던 마을 사람들도 뒤따라 외치곤 했다(제주4·3연구소, 앞의 책, 44쪽).

22) 강두봉(4·3 당시 도당 선전부원) 증언. 강두봉은 다음과 같이 선전부의 활동을 증언했다. "〈샛별〉은 남로당 제주도당 기관지이다. 취재는 따로 다니지 않고 정보가 다 올라왔다. 선전부장이 작성하고 캠프(캐)한테 가서 싸인을 받고 해서 발간을 한다. 배포는 조천면에 10부, 구좌면에 10부, 각 면마다 몇 부해서 조직부로 넘기면 연락병들이 가져간다. 내용은 신문 발간하듯이 조그만 한 사건을 이만큼 부풀어서 쓰고 토벌대가 올라온다 하면 중앙 정부에서 그때는 정부가 제대로 안선 때였다. 정부에서 누가 왔다 하면 그걸 가지고 뭐하면 다 쓴다. 그걸 조직부로 넘기면 알아서 배포한다. 선전요원은 10여명 정도이다."

23) 「항쟁참여자의 증언」, 77쪽.

24) 「제주도 인민유격대 투쟁보고서」, 17~29쪽.

구 등 원시성을 벗어나지 못했다. 하지만 전투과정에서 획득한 무기와 국방경비대의 입산 등으로 6월을 전후해서는 무장대원과 무장력이 증강되어 도당소속부대는 M-1, M-2, 카빈-1, 카빈-2, 기관총 등을 면당 차원에서도 보유하게 되었다.[25] 특히 9연대 대원들의 입산은 실제 군사훈련을 받은 군인이라는 점과 이들이 입산할 때 가지고 오는 무기류로 인하여 유격대의 전력 강화에 많은 도움을 주었다.[26] 뿐만 아니라 국방경비대에 남로당 세포들이 조직되어 있어 토벌작전이 유격대에게 미리 알려지는 경우도 많이 있었다.[27]

실제적인 전투는 게릴라 전술로 많아야 20명 내외의 인원으로 이루어졌다. 봉기 직후에는 무기가 부족했기 때문에 총을 가진 사람보다 죽창 등 원시적인 무기를 소유한 무장대원이 더 많았다. 5·10선거 이후 전력의 보강으로 99제 총이 주로 지급되었지만, 여전히 모든 무장대원에게 지급되지는 못했다. 전투가 아닌 보급투쟁에는 무장대원뿐만 아니라 총무부, 선전부의 인원도 동원되었는데 40~50여 명이 출정할 때도 있었다.

전투를 제외하고 유격대의 산 생활은 정치학습과 훈련이 대부분이었다. 유격대원은 아침에 공개적인 자기비판의 시간을 가지고 일상생활을 반성하는 것으로 하루를 시작한 다음 정치학습을 병행했다.[28] 정치학습은 정치지도원들이 담당했는데, 남로당의 목적과 군경토벌대에 체포되었을 경우의 행동지침 등이 교육되었다.[29]

유격대 훈련은 한라산 기슭의 오름이나 밀림 등지에서 면당 별로 이루어

---

25) 「항쟁 참여자의 증언-내가 겪은 4·3」, 『4·3장정』 6, 78쪽.
26) 9연대 대원들의 입산은 1948년 5월 20일에 9연대 소속 하사관 11명을 포함한 병사 41명이 포슬포부대를 탈영, 유격대에 가담하면서 시작되었다(제민일보4·3취재반, 『4·3은 말한다』 3, 106쪽). 군사부책은 김달삼이었지만 전투를 실제적으로 이끌어 나간 사람은 9연대 출신인 고승옥이었다 증언이 있을 정도로 경비대원들의 입산은 유격대 전력의 강화를 가져왔다.
27) 박진경을 암살한 문상길 중위는 9연대 세포조직책이었다.
28) 「항쟁 참여자의 증언-내가 겪은 4·3」, 앞의 책, 74쪽.
29) 「Report on South Korean Labor Party, Cheju Do (June 20, 1948)」, NARA, RG 338, Entry No. 11071, Box No. 2.브라운 대령의 보고서 중 일부로 인민유격대의 조직과 지휘체계가 실려 있다.

졌지만, 도당으로 훈련을 하러 갈 때도 있었다. 5·10선거저지 이후 대대적인 진압작전을 피해 유격대의 근거지를 중산간 마을 근처에서 한라산 밀림으로 옮기게 되면서, 훈련의 강도도 높아졌다. 예를 들어 1948년 가을에 도당본부가 오랫동안 머물렀던 지역인 물장오리와 태역장오리 사이에는 일종의 유격대 군사학교가 있었다.[30] 9연대 장교 출신인 김평호가 군사학교를 지휘했다고 한다.[31] 한동안 이 근처에 군경토벌대도 함부로 접근하지 못할 정도로 유격대의 기합소리가 높았던 곳이다. 이와 함께 전투의 형태도 한라산 밀림을 이용한 매복전, 신경전 등 다양하게 이루어졌다.

2) 4·28회담과 5·10단선단정반대투쟁

유격대의 초기 공격은 도내의 행정과 치안이 마비될 정도로 성공적이었다. 4월 9일 마감된 선거인 등록 또한 전국적으로는 91.7%의 등록율을 보인 반면 제주도는 64.9%로 등록률이 가장 낮았다. 유격대의 주된 목표가 5·10단선을 저지하는 것이었기 때문에 4·3이 일어난 첫 주에는 경찰관서, 대동청년단, 서북청년단 등의 우익청년단원을 겨냥해 습격전을 벌였으나 4월 중순에는 경찰가족을 테러, 4월 말에는 5·10선거에 관여하는 선거관리위원들로 그 기습대상을 확산시켰다.[32]

마을의 자위대, 여맹 등 각 부락에 남아있던 남로당 외곽조직은 봉화를 올리거나 삐라를 뿌리는 선전활동과 식량보급, 은신처를 제공하는 등 유격대를 여러 방면으로 지원하였다.

인민유격대는 이와 함께 국방경비대 9연대와의 회담에도 응하면서 전열을 가다듬었다.

---

30) 「4·3유격대 훈련장 '물장오리'」, 『4·3장정』 5, 나라출판, 1992, 75쪽.
31) Hq, USAFIK, G-2, P. R, 1949. 4. 1.
32) 제민일보4·3취재반, 앞의 책 2, 266쪽.

국방경비대 9연대는 항쟁 초기부터 "모든 원인은 경찰과 서청에 있다"고 보면서 일체 진압에 개입하지 않고 있었고, 항쟁지도부 또한 "경비대는 중립을 지킬 것"이라는 전망을 할 정도로 경비대에 호의적이었다. 이러한 상황에서 5 · 10선거를 앞두고 사태수습의 미봉책으로 미군정은 수차에 걸쳐 무장대와의 회담을 추진했으나 중재를 부탁받은 도지사, 경찰토벌 사령관, 감찰청장 등의 비협조로 추진되지 못했다. 결국 삐라를 뿌리고[33] 유격대가 이에 답하면서 1948년 4월 28일 유격대와 국방경비대의 회담이 이루어졌다.[34]

당시 9연대장이었던 김익렬 중령은 그의 유고 「4 · 3의 진실」에서 경찰의 토벌작전이 별효과를 거두지 못하고 있던 4월 말경, 도군정장관 맨스필드 중령의 권유로 유격대 측과 회담을 갖게 되었다고 밝히고 있다.

소위 '4 · 28평화회담'이라고 불리는 이 사건은 인민유격대장 김달삼과 국방경비대 9연대장 김익렬 중령과의 회담이다. 4 · 28회담은 김익렬이 무력진압에 앞서 사태를 평화적으로 해결하기 위해 도 군정장관 맨스필드와 협의하고 유격대에게 협상을 제시, 유격대 측이 이를 수락함에 따라 이루어졌다고 한다.[35]

4 · 28회담은 1948년 4월 28일 대정면 구억리 구억국민학교에서 김달삼과 김익렬 그리고 9연대 정보주임인 이윤락이 참석한 가운데 열렸다. 김익렬의 유고에 의하면 이 회담에서 양측의 요구 사항과 합의 내용은 다음과 같다.

김익렬은 ① 전투행위 즉각 중지 ② 무장해제 ③ 범법자 명단제출과 즉각 자수의 3개항을 요구했고, 김달삼은 ① 제주도민으로 하여금 행정과 경찰업무를 수행하고 반역적인 악질 경찰과 서청 추방 ② 제주도민의 경찰이 편성될 때까지 군대가 치안을 맡고 지금의 경찰 해제 ③ 의거참여자를 전원 불문에 붙이고

---

33)「제주 무장 봉기 인민에 대해 국방경비대 김중령 전투 중지 요청」, 『독립신보』, 1948년 4월 30일.
34)「김익렬 9연대장 실록유고-4 · 3의 진실」, 『4 · 3은 말한다』 2, 309~310쪽.
35)「김익렬 9연대장 실록유고-4 · 3의 진실」, 위의 책, 309~312쪽.

안전과 자유보장 등 3개항을 요구했다. 김익렬의 요구 ①, ②항에 대해 양측은 "72시간 안에 전투를 완전 중지하되 산발적인 충돌이 있으면 연락 미달로 간주하고 5일 이후의 전투는 약속위반의 배신행위로 본다. 무장해제는 단계적으로 하되 약속을 위반하면 즉각 전투를 재개한다"고 합의했고 김달삼의 ①, ②항에 대해서도 회담이 성공하면 자연히 경비대가 치안을 맡게 되며 경찰을 단축 개편하겠다는 선에서 합의를 하였다. 문제는 ③항이었으나 봉기지도부가 책임을 지는 선에서 합의를 함으로써 회담은 성공적으로 끝났다.[36]

그러나 위와 같은 김익렬의 주장은 인민유격대가 무장투쟁을 일으킨 목적에 비추어 볼 때 항쟁의 의지를 폄하하고 4·3의 성격을 변질시킬 수 있기 때문에 주의를 필요로 한다.

항쟁의 목적은 4월 3일 봉기 시 인민유격대의 호소문과 슬로건에 잘 나타나 있는데, 첫째는 5·10단선을 저지하여 통일독립국가를 이룩하는 것이고 둘째는 경찰과 서청의 탄압에 맞서 일어난 자기생존을 위한 자위투쟁이라고 유격대 측은 밝히고 있다.[37] 따라서 항쟁을 일으킨 주요한 목적은 미소양군 철수와 유엔조선임시위원단 철수를 통해 5·10단선을 저지하고 통일독립국가를 이룩하는 것이었다.

그런데 김익렬의 유고에 따르면, 김달삼의 첫째 요구에 대해 "나는 친일파와 민족반역자, 관리, 경찰은 사실이 증명되면 해직·추방할 것이며 서청도 범법자는 처벌·추방하겠지만, 제주도민으로 행정기구, 경찰을 편성하는 것은 군인으로서 나의 권한 밖이다. 그러나 독립이 되고 우리 정부가 들어서면 민주주의 원칙에 입각하여 그렇게 되지 않겠느냐 하는 선에서 합의·결정되었다"라고 주장하고 있다.[38]

36)「김익렬 9연대장 실록유고-4·3의 진실」, 위의 책, 326~329쪽.
37) 김봉현·김민주 공편, 앞의 책, 84~85쪽 참조.
38)「김익렬 유고」, 327쪽.

김익렬이 주장하는 정부는 남한단독정부를 의미한다. 그런데도 단선을 저지하고 통일독립국가를 이룩하기 위해 무장투쟁을 일으킨 유격대가 위의 조건을 수락했다는 것은 이해가 되지 않는 주장이다. 그리고 5·10단선을 불과 10여 일 앞둔 시점에서 단선 저지의 목적을 이룬 상황도 아니었음에도 불구하고 유격대 측이 무장해제에 동의했다는 것은 쉽게 납득하기 힘들다. 심지어 김익렬 유고에는 '김달삼이 5·10단독선거저지 요구했다'라는 말조차도 들어있지 않다.[39]

4월 28일이라는 시점은 유격대의 전력이 약화되지도 않았고 오히려 그동안의 전투과정에서 무기를 확보하는 등 전력이 증강되고 있었던 상황으로 산간지역이 유격대의 통제 속에 있을 정도로 공세를 취하고 있을 때였다. 또한 아무리 김익렬이 맨스필드 제주도군정장관으로부터 전권을 위임받고 회담을 제의했다고는 하지만, '5·10단선저지, 미소양군철수, 유엔조선임시위원단 철거'는 미국의 대한정책을 전면 수정하는 것으로 일개 도군정장관의 권한 밖이라는 것을 유격대 측이 몰랐을 리가 없다.[40] 사실 4·28회담이 있은 직후인 5월 6일 김익렬은 해임되었고 박진경이 부임하면서 이후 초토화 작전이 실행되었다.[41]

<hr>

[39] 그러나 9연대 정보주임의 직책으로 김익렬과 함께 회담에 참석했던 이윤락은 "김달삼은 분명히 정치적 성격인 미군철수문제를 거론했다"고 밝히고 있다. 이에 대해 김익렬은 "그 문제는 우리가 다룰 성질의 것이 아니다. 그것은 우리가 할 수 없으나 생명문제 라든가 의식주문제에 대해서는 최대한 보장하도록 하겠다"고 말했다고 한다(『4·3은 말한다』 165쪽, 『제민일보』, 1993년 4월 9일).
이 외에도 김익렬의 유고에는 과장된 내용이 종종 나온다. 예를 들면, "구억리 회담장에는 500~600 백명의 폭도들이 운집하고 있었으며 그중 200여 명이 무장하고 있었다. 무기는 미제카빈이 많았고 나머지는 일본군 99식 소총이었다(「김익렬 유고」, 앞의 책, 320~322쪽). 그러나 4·3봉기 시의 빈약한 무기 수준을 보아서도 알 수 있듯이 4월 28일의 시점에서 유격대가 카빈을 이렇게 많이 보유할 리가 없다. 카빈은 면당에서는 아예 없었고 도당 수준에서도 5·10단선 직후에야 보유하게 되나 얼마 되지 않는 수준이었다. 그리고 회담장에 500~600여 명의 폭도가 운집해 있었다는 주장도 과장된 측면이 짙다. 회담장이었던 구억리는 가구가 70여호 정도 되는 작은 마을이었음에도 당시 구억리 주민들은 이런 회담이 있었다는 사실조차 몰랐다고 한다(제주4·3연구소, 「채록 기행-대정읍 구억리」, 『4·3장정』1, 백산서당, 1990, 63~64쪽).
[40] 김익렬은 김달삼에게 "자신은 군정장관 딘 소장의 권한을 대표하며, 여기서의 나의 발언이나 결정은 군정장관의 그것이다"라고 밝히고 있지만, 딘 장관으로부터 직접 지시를 받은 사실은 없는 듯하다. 김익렬 유고에서도 밝힌 것처럼 맨스필드 제주도 군정장관과는 협의를 거친 것 같다.
[41] 미군정은 4·28회담이 있은 직후 5월 1일 소위 '오라리 사건'을 조작한다. 오라리 사건은 경찰이 유격대로 위장하여 오라리를 기습·방화한 사건이었다. 오라리 사건에 대해서는 제민일보4·3취재

이런 사실에 비추어 볼 때 유격대가 회담에 응했던 이유는 그들이 항쟁 초기부터 경비대의 중립을 주장해 왔고, 경비대와의 직접 교전을 피하고 싶었기 때문인 것 같다. 당시 경비대 쪽에서 회담을 제안했는데 일방적으로 거부하면 당장 교전이 일어나지 않을까 하는 우려 때문이었다.[42] 따라서 김달삼은 전술적인 차원에서 회담에 응했고 통하지도 않을 요구조건의 관철을 놓고 언성을 높이기보다는 경비대의 중립을 유지할 수 있는 수준에서 회담을 끝냈던 것으로 볼 수 있다.[43]

그러므로 김익렬 유고를 그대로 받아들일 경우 5·10단선을 저지하기 위해 헌신적으로 투쟁하였던 항쟁세력과 이를 지지했던 제주도민의 통일 독립국가 수립 의지를 변질시킬 수 있다.

4·28회담이 끝난 후 인민유격대는 5·10선거를 저지하기 위해 총력을 기울었다. 적극적인 선거반대투쟁으로 투쟁지도부는 선거활동에 간여하는 선거위원회 인물들과 공무원 그리고 입후보자에 대한 테러를 강행했다. 동시에 제주도민들로 하여금 유권자 등록 자체를 거부토록 하는 소극적인 선거투쟁도 병행했다. 특히 5·10선거는 누구를 지지하여 당선시킬 것인

<hr>

반, 『4·3은 말한다』 2, 147~176쪽 참조. 오라리 사건이 있은 직후인 5월 6일 미군정은 딘군정장관의 주재로 대책회의를 열었는데 다음 날 김익렬이 전격 해임되고 초토화작전을 수행하기 위해 박진경을 부임시켰다.

42) 제주도 인민유격대 투쟁 보고서에도 "9연대 연대장 김익렬이가 사건을 평화적으로 수습하기 위하여 인민군 대표와 회담하겠다고 사방으로 노력중이니 이것을 교묘히 이용한다면 국경(國警)의 산 토벌을 억제할 수 있다는 결론"으로 4·28회담에 임했다고 적고 있다(「제주도 인민유격대 투쟁보고서」, 78쪽).

43) 이운방은 4·28회담 직후에 김달삼을 만났는데, 김달삼은 김익렬과의 회담에서 별 성과를 거두지 못했다고 얘기했다고 증언한다.
김익렬은 회담이 결렬된 것은 경찰의 방해 때문으로 경찰이 소위 '5·3사건'을 조작하였다고 한다. 5·3사건은 "5월 3일 입산자 200명이 귀순한다고 하여 미고문관 드루스 대위의 인솔하에 미군 2명과 9연대 소속 명사 9인이 이들을 호송해오던 도중 일단의 유격대에 의해 습격을 받았다. 그런데 이들은 유격대가 아니라 경찰이 유격대로 가장한 것이었다." 그러나 이 사건에 대해서는 검토가 필요하다. 왜냐하면 4·3 발발 직후부터 제주도 상황에 대해 세밀하게 정보활동을 벌였던 미군정의 기록에도 이 사건에 대한 언급이 없다. 단지 장창국의 글에만 기록되어 있다(장창국, 『육사졸업생』, 중앙일보사, 1984, 121~122쪽). 하지만 이 책의 기록은 김익렬의 증언을 토대로 이루어진 것이다. 그렇다고 김익렬의 주장이 모두 가치가 없다는 것은 아니다. 김익렬은 4·3 발발 직후부터 미국이 초토화 작전을 계획했다는 것을 폭로하고 있다. 미국의 초토화 작전은 김익렬을 해임시키고 그 후임으로 박진경이 임명되고 실시된 무차별적인 진압작전을 봐서도 알 수 있는 일이다.

가가 문제가 아니라, 단선찬성과 단선반대라는 정치적 성격을 띠고 있었기 때문에 참가냐 거부냐하는 것이 중요한 문제였다.

그래서 많은 중산간의 주민들이 선거를 피해 집단적으로 입산했다. 특히 산간지대인 북제주군에서는 선거를 앞둔 5월 5일경부터 주민들이 선거를 거부하기 위해 중산간 지대로 오르기 시작했다. 제주읍의 경우도 경찰력의 영향이 미치는 '성내'를 제외한 대부분의 마을이 집단적으로 산에 올랐다.[44]

5월 7일에서 10일에 집중된 투쟁양상을 보면 5월 8일부터 각 면의 공공기관에 대한 습격과 봉화시위를 대대적으로 전개했고 5월 9일부터는 조천, 중문, 함덕, 대정 등의 지역에서 선거인 명부를 탈취하고 투표함을 배치하지 못하도록 했다. 5월 10일 선거 당일에는 제주읍내 투표장인 읍사무소, 세무서 등이 파괴되었고, 주민들은 선거를 거부하기 위하여 집단적으로 산에 올랐다. 그리고 중문면, 표선, 조천면 등 각지의 투표소를 기습하여 선거인 명부, 투표함 등을 소각시켰다.[45] 제주도의 65개 지역 투표 기능이 정지되었고 북제주군 조천면의 경우에는 14개 투표소가 모두 파괴되었으며 선거 관계 공무원들의 50%가 사표를 제출했다.[46]

그 결과 과반수에도 못 미치는 북제주군의 선거결과에 대해 제주도선거위원과 국회선거위원회에서는 선거의 무효화를 건의했고, 이에 대해 딘 군정장관은 5월 24일자로 북제주군의 선거구 무효화를 선언했다.[47] 제주도의 3개의 선거구 중 2개의 선거구가 파탄된 것이다. 6월 23일로 연기된 선거는 유격대의 강력한 투쟁과 도민들의 거부투쟁으로 끝내 치러지지 못했다.[48] 이로써 제주도는 5·10단선을 저지한 유일한 지역이 되었다.

5·10단선을 저지한 남로당 제주도당은 5월 말 유격대 조직을 정비했다.

44) 제민일보4·3취재반, 앞의 책 2, 217~219쪽.
45) 김봉현·김민주 공편, 앞의 책, 87쪽.
46) Hq. USAFIK, G-2, P. R, 1948년 5월 11일.
47) 『조선일보』, 1948년 5월 16일.
48) 『군정청관보』, 1948년 6월 10일. 딘 군정장관은 6월 10일 행정명령 제22호로써 제주도 재선거를 무기한 연기시켰다.

5·10선거가 저지된 후 브라운 대령이 제주 현지의 진압작전을 지휘하면서 경비대와 경찰 그리고 서북청년단 등 토벌대의 물리력이 강화되고 군경 토벌대의 강경진압작전이 시작되었기 때문이다. 무장대 조직은 "국방경비대와의 충돌을 피하고 비합법 태세 강화의 필요상 유격대 인원을 대량 감소 정리"하기 위해서 3연대를 '2개의 기동대, 4개 지대 240명'으로 축소시켰다.[49]

이때 유격대는 간헐적으로 지서 습격 등 경찰과의 전투는 벌이면서도 경비대원이 나타나면 대응하지 않고 도주하는 전술을 사용했다.[50] 국방경비대에는 남로당 세포가 많이 들어가 있었기 때문에 유격대는 경찰과는 달리 경비대와의 교전은 가능한 피하고자 했던 것이다.

하지만 중산간 지역을 고립시키는 경비대 11연대의 강경한 진압으로 많은 중산간 지역의 민간인들을 학살되었고 유격대 또한 더 깊은 산속으로 이동해야 했다. 또한 무차별 토벌 작전은 국방경비대에 대한 유격대와 일반 도민들의 호의적인 태도를 적대적으로 변화시켰다. 남로당 세포가 많았던 경비대는 대원들이 무기와 장비를 갖고 입산하기도 하였다.[51] 결국 6월 18일 연대장 박진경은 남로당 세포인 문상길 중위 등에 의해 암살당했다.

박진경이 암살된 6월 18일부터 7월 15일에 걸쳐 유격대 조직이 재편되었다. 그동안 도당군사부였던 도 군사령부가 당에서 독립하여 도 군사령부가 중심이 된 본격적인 무장투쟁태세로 전환했다. 이는 8월 남북한단독정부 수립을 앞두고 전투가 소강상태인 시점에서, 당 조직이 무장투쟁 조직으로

---

49) 문창송 편, 「제주도인민유격대 투쟁보고서」, 23~24쪽.

50) "경찰이 토벌 온다면 대항하지만 경비대 군인과 미군이 합쳐서 올라오다니까 대항해서 싸울 수가 없었습니다. 그래서 무장부대의 각 기관들은 분산해서 토벌기간 동안만 안전하게 피했다 오라는 지시가 떨어졌습니다. 우리가 대항을 하면 토벌이 길어질 것이라고 생각해서 피하자는 결정이 난 것이지요. 또 그냥 대항하면 우리의 피해가 클 것은 뻔한 일이었지요"(김아무개〈당시 대정면당 무장대 중대장〉의 증언, 제민일보4·3취재반, 앞의 책 3, 154~155쪽에서 재인용).

51) 9연대 대원들의 입산은 1948년 5월 20일에 9연대 소속 하사관 11명을 포함한 병사 41명이 모슬포 부대를 탈영, 유격대에 가담하면서 시작되었다. 하지만 그들 가운데 20명은 5월 22일에 다시 생포되었다(미 6사단, 「G-2 일일보고서」, 1948년 5월 22일).

재편된 것이었다. 이때부터는 도 군사령부의 주도하에 투쟁이 이루어졌다. 사령부는 '사령관, 정치부원, 작전참모'의 3인으로 최고 지도부를 구성했다.[52]

박진경이 암살된 이후 최경록, 송요찬이 연대장을 맡은 군·경토벌대의 강경진압작전으로 유격대는 산속으로 들어가게 되었지만 여전히 전력을 유지하고 있었다. 경비대원들의 입산과 무기 증강으로 전력이 보충되었고, 여전히 마을의 자위대와 여맹 등의 외곽단체를 통한 선전과 삐라 활동으로 주민과의 연대를 유지하고 있어 식량 보급 활동도 원활하게 이루어지고 있었다. 토벌대의 무차별 진압은 일반 주민들에게 공포심을 심어주었지만 한편으로는 유격대에 의지하여 산으로 피난하는 등 유격대와의 연대를 강화시키기도 했다. 이때까지만 하더라도 북제주군의 산간부락은 '민주부락'이라고 불릴 정도로 유격대의 통제 속에 있었다.

3. 8·25대의원선거 참여와 항쟁의 약화

인민유격대가 산속으로 이동하고 토벌대와의 무분별한 교전을 피한 것이 표면적으로는 유격대가 약화된 것처럼 보이자 미군정은 7월 중순에 토벌을 일단락 짓고, 11연대를 수원으로 철수시킨다.

이 시기에 유격대가 공격을 자제한 주요한 이유는 '8·25최고인민회의 대의원선거' 투쟁에 모든 역량을 집중시켜야 했기 때문이다. 이와 함께 미군이 제주도 상황을 이유로 주한미군의 철수를 미루는 빌미를 제공하지 않겠다는 유격대의 정세 판단이 작용했다.[53] 미군보고서는 정보 보고를 통해

---

52) 문창송 편, 「제주도인민유격대 투쟁보고서」, 25~28쪽.
53) 미군보고서는 정보 보고를 통해 당시 제주도 유격대의 정세 판단을 다음과 같이 파악하였다. "평당원들에게는 공개되지 않는 남로당 중앙당에서 북로당으로 보낸 비망록에 따르면 제주도 폭동이 잠잠한 것은 경찰과 경비대의 작전 결과 때문이 아니고 자신들의 자발적 결정에 의한 것으로 미 점령

당시 제주도 유격대의 정세 판단을 다음과 같이 파악하였다. "평당원들에게는 공개되지 않는 남로당 중앙당에서 북로당으로 보낸 비망록에 따르면 제주도 폭동이 잠잠한 것은 경찰과 경비대의 작전 결과 때문이 아니고 자신들의 자발적 결정에 의한 것으로 미 점령군 사령관이 제주도 폭동을 주한미군의 철수 지연의 빌미로 이용하는 것을 막기 위한 것이다. 이 소강상태는 7월 하순까지 계속될 것이다"(Hq. USAFIK, G-2, P. R. 1948. 7. 15).

8·25대의원선거는 1948년 6월 29일에서 7월 5일까지 평양에서 열렸던 '남북 정당·사회단체 지도자협의회' 결정에 근거를 두고 있다. 그 회의에서 "남조선 단독선거가 실시된다 하더라도 그 결과를 승인하지 않을 것이며, 그 선거로 수립된 단독정부를 결코 인정하지 않을 것이다. 따라서 이와는 별도로 통일적인 조선입법기관의 선거를 실시하여 통일적 민주정부를 수립할 것이다"라는 내용의 공동성명서가 발표되었던 것이다.[54]

하지만 남한에서는 이 선거의 공개적인 투표가 곤란했기 때문에 이중선거로 진행되었다. 우선 각 시·군에서 5~7명의 인민대표자대회의 대표를 선출한 다음 그들이 모인 인민대표자대회에서 최고인민회의에 보낼 360명의 남한지역 대의원들을 선거하는 방식이었다.

남조선노동당은 이 같은 결정에 따라 '민전을 앞세워' 선거지도위원회를 조직하고 인민대표자대회에 참가할 각 지방대표들을 선출하여 육로와 해로를 통해 월북시켰다. 한편 7월 15일부터는 산하단체에 이들 대표들을 지지한다는 '서명투표'로서 '연판장운동'을 전개시켰던 것이다. 남로당은 연판장운동을 위해 시·군·구선위원회 산하에 전권위원회라는 행동대를 별도로 조직했다. 이 전권위원회의 성원들이 주축이 되어 각 직장, 가두, 농촌부락을 대상으로 '서명투표'를 받도록 했다. 이는 엷은 미농지에 서명

군 사령관이 제주도 폭동을 주한미군의 철수 지연의 빌미로 이용하는 것을 막기 위한 것이다. 이 소강상태는 7월 하순까지 계속될 것이다"(Hq. USAFIK, G-2, P. R. 1948년 7월 15일).

54) 김남식, 앞의 책 I, 337쪽.

하고 날인하는 형식이었다. 경찰에 발각될 것이 두려워서 날인 대신 무인하는 경우가 많았다.[55]

제주도에서는 3개 선거구로 나뉘어 중산간부락과 해변부락에서 실시되었는데, 7월 20일부터[56] 도·면·리의 선거위원들 10~20여 명이 유격대의 보호하에 마을을 돌아다니면서 손도장이나 서명 날인을 받는 형식으로 이루어졌다.[57] 당시의 선거에 대해 주민들은 두려움을 느끼면서도 상당히 협조적이었다고 한다.

> 7, 8월경인데, 보리를 수확하여 한창 보리방아를 찧을 때였지. 정미소 일에 잔뜩 밀려서 정미소에서 밤을 새우면서 도장을 찍어달라고 했어. 그러면 이름은 가명으로 올리고 손도장을 찍어 주었지. 그렇게 강압적이지는 않았어.[58]

이 선거에서 남한에서는 총 유권자 868만 1,746명 중 77.52%가 선거에 참여했다는 좌익 쪽 주장이 있는가 하면,[59] 미군정에서는 25%의 지방인구가 투표했다고 파악했다.[60] 김달삼은 해주대회 보고에서 제주의 투표율이 80%였다고 주장하지만 이는 과장된 것이다.[61] 다른 기록은 제주도에서는 당시 도내 유권자 8만 5,000여 명 중 60%에 해당하는 5만을 목표로 연판장을 돌렸다고 한다.[62] 선거참여율에 대한 수치는 어떤 자료든 확실하지는 않지만 5·10단선을 거부하고 산으로 올라갔던 경험을 갖고 있는 마을사

55) 김남식, 위의 책, 339~342쪽.
56) 김달삼은 8·25인민대표자 대회에서 발표하는 가운데, "육지에서는 통일선거 실시가 7월 15일부터 실시되었지만 제주도에서는 이 지시가 7월 20일이 지나 도착되었다"고 언급하였다.
57) 김봉현·김민주 공편, 앞의 책, 152쪽.
58) 이홍우 (4·3항쟁 당시 한림면 금릉리 거주) 증언(「통일되면 다 말하쿠다」, 제주4·3연구소, 『제주항쟁』, 실천문학사, 1991, 263쪽에서 재인용).
59) 김봉현·김민주 공편, 앞의 책, 154쪽.
60) 존 메릴, 「제주도 반란」, 노민영 엮음, 『잠들지 않는 남도』, 온누리, 1988, 53쪽.
61) 김달삼 보고는 남조선 인민대표자대회중요문헌집(1948년 10월 30일)에 실려 있다.
62) 김봉현·김민주 공편, 앞의 책, 152쪽.

람들이나 당시의 지하선거가 어떤 선거였는지 대강 짐작하고 도장을 찍었던 사람들의 증언에서 자연스럽게 나온다.[63]

8월 초순 김달삼, 강규찬, 안세훈, 고진희, 문등용, 이정숙 등 항쟁 지도부를 포함한 6명이 제주도 대의원으로서 남조선인민대표자대회에 참석했다. 김달삼은 이덕구에게 유격대 조직을 맡기고 도당 위원장인 강규찬, 부녀부장 고진희와 함께 제주를 떠났던 것이다.[64]

해주 인민대표자대회에서는 5개월 전에 열렸던 남북연석회의에서와는 달리 4·3항쟁에 대한 많은 논의가 있었다. 우선 제주도 유격대의 지도자들이 참석했고, 인민유격대장 김달삼이 제주도 봉기 상황과 선거 진행 상황에 대한 특별보고를 했는데, 우뢰와 같은 박수를 받았고, 4·3항쟁은 '통일을 위한 인민의 구국투쟁'으로 열렬히 선전되었다.

제주도 봉기세력이 조선민주주의인민공화국 수립에 참가한 것은 남한에 단독정부가 수립되고, 그들과는 타협 여지가 봉쇄되어 불가피하게 이루어진 선택이었다. 이 지하선거는 시간이 촉박하다는 것과 지도부가 목표달성에 치중한 나머지 강제성을 띤 측면도 있었기 때문에 반발을 사기도 했지만, 육지부의 다른 지역에 비해서는 활발한 편이었고 이때까지만 하더라도 유격대와 일반 주민 사이의 유대는 약화되지 않았다.

그러나 10월부터 시작된 군·경토벌대의 초토화 작전으로 유격대와 일반 주민의 연대는 무너지기 시작했다. 정세가 불리하게 되자 1948년 가을 마을에 남아있던 모든 조직이 마을 단위 투쟁위원회로 편제되면서 자위대, 여맹, 민애청 등 기존의 조직들은 사실상 해체되었다. 이때부터는 면·리 투쟁위원회 단위로 활동을 했다. 따라서 부락 내에 남아있었던 조직원들이

---

(63) 「통일되면 다 말허쿠다」, 『제주항쟁』, 263쪽.

(64) 이덕구는 1920년 조천면 신촌리에서 태어났다. 오사카 일신상업학교를 졸업하고 立命館대학 재학 중 학도병으로 일본군에 소위로 입대했다. 8·15 후 조천중학원 교사가 되었고 3·1사건 당시 조천면 민청 책임자였다. 김달삼의 뒤를 이어 인민유격대장이 되었다. 1949년 6월 9일 군경토벌대에게 사살당했다(「한국현대사 인물-이덕구」, 『한겨레신문』, 1990년 4월 6일).

대부분 입산하게 되었다. 유격대와 일반 대중을 치이주는 매개체 역할을 했던 이들이 입산하게 된 것은 초토화 작전으로 인한 어쩔 수 없는 선택이 었으나, 이것은 일반 주민과의 유대가 약화되고 유격대가 고립되고 있음을 의미했다.

더욱이 일반 주민과 유격대를 분리시키기 위해 축성과 주둔소가 조성됨에 따라 마을 주민과의 연계는 거의 끊기게 되었다. 축성과 주둔소에는 경찰과 마을에서 차출된 청년들이 보초를 서 마을에 접근하기도 어려웠다. 이때부터는 마을 주민들에 의한 자발적인 보급 지원이 아니라, 유격대원들이 목숨을 건 보급투쟁을 단행해야 했다. 이 과정에서 성을 지키는 마을 주민들과의 교전으로 주민들을 살상하는 경우도 종종 있게 됨에 따라, 주민들과의 관계가 적대적인 관계로 변화하기도 했다.

한편 유격대원이었다가 체포되어 전향한 사람들을 앞세워 유격근거지를 토벌하여 유격대는 더욱 어려운 상황에 처하게 된다. 제2연대에는 작전참모 김명 대위가 지휘하는 50명의 특수부대가 있었다. 특수부대는 체포된 유격대원들로 조직되었는데, 민간인 복장을 하고 일본제 99식 소총으로 무장했다. "이들은 산악을 배회하다 유격대원들과 만나면 사투리로 이야기를 하는 등 정보수집에 아주 가치 있는 조직이다"라고 미군이 파악할 정도로, 이들의 정보와 길잡이 안내로 진행되는 토벌은 유격대에게는 치명적이었다.[65]

결국 초토화 작전으로 인해 전력이 많이 약화됨에 따라 유격대는 한라산과 인근 오름 등 더 깊숙한 산속으로 근거지를 옮겨야만 했다.

1949년 3월 9일 유격대의 근거지 속칭 '노리오름'에 토벌대가 대병력으로 공격한다는 첩보를 입수한 유격대원 50여 명은 유리한 지형으로 유도하여 공격을 개시함으로써 토벌대를 제압하였다. 여기서 유격대는 토벌대원 36

---

65) Hq. USAFIK, G-2. P. R. 1947년 4월 1일.

명 사살, 총 40여 정, 식량 4석, 담배 30갑을 노획했다.[66]

하지만 이 전투는 유격대가 실질적인 승리를 거둔 마지막 전투였다. 1949년 봄의 대토벌이 시작되자 유격대의 전력으로는 당할 수가 없었다. 이제 유격대는 마을별로 총책임자를 정하고 몇 명씩 한 조를 이루는 방법으로 분산해서 도피생활로 들어갈 수밖에 없었다.[67] 6월 7일에는 인민유격대장 이덕구가 사살되었고, 봄의 대토벌이 끝난 후는 면당별로는 조직을 유지할 수 없을 정도로 약화되었다. 토벌 전에는 1개 면에 몇 백 명씩 있던 당원들이 단 몇 명만이 남은 곳도 있었고, 도당 책임자들이 체포되거나 죽음을 당했다. 결국 1949년 가을에 이르면 유격대는 조직개편을 단행하여 3개 면을 하나로 통합할 수밖에 없었다.[68]

통합된 인원은 50명도 채 되지 않았고 남아있는 총도 7정 정도에 지나지 않았다. 그래서 이 당시 책임자였던 송원병(사령관), 백창원(조직부책), 고승옥(군사부책, 9연대 출신)은 투쟁을 중단하고 대피생활을 하라고 지시했지만, 이를 반대하는 대원들에 의해 숙청당했다. 이에 따라 1950년 초 김의봉이 군사부책을 담당하게 되었지만 3월 전향한 동료의 밀고로 토벌대에 의해 사살되었다.[69]

1949년 중반에 이르면 산에 남은 유격대원들도 생존을 위해 도피생활로 들어가게 되었고, 무장투쟁은 사실상 종결되었다.

---

66) 「노리오름 전투」, 제주4 · 3연구소, 『이제사 말햄수다』 2, 한울, 1989, 176쪽,
67) 미군 보고서에도 이와 비슷한 내용이 보고 되고 있다. "1949년 3월 현재 무장 게릴라의 숫자는 250여 명으로 추정된다. 사로잡힌 한 게릴라 지도자는 그의 동료들의 현재 정책은 군대가 철수할 때까지 활동을 유보하는 것이라고 말했다"(Hq. USAFIK, G-2, P. R, 1947년 4월 1일).
68) 「항쟁참여자의 증언-내가 겪은 4 · 3」, 『4 · 3장정』 6, 83쪽.
69) 강용삼 · 이경수, 『대하실록 제주백년』, 태광문화사, 1984, 674쪽.

4. 제주도당과 민중의 관계로 본 4·3항쟁의 의미

항쟁의 과정에서 엄청난 학살을 당하면서도 고립된 섬 제주에서의 투쟁은 1년 여 동안이나 지속되었다. 그러면 중앙의 별다른 지원 없이 도당 차원의 무장투쟁이 장기간 계속될 수 있었던 이유는 무엇일까.

육지의 인민위원회가 미군정의 탄압으로 1946년에는 거의 와해되는 것과는 달리 1945~1946년 사이의 제주도는 인민위원회의 통제 속에 있었다. 인민위원회가 제주도민의 강력한 지지를 얻을 수 있었던 이유는 항일투쟁의 정통성뿐만 아니라, 민중의 일상적 요구와 정치적 투쟁을 적절히 조화시킨 온건성 때문이었다. 1947년이 되면 인민위원회의 힘은 민전으로 이양되고 육지에 비해 상대적으로 탄압을 덜 받았기 때문에 제주도 좌익역량은 보존될 수 있었다.

인민위원회와 민전을 주도해 간 세력은 조공(1946년 말 남로당으로 개편) 제주도당이었다. 인민위원회의 활동으로 제주도는 남한 좌익 운동이 가장 대중과 밀착된 장소로 남아있었다.

이러한 제주도당과 도민의 관계는 4·3항쟁이 일어났을 때도 여전히 지속되고 있었다. 4·3봉기 이전부터 인민위원회 활동과 1947년의 3·1시위와 3·10총파업 때 보여주었던 양측의 연대는 이후 미군정과 경찰·서청의 탄압에 대한 저항에서 더욱 공고화되고 결국 4·3봉기까지 계속되었다. 제주도당과 제주도민은 자주교육운동과 생활조합운동 등 일상적인 결합뿐만 아니라, 3·1사건 이후의 조위금 모금투쟁 속에서도 신뢰관계를 보여주었다. 즉 격렬한 항일운동을 통하여 정통성을 인정받은 좌익정당은 인민위원회 조직과 3·1 발포사건, 3·10총파업 등의 대중투쟁 속에서 제주도민과 유기적으로 결합해 나갔다.

항쟁의 동력이 되었던 것은 해방 후 일련의 사건을 거치면서 이루어진 항쟁지도부와 제주도민과의 연대였다. 그리고 이러한 과정이 남로당 제주도당이 무장봉기를 일으켰을 때 제주도민이 참가하는 기초가 되었다.

다른 지역에 비해 계급과 계층 구조가 단순한 가족과 친족의 혈연적 유대 관계가 유독 강한 제주의 특수성 또한 토벌이 시작된 이후 주민들의 입산이나 유격대와의 연대를 촉진하는 요소가 되었다. 유격대의 활동이 꾸준히 이어진 것도 사실은 제주 지역의 계급적 토대나 이념 의식이 유독 강했기 때문이 아니라, 바로 이와 같은 연대와 공동체 의식 때문이었다.[70]

4·3항쟁이 일어났을 때 인민유격대의 투쟁력을 더욱 고취시킨 것은 일반 대중들의 지지투쟁이었다. 이는 5·10단선저지투쟁에서 결정적으로 드러난다. 단선을 저지하기 위해 선거가 실시되기 전부터 마을 주민들이 집단적으로 산에 오르는 등 유격대와 일반 대중과의 결합이 성공적으로 이루어졌다.

선거가 다가올수록 마을 사람들의 그림자도 볼 수 없는 텅 빈 마을에 경찰이 주둔하는 해프닝이 벌어지기도 했다. 유격대의 공격을 두려워하는 선거관리인들이 움직이지 않아서, 미군정이 직접 선거여론조사를 벌이고 투표함을 수송하며 정찰활동도 벌여야 하는 상황이 일어나기도 했다.[71]

당시 중산간 마을 사람들은 선거에 참여하지 않기 위해 선거 전날 저녁이나 선거 당일 날 새벽에 오름에 오르거나 굴에서 하룻밤을 지내다 어두워지면 돌아왔다.

> 이 마을에서는 선거를 모두 반대했어요. 그날 어둑한 새벽에 문 잠궈놓고 샛별오름 아래까지 갔죠. 산부대에서 임원전, 고창흘 같은 사람이 와서 열렬히 선전을 하여 다 산으로 가게 했지요. 여기는 부락이 작기 때문에 워낙 단결이 잘되거든요. 그날 먹을 것만 가지고 올라갔어요. 그날 저녁에 내려와 보니 선거는 이

---

70) 박명림, 「민주주의, 이성, 그리고 역사이해 : 제주4·3과 한국현대사」, 역사문제연구소 외 편, 『제주4·3연구』, 역사비평사, 1999, 450~451쪽.
71) 「4·3의 증언」, 『제주신문』, 1989년 11월 14일.

미 끝나 있었어요. 마을에서는 아마도 이장단만 남아서 투표를 했을 겁니다.[72]

나아가 5·10단독선거반대에서 정치적 투쟁을 보여준 유격대와 일반 제주도민의 연대는 항쟁의 정당성을 보여주고 있다.

마을의 자위대, 여맹 등 각 부락에 남아 있던 조직을 중심으로 이루어진 대중투쟁은 봉화를 올리거나 삐라를 뿌리는 선전활동과 식량보급, 은신처를 제공하는 등 유격대를 여러 방면으로 지원했다. 중산간 마을들에서는 가족들 중 한 사람씩은 이러한 일에 관계를 하지 않은 주민이 없다고 할 정도였다.[73] 그리하여 식량을 구하러 유격대들이 마을에 내려오면 산에 올라간 자기 가족들을 생각하여 제사 때에나 쓰려고 숨겨 두었던 쌀을 퍼주기도 하고, 옷이나 신발을 주어 보내게 되는 것이었다. 서로 친인척 관계로 구성된 마을 사람들은 토벌대들이 올 때마다 보초를 서다가 '토벌군이 온다'고 미리 알려 군경에게 주목을 받고 있는 마을 청년들이 빨리 피신하도록 도와주곤 했다. 이러한 제주 지역의 마을공동체적 성격은 토벌대에게 효과적인 토벌을 거둘 수 없게 하는 가장 큰 요인이었다.

특히 여성동맹원들은 남성보다 감시를 덜 받을 수 있었기 때문에 보급투쟁을 주로 담당했다. 수시로 쌀, 소금, 양말 등을 거둬 산에 보냈고 밤에도 무장대 지원을 위한 회의를 많이 했다. 주로 결혼을 하지 않은 여성들이 산에 심부름도 하고 물자를 거두려 다녔다. 유격대 지원활동에는 여중생들도 적극적으로 가담했다. 당시 유일한 중등 여성교육기관이었던 제주여중생들은 학교에서 수시로 성금을 거둬 산에 올렸고 삐라를 뿌리는 소위 벼락시위도 감행했고 동맹휴업을 하기도 했다.

1948년 10월의 초토화 작전이 시작되기 전까지는 유격대원들이 마을 내

---

72) 강이표(4·3 당시 중산간지역이었던 한림면 신흥리 거주) 증언(「통일되면 다 말하쿠다」, 앞의 책, 257쪽에서 재인용).
73) 「대정지역의 4·3항쟁」, 『4·3장정』 6, 51쪽.

에 거주하면서 활동할 정도로 중산간 지역은 유격대의 통제 속에 있었다. 그래서 중산간 마을은 '민주부락'이라고 불려졌는데 조천, 한림, 애월, 대정면 등의 대부분의 부락이 이에 속했다. 당 조직도 도당은 4·3 발발 전에 입산했지만 대정면당의 경우에는 면당부가 4·3 후에도 입산하지 않고 마을 내에 남아 있을 정도였다.[74] 밤에는 조천만세 동산 같은 오름이나 산에서 봉화가 올라가면 경찰은 도망가기에 바쁘고, 청년들은 '왓샤시위'를 감행했다.[75]

한편 산으로 피신하여 올라간 대부분의 피난민들은 개별적으로 흩어져서 무질서하게 움직인 것이 아니라 유격대의 조직적인 지휘나 통제를 받았다. 마을별로 나이가 18세 이하 되는 청소년들은 '자위대'로 편성되어 '빗개' 활동을 했고, 20세 이상인 청장년들은 주로 보급 활동을 담당했다.[76]

1948년 가을 초토화 작전으로 인하여 정세가 불리하게 되자 마을에 남아 있던 모든 조직이 마을 단위 투쟁위원회로 편제되면서 자위대, 여맹, 민애청 등 기존의 조직들은 사실상 해체되었다. 따라서 부락 내에 남아 있었던 조직원들 대부분이 군경의 탄압을 피하고 토벌로 인해 전력이 약화된 유격대를 지원하기 위해 입산했다. 이때 여맹이나 학생 조직에 있었던 많은 여성들도 입산했다.

일반주민으로서 도피해 입산한 사람은 우리와 따로 지냈다. 아지트는 조천리 '양대못'이란 곳에 굴을 파서 만들었다. 리 세포에겐 무기가 없었다. 초창기엔 제주도 유격대도 전체에 총이 3정밖에 없다고 했다. 그러나 나중에 총을 빼앗아 300정 이상이 됐다고 했다.

본격적으로 입산하기 전에도 산에 왔다갔다 하였다. 그러다 토벌이 심해지면

---

74) 이운방 증언.
75) 「그때사 열다섯 살만 되믄 활동해신디」, 『이제사 말햄수다』 1, 45~46쪽.
76) 강두봉 증언.

서 오도가도 못하게 되어 계속 산에서 지내게 된 것이다. 특히 탄압이 심해지고 토벌대가 양대못을 다 태워버리니까 그 지역 촌사람들도 다 산으로 올랐다. 그러니 우린 내려오지도 못하고 그냥 굴 속에 산 것이다.

우리 임무는 보급이었다. 처음엔 쉽게 모집했는데 후에 토벌이 심해지니까 어려워졌다. 이동할 때도 흔적을 없애기 위해 맨 뒷사람은 빗자루로 발자국을 쓸면서 지나다녔다.

산에서는 리세포→면당→군당→도당→사령부로 이어진다. 여기서 군당은 제주읍당을 말하는 것이다. 김민주는 면당과 리세포 사이를 왔다갔다 하면서 연락하는 역할을 했다.[77]

유격대와 일반 대중을 이어주는 매개체 역할을 했던 이들이 입산하게 된 것은 남한단독정부의 초토화 작전으로 인한 어쩔 수 없는 선택이었으나, 또한 이는 일반 대중과의 유대가 약화되고 있음을 의미했다. 소개령이 떨어지고 중산간 마을이 불타면서 유격대의 보급 근거지 또한 없어졌다. 이제부터는 유격대가 직접 보급투쟁을 해야만 했다. 자발적인 보급투쟁이 아니라 토벌대의 눈을 두려워하는 마을 주민들에게서, 더욱이 그들도 굶주리고 있는 상황에서 반강제적으로 얻어내야만 했다. 생존을 위한 보급은 유격대와 일반 대중의 관계를 유대가 아닌 두려움의 관계로 바꾸어 놓았다.

이때에 이르면 토벌대의 강경 진압 작전으로 인해 유격대에게는 산으로 올라온 피난민들을 돌볼 수 있는 역량도 거의 없어진다. 전력의 약화로 유격대 조직을 추스르기에 바빴기 때문에 토벌을 피해서 살기 위해 올라온 일반 대중을 포용하기는 어려웠다. 그럼에도 불구하고 "등산하면 혁명적이요 부등산은 비겁행위"라면서 "한 달이면 해방이 온다"라는 식의 과장

77) 김동일 증언.

을 한 것은 이미 당이 제 기능을 다하지 못함을 의미했다.[78] 대중을 위해 복무하는 당의 모습은 사라져갔다. 처음에 설정된 목적에서 멀어져 생존투쟁으로 변해가면서 제주도당은 당의 버팀목인 제주도민에게서 유리되어 갔다.

당시 제주도민은 항쟁에 조직적으로 가담은 못했다 하더라도 따라갔다고 볼 수 있다. 그렇지만 따라간 것은 무조건적이 아니라 그동안의 인민위원회 활동과 3·1사건 이후의 과정에서 이루어진 제주도민과 남로당의 연대라는 기초 위에서 이루어진 것이다. 군경토벌대의 진압작전이 강화되면서 주민들은 유격대와 정부 양측의 요구 사이에 끼여 양측의 역학관계의 변화에 따라 힘 센 쪽을 지원하는 상황에 놓이게 되지만, 적어도 초토화 작전이 벌어지기 전까지만 하더라도 유격대와 일반 주민의 연대는 상당한 정도였다.

문제는 두 개의 대립하는 정부가 들어서면서부터였다. 어느 한 쪽을 선택해야 하는 부담감이 작용하면서 항쟁의 성격이 변화한 것이다. 하지만 한 쪽을 선택하는 문제는 항쟁의 지도부 즉 남로당 제주도당 핵심 세력에게 국한된 것이었다. 비록 인공기를 달기도 하고 인민공화국 만세를 외치기도 했지만, 하급당원과 일반 주민에게 있어 그 의미는 단독정부수립을 반대하고 통일민족국가를 수립해야 한다는 4·3항쟁의 목표와 다를 것이 없었다. 그래서 유격대와 제주도민의 연대는 이때에도 유지되고 있었다. 이 연대가 깨진 것은 유격근거지를 없애고 중산간 주민들을 대량 학살하는 초토화 작전이 실행되면서부터이다.

그렇다고 해서 북한 정권 수립에 참여함으로써 이승만 정권에게 강경 진압의 빌미를 제공한 제주도당의 핵심 세력들의 잘못이 희석되는 것은 아니다. 단독선거반대와 공산주의 정부에 대한 지지란 명백히 다른 정치적인 것이었

---

78) 「이제 늦어도 한 달만 있으면 해방이 된다」, 『이제사 말햄수다』 1, 120쪽. 산으로 입산한 주민들은 "조금만 있으면 해방이 된다"는 유격대의 선전으로 인해 식량을 안 가지고 피난한 경우가 많았다.

다. 4·3항쟁을 주도한 군사책임자인 김달삼이 불리한 상황으로 가는 비상시기에 당책임자 강규찬까지 동반해서 북한으로 간 것 또한 중대한 문제였다.

8·25인민대표자대회 대의원 자격으로 갔다손 치더라도 대의원 선거인으로서 적절한 인물들은 2선에서 은거중인 노투사들 -그들이 고향을 이탈하더라도 3·1운동의 전개에 영향이 적거나 또는 거의 영향이 없는, 예를 들면 안세훈, 이신호, 김유환, 조몽구 기타- 이 있었음에도 하필이면 김달삼, 강규찬 등이 아니면 안 될 이유는 없었다.[79] 뿐만 아니라 한 번 섬을 떠난 사람들은 그중 한 사람도 두 번 다시 돌아오지 않았다. 해주대회에서 김달삼은 인민유격대와 제주도민의 구국투쟁을 보고하면서 열렬한 박수를 받았지만 그것으로 끝이었다. 항쟁을 격려하는 언설의 수준을 제외하고는 제주에 대한 어떤 지원도 이루어지지 않았다. 심지어 항쟁의 지도부가 북한 정권에 참여함으로써 이승만 정권에 탄압의 빌미만 제공할 뿐이었다. 이는 항쟁 지도부의 도덕성 문제에서 그치는 것이 아니라 항쟁의 순수성에도 타격을 주었다. 즉 미군정과 이승만 정권이 무자비한 토벌을 벌이는 가운데 남로당 지도부가 북한 정권에 참여함으로써 항쟁의 성격이 변화되었으며 이러한 상황이 항쟁 초기의 당과 일반 주민의 긴밀했던 유대관계를 분열시킨 하나의 요인이 되었다.

자연발생적인 인민봉기로 시작되었던 사건은 두 개의 적대적인 정부 사이의 경쟁이 국가권력 간의 대립으로 발전함에 따라서 점차적으로 조직화된 빨치산운동의 성격을 띠어 갔던 것이다.[80]

하지만 당 지도부와 5·10단선저지투쟁과 이후의 투쟁 속에서 보여주었던 하급당원들과 제주도민의 헌신성은 구별되어 평가되어야 한다.

1948년 겨울경 외삼촌의 집에 세 들었던 국방경비대에서 근무했던 장교는 자

---

79) 이운방, 앞의 글, 94쪽.
80) 존 메릴, 앞의 글, 71쪽.

신의 아내에게 이렇게 얘기했다고 한다. "내일 제주를 떠나자, 여기 더 이상 못 있겠다. 오늘 정뜨르 비행장(현 제주비행장)에서 무수한 청년을 우물을 파고, 총살해 죽였다. "사형이니 너희들 하고 싶은 말 마지막으로 다하라"고 하니 살려달라고 하는 사람은 아무도 없더라. "인공만세"를 외치며 죽는데 사상은 틀려도 참 똑똑하더라. 요즘 들어 그 수가 얼마인지도 모르겠다. [81]

이와 같이 5·10단선을 저지하고 투쟁의 열기가 분출된 때가 아니라 초토화 작전이 이루어진 가운데에서도 하급당원들로 이루어진 유격대원들은 투쟁을 계속해 나갔다. 특히 8·15 이후 대중조직인 민청이나 부녀동맹에서 활동했던 농민·해녀 등의 기본계급 출신들의 헌신성은 여전했다. 예를 들어 조천면 북촌리는 인민위원회 시기부터 무장투쟁이 전개되는 시기까지 활동가들이 낙오되지 않고 산으로 올라간다. 북촌리는 땅이 워낙 척박하여 반농반어로 생활하는 집이 대다수이고 특히 해녀들의 물질로 가계를 꾸려나가는 지역이었다. 이 지역 출신인 제주도당 농민부장 김완배도 기본계급 출신으로 무장투쟁에 참여했다. 여성의 경우도 직업 면에서는 잠녀, 장사, 바느질 등 다양하였지만 대부분 집안의 생계를 담당하는 기본계급 출신이었다. [82] 이들은 초토화 작전이 전개되는 과정에서 입산하여 무장투쟁에 헌신적으로 참여했다. [83]

항쟁지도부의 경우도 발발 초기의 지도부와는 달리 인민유격대장 이덕구, 당 조직부장 김양근, 9연대 출신 고승옥 등처럼 항쟁에 끝까지 참여하다가 목숨을 잃은 경우가 많았다. 특히 김양근의 경우 체포되어 2연대장 함병선이 호의를 갖고 전향을 끈질기게 권유했음에도 불구하고 이를 거절하고 죽어 갔다. [84] 김달삼과 달리 이덕구와 김양근 등은 제주를 끝까지 지킨

81) 「이 몸이 죽어서 나라가 산다면」, 『이제사 말햄수다』 1, 39~40쪽에서 재인용.
82) 제주4·3연구소, 위의 책, 16쪽.
83) 김이완(4·3 당시 조천면 여성동맹위원장) 증언. 해녀 출신으로 두 번째 부인이었다.
84) 김민주(4·3 당시 조천중학원생) 증언.

인물로 회자되고 있다.[85]

심지어 초토화 작전 이후 토벌대가 마을을 장악했지만, 중산간 마을의 경우 유격대의 영향력이 일부 남아 있었다. 4·3 발발 초기처럼 식량을 산에 올리는 일은 어려워졌지만, '정보 제공'은 여전히 계속되었던 것이다.[86]

위와 같이 4·3항쟁의 경우, 진압 과정에서 엄청난 학살을 당하면서도 이에 대항하는 저항 주체를 형성해 냈다. 항쟁의 저항 주체는 남로당과 일반 제주도민이었다. 항쟁에서 저항 주체가 형성된 데에는 단독정부 수립에 반대하는 대항 이데올로기와 그에 따른 정당성이 대중적 지지를 받기도 하였지만, 보다 현실적인 측면이 중요하게 작용했다. 즉 제주도라는 지역적 조건 속에서 학살에 대한 저항을 조직할 수 있는 조직과 집단의 존재가 밑바탕이 되었던 것이다.

제주에서 저항 이데올로기는 처음에는 남로당 차원에서 작동하고 있었고, 제주 지역 일반 민중의 이데올로기로 확대되지는 못했다. 항쟁에 참여한 광범한 민중 수준으로 확대되는 것은 3·1사건 이후 지속된 미군정·우익 세력에 의한 탄압에 저항하는 과정에서 이루어졌다. 당시 남로당은 정치적 수준의 투쟁뿐만 아니라 사회경제적 민주주의 요구를 제기하고 있었다. 미군정의 강제적 곡물 수집과 그 과정에서 일어난 마찰은 제주도민이 공유하고 있던 집단적 감정을 자극하기 시작했다. 1947년 3·1절의 발포 사건 이후 미군정과 산하 경찰의 압박이 강화되고 육지 출신의 경찰과 서북청년단원들이 대거 섬으로 들어오면서 고조되기 시작한 긴장은 제주도

---

85) 봄의 대토벌 과정에서 체포된 후 6월 19일 아침 8시 제2연대 부연대 소장실에서 있었던 기자 좌담회에서 김양근은 기자의 질문에 다음과 같이 답했다. "이번의 반란동기는 작년 4월 3일경 민간의 충돌을 발단으로 자연발생적으로 봉기된 제주도 인민의 항쟁이다. 이러한 인민항쟁은 외래 ×××××의 침략을 받고 있는 세계 약소민족국가 전 지역에서 일어나고 있는 현상이고 그 현상의 하나가 바로 이번의 제주도 인민항쟁으로 나타나고 있는 것이다.", "전투가 확대되어감에 따라 우리가 뜻하지 않던 방향, 즉 인민살상이라는 처참한 방향으로 이끌어 나가게 된 것은 상상 이외의 일이었고 부끄럽기 짝이 없는 일이다.", "전향할 의사도 없고 석방될 것을 바라지도 않는다"(『경향신문』, 1949년 6월 25일).

86) 제민일보4·3취재반, 「삼양리」, 앞의 책 6, 미간행 원고.

민의 집단적 감정을 연대감으로 변모시키기 시작했다.

5·10단선이 다가오자 남로당 제주도당은 육지와 떨어진 외진 섬에서 자체의 힘으로 항쟁을 조직하고 투쟁방법을 택하여 무장투쟁을 일으켰다. 자체로 인민유격대를 조직하고 유격근거지를 설치했으며 투쟁에 필요한 모든 것을 자기 힘으로 해결해야만 했다. 하지만 유격대는 고립되어 있던 것이 아니라 5·10선거반대와 보급투쟁이라는 주민들과의 연대감으로부터 크게 고무되고 있었다.

당시 제주도민은 두 쪽이 아닌 통일독립국가 수립을 원했고, 이 점에서 좌익의 단선반대투쟁에 동의할 수 있었다. 그럼으로써 제주도민은 제주도를 단독선거를 저지한 유일한 지역으로 만들어 놓았고, 열악한 상황 속에서도 항쟁은 1년 여간이나 지속될 수 있었다. 제주도민이 항쟁을 통해 통일정부를 갈망하는 민중의 의지를 대변했다는 점에서 4·3항쟁은 한국현대사의 전개에서 중요한 전환점이 되고 있는 것이다.

제3장 학살

"제주도민을 다 죽이더라도 제주도를 확보하라"

▶ 현기영 소설 '순이삼촌' 기념비, 북촌리.

학살 – "제주도민을 다 죽이더라도 제주도를 확보하라"

    '제주4·3사건진상규명 및 희생자명예회복위원회'에 공식적으로 신고된 희생자 수는 1만 4,028명이다. 공식적으로 집계된 희생자만 만 명이 넘는 것이다. 『제주4·3사건진상조사보고서』는 4·3 당시 인명피해를 2만 5,000명에서 3만 명으로 추정할 수 있다고 적고 있다.[1] 당시 제주도 인구의 10분의 1 이상이 목숨을 잃은 셈이다. 보고서는 "80%에 가까운 희생자가 군경토벌대에 의해 죽음을 당했다"고 밝히고 있다.[2]

    위와 같은 인명 피해가 일어난 것은 미군정과 이승만 정권의 주도로 이루어진 군경토벌대의 강경진압작전 때문이었다. 미군정은 4·3이 일어나자마자 국방경비대, 경찰, 우익청년단을 동원하여 토벌작전을 전개했다. 미군정과 군경토벌대는 제주도를 '빨갱이의 섬'으로 인식하면서 토벌작전

---

1) 제주4·3사건진상규명 및 희생자명예회복위원회, 『제주4·3사건진상조사보고서』, 2003, 367쪽.
2) 〈표4〉 가해자별 현황

계 구분	토벌대	무장대	기타	공란
합 계	10,955	1,764	43	1,266
비율(%)	78.1	12.6	0.3	9.0

(토벌대의 범주에는 경찰·군인·서청·자경대·응원대·민보단 등이 포함됨. 무장대의 범주에는 무장대·유격대·자위대·인민군·폭도·공비 괴한 등의 포함됨. 기타에는 자살·주민·정체불명 등이 포함됨)
출처 : 제주4·3사건진상규명및희생자명예회복위원회, 『제주4·3사건진상조사보고서』, 371쪽.

에 임했다. 대한민국 정부가 수립된 이후 실시된 초토화 작전으로 인해 수많은 제주도민이 학살당했다. 정부가 수립되고 나서도 미국은 군사고문단을 통해 작전지휘권을 장악하고 진압작전을 지시하며 방조했다.

여기에서는 진압 작전의 두 축이자, 민간인 학살의 책임이 있는 미군정과 이승만 정권의 4·3항쟁에 대한 인식과 대응을 살펴보도록 하겠다.

1. 미군정의 4·3항쟁에 대한 인식과 대응

1) 항쟁의 발발과 미군정의 대응

전국 각지에서 5·10단선저지투쟁이 일어나고 있는 상황에서, 미군정은 보다 많은 유권자를 선거에 참여시켜 정당성을 담보할 수 있는 성공적인 선거를 치러내야 했다. 이에 1948년 3월 3일 주한미군사령관 하지 중장은 "한국인들에게 선거의 의의를 강조해 투표는 성년에 달한 국민으로서의 의무이며 투표를 포기하는 자는 불참한 선거에 의해 수립된 정부의 행동 및 정책을 비판할 권리를 상실하게 된다"는 내용의 성명을 발표했다. 이어서 4월 2일에는 산하 지휘관들에게 전문을 보내 공산주의자들과 기타 선거 반대세력의 선거 방해 시도에 대한 위험성을 경고했다. 이 전문에는 5·10 선거에 대한 미군정의 인식이 잘 드러나 있다.

다가오는 한국의 선거는 우리의 점령기간에 있어 중요한 시기가 될 것이다. 공정선거를 통해 한국인들이 자신들의 대표를 선출하기 위한 이번 노력이 성공하는 것은 미합중국 사절단의 성과에 기본적인 것이다. 공산주의자들과 소수 반대정당, 후보선출 희망이 없는 단체들의 상당한 반대가 예견된다. 오늘까지의 사건에 근거해 선거 수행과 관련한 유엔한국임시위원단의 상당한 반대도 예견된다.

군정장관은 미국의 선거감시 집행에 책임이 있다. 이런 목적으로 군정장관과 그의 대표들은 민간인과 감시자로서 활동하기 위한 인력과 교통수단을 포함해 필요할지도 모르는 이와 같은 지원을 위해 지역 내 어떤 군부대라도 직접 연락할 것을 승인받았다.

…… 순찰은 선거 당일 일반 상황을 감시하기 위해 각각의 지역을 통해 적극적으로 운영되지만 당일에는 질서 회복에 필요하지 않는 한 군복을 입은 미군은 투표소에 들어갈 수 없다.[3]

이와 같이 미군정은 미국의 이익에 충실한 남한만의 단독정부를 세우고자 하는 목적을 성공적으로 이행하는 것을 목표로 삼았다. 그러기 위해서는 5·10선거의 성공적인 실시가 우선시되어야 했고, 이를 관철시키는 것은 미군정의 의무였다. 이를 위해 미군정은 선거법 개정, 선거위원회 설치, 형사소송법 개정 등 선거 실시를 위한 행정·법률적 조치를 진행시켰다. 미군정은 남조선과도정부 서무처를 선거관리 책임부서로 정하고, 선거업무 관련 군정장관의 대리인으로 존 웩커링(John Weckering) 준장을 임명했다.[4] 이와 함께 경찰력을 선거체제로 전환해 선거반대세력의 물리적인 선거저지투쟁에 대응했다. 하지 중장은 현재의 남한의 실제 상황에서 강력한 중앙집권적 요소로서 경찰력을 강화시키는 것 이외의 다른 대안은 없다고 간주했다.

5·10단선저지투쟁을 목표로 내세운 4·3항쟁이 일어나자, 미군정의 대응은 제주도 사태를 예의주시하면서 경찰과 경비대 병력을 준비하는 것이었다. 미군정은 4월 5일 '제주도 비상경비사령부'를 설치하고 주민들에게

---

3) 「주한미육군사령부 및 주한미군정청이 남한 선거와 관련해 공포한 명령들 (주한미육군고문관실 1948년 4월 9일자 급송문서 제85호)」, 제주4·3사건진상규명및희생자명예회복위원회, 『제주4·3사건자료집』 9, 2002, 171쪽.
4) 『조선일보』, 1948년 3월 14일.

통행증제를 실시하여 통행을 제한하는 등 즉각적인 대응에 들어갔다. 유엔조선임시위원단(UNTCOK) 사무국 차장 밀너(I. Milner)가 4월 7일 제주도의 치안상황에 대해 민감한 관심을 표명하면서 4월 9일로 예정된 위원단의 제주도 방문을 우려하자, 미 연락장교 웩커링(John Weckerling) 준장은 4월 8일 그를 만났다. 웩커링은 "경찰 증원뿐만 아니라 제주도의 경비대도 여전히 예비부대로 주둔하고 있다"면서 "상황이 잘 통제되고 있다"고 밝혀 유엔조선임시위원단이 예정대로 감시활동에 나서게 했다.[5] 4월 10일 미군정은 국립경찰전문학교 간부후보생 100명을 2차 응원대로 파견했다.[6] 그리고 경비대 제9연대의 특별부대가 제주읍과 서귀포에 출동해 경찰과 함께 경비치안에 들어갔다.[7]

미군정은 겉으로는 침착한 태도를 취하고 있었지만, 단선저지를 목적으로 일어난 4·3항쟁은 대단히 곤혹스러운 사건이었다. 이에 미군정은 선거 감시활동을 벌이는 유엔조선임시위원단을 안심시키는 한편 다른 한 쪽에서는 제주도에서의 성공적인 선거 실시를 위한 강경 진압책을 시작하고 있었던 것이다.

4월 초·중순 무장대의 공세에 이어 4월 말에 이르러 경찰과 미군정의 강력한 토벌전이 전개되기 시작했다. 딘 소장은 해안경비대와 국방경비대에 제주도 작전명령을 내렸다. 합동작전은 해안경비대의 지원을 받아 경비대 1개 대대를 4월 20일까지 제주도에 파견해 전투를 준비하도록 한다는 내용이었다. 경비대에는 기관총과 카빈, 탄약을 보급했다. 이어서 4월 18일 'L-5 비행기 두 대와 한국경비대 1개 대대를 파견하고 매일매일의 상황보고를 무선으로 보고할 것" 등 강경토벌 작전을 같이 병행해서 지시하고 있다.

이와 함께 딘은 "대대적인 공세를 취하기에 앞서 불법집단 지도부와 접

---

5) 허호준,「제주4·3의 전개과정과 미군정의 대응전략에 관한 연구-5·10선거를 중심으로」, 제주대 정치외교학과 석사학위논문, 2002, 70쪽.
6) 『동광신문』, 1948년 4월 13일.
7) 『제주신보』, 1948년 4월 16일.

촉하고 항복할 기회를 주도록 해야 한다"면서 선무공작을 병행하는 지시를 내리기도 했다.[8] 이는 1948년 4월 28일에 열렸던 국방경비대9연대장 김익렬 중령과 인민유격대장 김달삼과의 회담인 소위 '4·28평화회담'으로 나타나게 된다.

이 당시 주한미군 작전참모부 슈(Schewe) 중령이 작성하여 작전참모 타이센(Tychsen) 대령에게 제출한 보고서는 4·28평화회담의 실체와 제주도 사태에 대한 미군정의 입장을 잘 보여준다.[9] 슈 중령의 보고서는 4월 27일과 4월 28일의 작전 결과 보고와 4월 29~5월1일의 작전 계획을 담고 있다. 보고서는 미군정이 경찰과 우익청년단의 횡포와 유격대의 조직과 공격 수위 등 당시의 제주도 상황 등을 비교적 잘 파악하고 있었음을 보여준다.[10]

하지만 슈 보고서를 주목해야 하는 이유는 제주도 상황에 대한 평가보다 그 이면에 숨어있는 미군정의 의도와 역할 때문이다. 주한미군사령부 작전참모부 소속 슈 중령은 타이센(Tychsen) 대령의 지시에 따라 1948년 4월 27일 제주도에 가서 59군정중대의 맨스필드 중령, 20연대장 브라운 대령, 게이스트(Geist) 소령, 그리고 한국5연대 고문관 드루스(De Reus) 대위 등과 협의하고 게릴라 토벌작전을 벌였다. 4월 28일에는 소위 평화회담이 있었고, 5월 1일에는 딘 군정장관이 직접 제주도를 방문하였으며, 평화회담을

---

8) 위의 내용은 1948년 4월 18일에 딘 군정장관이 제주도 제59군정중대장에게 보낸 작전지시문이다 (NARA, RG 338, Entry.11070, Box. No. 84).

9) 「제주도에서의 활동보고(Report of Activities at Cheju do Island)」(이 문서의 출처는 NARA, RG 338, Entry.11070, Box. No. 68).

10) a. 59미군 군정중대장이 현재 제주도에 있는 병력을 확실히 통솔한다면 제주도에 있는 현재의 병력만으로도 상황을 진정시키는 데 충분하다.

　 b. 공산주의자들과 게릴라 세력이 오름들에 있기 때문에 그들을 진압하기 위해서는 신속하고 활발한 작전이 요구된다.

　 c. 경찰과 대동청년단원들이 너무나 정력적으로 행동해 왔기 때문에 양민들은 반경찰적이고 따라서 그들은 경찰에게 협력하지 않을 것이며 한다고 하더라도 그것은 오직 공포심 때문이다.

　 d. 현재 게릴라의 숫자는 1,000명에서 2,000명 사이로 추정되며 소단위로 넓게 산재해 있다.

　 e. 제주도에서 작전을 하고 있는 부대들 간에 원활한 통신을 위하여 양질의 라디오 통신장비가 필요하다.

　 f. 1948년 4월 28일 이전의 작전은 situation warrants(상황이 급박하여 영장 없이 구금, 가택수색 등을 행하는 것)를 행할 만큼 그렇게 공격적이지는 않았다.

깨뜨리기 위한 군경토벌대의 오라리 방화사건이 발생한다. 이런 중요한 시기에 작전참모부의 슈 중령이 제주도에 직접 내려와서 브라운 대령 등 토벌대 수뇌부들과 작전을 협의하고 시행한 것이다. 아래의 보고서 내용은 이를 짐작하게 한다.

> 4월 28일에 행해질 2번 작전계획은 경비대의 김대령, 문소령, De Reus대위, 한국경찰 고문관 Bums대위, 그리고 메리트(Merritt)씨 등에 의하여 철저히 논의 되었다. Schewe중령은 시종일관 그 논의에 참석하였지만 오직 참관만 하였다. 그러나 그는 주한미군사령관은 제주도에서 작전은 성공하여야 하고 더 나아가서 제주도에서 한국안보를 책임진 군대의 성패에 대하여 남한인민들의 시선이 집중되어 있다는 점을 진지하게 받아들이고 있다고 김대령[11]에게 말하였다. 이러한 이유로 김대령은 절대로 실패해서는 안 되었다. 김대령은 정확히 이해하였으며 경비대는 임무를 수행할 것이라고 말하였다.(강조는 필자)

미군정은 미국이 의도하는 대로 남한만의 단독선거를 성공리에 끝내기 위해 4·3항쟁을 철저히 진압하고자 했다. 하지만 항쟁을 진압하는 데에 직접적인 개입을 드러내는 것을 피했다. 국제적인 주목 속에서 미국이 선거 장애물 때문에 당황하는 모습은 감춰져야 했다. 미군정은 이면에 숨은 채 대리인인 한국인 군대와 경찰을 내세워서 4·3을 진압해야만 했다. 브라운 대령이 전한 주한미군 사령관의 지시사항에서도 "미군은 개입하지 말아야 한다"는 점을 분명히 하고 있다.[12] 즉 미군정은 현장에 나서지 않은 채 '보이지 않는 손'의 역할을 하면서 모든 작전계획을 세우고 진압은 경

---

11) 김익렬 중령의 오기로 보인다(필자 주).
12) a. 경비대는 즉시 임무를 수행하여야 한다.
    b. 시민들의 모든 무질서 행위는 종식되어야 한다.
    c. 게릴라 활동을 신속히 약화시키기 위하여 경비대와 경찰 사이에 확실한 결속이 이루어져야 한다.
    d. 미군은 개입하지 말아야 한다.

비대와 경찰을 통해 시행했던 것이다.

　제주에 대한 미군정의 인식이 어떠했는지는 당시 군정장관이었던 안재홍의 글에서도 짐작할 수 있다.

　　1948년 5월초 나는 '경무부장' 조병옥, '국방경비대 사령관' 송호성 등과 함께 미군정 장관인 딘을 따라 비행기편으로 제주도에 갔던 일이 있다. 그것은 1948년 4·3봉기 이래 날로 높아 가는 제주도 인민항쟁을 진압하기 위해서였다. …… 우리 일행이 서울에 돌아왔을 때다. 당시 미 군사고문단장인 로버츠는 '경무부장' 조병옥과 '국방경비대사령관' 송호성을 따로 불러놓고 "미국은 군사상으로 필요했기 때문에 제주도 모슬포에다가 비행기지를 만들어 놓았다. 미국은 제주도가 필요하지 제주도민은 필요치 않다. 제주도민을 다 죽이더라도 제주도는 확보해야 한다"고 지시했다.[13]

　미군정에게 있어 제주도는 자국의 이해에 필요한 군사기지였을 뿐이었고, 그 지역에 살고 있는 사람들은 배려의 대상이 아니었다. 이와 같은 미군 지휘부의 인식으로 볼 때 제주에서 강경 진압이 이루어진 것은 당연할 결과였다.

　결국 4월 28일 다음 날에는 딘 소장이 직접 제주도를 방문했고, 이날 제주도에 체류하던 부양가족들이 철수되었다. 5월 5일 미군정 최고 수뇌부를 이끌고 다시 제주도에 내려온 딘 소장은 '평화협상'에 나섰던 김익렬 중령을 해임하고, 그 자리에 박진경 중령을 임명함으로써 강력한 토벌작전을 채택했다.

---

13) 『안재홍(安在鴻) 유고집』, 1965년 12월 25일(발행소 : 평양시 조국통일사).

2) 5 · 10선거 이후 미군정의 강경 대응

5월 1일의 메이데이에서 5 · 10선거에 이르기까지 남한의 긴장상태가 고조되어 가면서 미육군성이 남한 주둔 미군 가족의 한국여행을 중지하도록 한데 이어 하지 중장은 4월 30일 오후부터 5월 3일 오전까지 좌익의 소요에 대비해 남한 주둔 미군에 특별경계령을 내렸다.[14] 하지는 이 경계령을 통해 모든 군용차는 무장경위를 대동할 것이며 각 중요시설의 보토도 강화될 것이고, 미국인은 30일 오후 11시부터 1일 새벽까지 길에 나오는 것을 금지했다.

선거가 이틀 앞으로 다가오면서 주한미군사령부는 5월 8일 또다시 5 · 10선거에 대비하여 남한 주둔 미군에 특별경계령을 내렸다. 이 경계령에서 미군은 남한이 선거에 대한 공산주의의 공격을 저지하도록 원조하기 위해 경계령을 내리고 경찰의 역할을 다 할 것이라고 밝혔다. 또 대부분의 미국인은 무기를 휴대하여야 하며 순찰대는 총기로 무장해야 하고, 기타 군대는 비상사태에 대비하도록 했다. 선거 당일에는 미 태평양 소속 순양함과 구축함 등 2척이 남한의 해역에 들어왔다.[15]

경찰도 본격적인 선거체제에 들어가 4월 30일 경무부장 조병옥이 총선거에 대비해 치안확보에 관한 담화를 발표하고, 선거 당일에는 향보단과 경찰 인원을 총동원해 투표소를 왕래하는 도로의 중요지점과 같은 기타 중요 장소를 경계하도록 지시했다.[16] 이어 5월 3일 선거반대세력의 선거방해를 막기 위해 경무부 내에 비상경비총사령부를 두고 각 관구에도 경비사령부를 설치했다.[17] 또 5월 7일 조병옥이 선거 당일의 치안대책을 발표했다. 대책안은 "첫째, 동리(洞里)는 향보단의 자위력으로 방위할 것, 둘째, 동리와 투표장소 간 왕래거리의 위험지점에 경찰과 향보단원이 합류해 경호할

---

14) 『조선일보』, 1948년 4월 30일.
15) 『동아일보』, 1948년 4월 30일.
16) 『경향신문』, 1948년 5월 1일.
17) 『조선일보』, 1948년 5월 4일.

것, 셋째, 투표소 부근에는 경찰과 향보단원의 혼성인원으로 방위할 것, 넷째, 경찰청의 기동경찰대들은 소관 경찰본서를 지키고 각 경찰서의 신편 기동부대는 소할 지서를 유통 시찰해 경비할 것" 등이었다. 그리고 선거 당일 정복 경관을 투표소 2~3곳과 일반의 눈에 띄지 않는 곳에 20명씩 무장 배치하고, 사복형사는 투표소 요소마다 1~2명씩 무장 배치했다. 기마대도 도로 곳곳에 3개 분대를 배치했다. 또 특별행동대, 자전거부대가 편성 배치 되었다.[18]

이와 같이 주한미군 경계 태세와, 무장경찰, 향보단원, 우익청년단 등의 삼엄한 경계 태세 속에 5·10선거가 실시되었다.

하지만 미군정과 경찰의 삼엄한 경계도 남한만의 단독선거에 반대하는 좌익과 일반 민중의 투쟁을 막지는 못했다. 전국 대부분 지역에서 선거사무소 습격, 인명피해, 방화사건, 선거반대 시위 등이 일어났다. 제주도에서는 유격대의 보복을 두려워 한 선거 관련 공무원들이 투표인 명부 열람 등 모든 선거관련 업무 취급을 꺼려함에 따라 선거 실시에 어려움을 겪었다. 조천면에서는 대략 50%에 해당하는 선거관리위원들이 사임했다. 총 65개 투표소가 선거 당일 제 기능을 하지 못했고, 군정 관리들이 북제주군의 약 50% 지역에서 선거자료 배포와 수집을 도와야 했다.[19] 선거 기간 동안 폭력 행위가 가장 심했던 지역은 제주도와 경상북도였다.[20]

18) 『동아일보』, 1948년 5월 8일.
19) Hq. USAFIK, G-2. P. R, 1948년 5월 11일.
20) Hq. USAFIK, G-2 Weekly Summary No.139, 1948년 5월7일~5월 14일.

〈표 5〉 5월 7~11일 오후 2시의 선거관련 소요 현황

		경북	경남	전북	전남	서울	충북	충남	강원	경기	제주
경찰	사망	1	3		2					1	1
	부상	2		1						4	21
	실종										
후보	사망					1					
	부상							1			
	실종										
선거위원	사망	1	1		2						
	부상		1								
	실종		2								
우익인사	사망	8	1			2			2		14
	부상	18	1	2		1		1	2	2	5
	실종										
공산주의자	사망	20			1	3			2	2	21
	부상	4				2				3	
	실종										
	체포	177	56			110		4	29	17	
지서 습격		5	4		2	6			1	7	
기관차 파괴		17		2	1			2		1	
철로 절단		2									
교량 파괴					5				1		
전화선 절단		3	6	3	5			1	5		
투표함 파괴		1	2		60				1		
공투표용지분실 (100매 단위)		7									
투표용지 분실 (100매 단위)											
파업		11	2		3	2					
전력 차단		3									
투표소 습격		13	4			9			2	7	1
방화	주택	2						2	1		22
	관공서					1		2		4	
	주택습격	1						1	8		

* 출처 : Hq. USAFIK, G-2 Periodic Report No. 831, 11, May 1948.

5·10단독선거에 반대하는 4·3봉기가 일어난 상황의 심각성 때문에, "미국인 관리는 투표소에 출입하지 말라는 명령과는 달리 제주도에서는 미군들이 직접 선거에 개입하기도 했다. 미군들은 피습지역의 현장조사,

선거여론조사 활동, 투표함 수송 및 점검, 정보수집활동, 미군기에 의한 정찰활동 등으로 선거 현장에 뛰어들었다. 투표함 탈취를 막기 위해 미군이 직접 투표함을 수송한 마을도 있었다.[21]

또 한편으로 미군정은 선거감시요원을 지방에 파견하여 선거감시업무에 들어갔다. 제주도에서는 3개 반으로 나누어 선거감시활동을 벌였다. 서울에서 파견된 군정장교인 스피어 대위, 테일러 대위, 번하이젤 중위 등 3명은 5월 5일 제주도에 들어와 제59군정중대 장교들과 합류해 선거 감시 활동을 벌인 뒤 5월 15일 서울로 돌아갔다. 이들은 총괄 보고서와 함께 3개 반이 작성한 선거감시보고를 군정청에 제출했다. 보고서를 요약하면 다음과 같다.[22]

제주도 민정장관 맨스필드 중령은 이들이 도착한 다음날인 5월 6일 감시활동을 벌일 지역을 배정했다. 번하이젤 중위는 구좌면에 배치됐고, 군정중대 켈리 대위는 조천면에 배치됐다. 5월 7일 이들 장교 2명은 자신들이 담당한 지역에서 하루종일 투표소를 방문하고 각 면사무소로 투표용지를 전달했으나 2개 면에 대한 감시결과는 상반됐다. 켈리 대위는 조천면에 대해 "파괴분자들에 의해 완전히 장악된 것으로 보인다"면서, "조천면이 규정된 선거절차에 대해 희망이 없는 혼란한 상태에 빠졌다"고 평가했다. 선거 전날 밤 선거반대 유인물이 면 곳곳에 뿌려졌고, 도로장애물 설치와 함께 여러 곳의 전화선이 절단됐다. 반면 구좌면에서는 훌륭하게 선거준비가 이루어졌다고 평가했다. 구좌면의 선거 전 단계가 '국회의원 선거 시행 규칙'에 지시된 제반 절차를 따르고 있다고 보았다.

스피어 대위은 북제주군 애월면과 한림면, 그리고 추자면을 맡았다. 5월 7일 애월면과 한림면을 방문한 스피어는 각종 도로 장애물과 게릴라가 뿌린 삐라를

---

21) 제민일보 4·3취재반, 『4·3은 말한다』 2, 전예원, 1995, 208~212쪽.
22) 「Report of Election Observation-Cheju Do」, NARA, Record of the Department of State Decimal File 895 LM80 Roll 3.

발견했고, 2개 마을 주민들이 산으로 올라간 사실을 확인했다. 선거가 끝난 뒤인 5월 12일에는 애월면 주민들이 산에 올라갔다가 내려온 사실도 확인했다. 등록된 투표자의 투표율이 애월면은 32%에 불과했고, 한림면은 70%였다.

테일러 대위는 남제주군의 선거구의 선거는 당시 제주 지역 3개 선거구 가운데 '유일하게' 선거가 성공한 만큼 잘 진행됐다고 평가했다.

이들의 선거감시활동은 통역을 대동한 채 선거 관련 사무소와 일부 유권자들만을 만나는 활동을 했기 때문에 당시의 자세한 선거상황을 살펴보기에는 무리가 있지만 제주도의 투표 준비 및 투표 상황은 비교적 명확하게 파악하고 있다. 당시 5·10단선반대운동이 치열하게 일어났던 지역과 그렇지 않았던 지역을 상세하게 파악하고 있다.

미군정은 단독선거반대를 슬로건으로 내건 4·3봉기가 일어나자 제주도의 5·10선거를 관철시키기 위해 경비대의 토벌 작전, 선무 공작 등 최대의 노력을 기울였다. 하지만 미군정의 목적은 제주도에서는 성공할 수 없었다. 제주도 선거는 3개의 선거구 중 북제주군 2개의 선거구가 투표율 미달로 무효화 처리되었고, 6월 23일 재선거를 치르기로 했지만 결국 선거는 무기한 연기되었던 것이다.

결국 미군정의 노력은 제주도에서는 실패로 돌아갔고, 미군정과 미국은 자존심에 상처를 입었다.[23] 이후 미군정은 떨어진 권위를 회복하고 남한만의 단독정부 수립을 성공시키기 위하여 4·3항쟁을 철저히 진압해 나갔다. 5·10선거가 실패하자 미군정은 곧바로 구축함을 제주도 연안으로 급파했고, 6사단 20연대장 브라운 대령을 제주도 최고 지휘관으로 파견해 제주도

---

23) 미군정장관 딘 소장의 중앙선거관리위원회에 보낸 문서 속에서도 선거 실패의 원인을 저지투쟁의 폭력성에만 둠으로써 실패의 곤혹감을 감추려는 것을 엿볼 수 있다.
"선거를 파괴하려는 행동들과 폭력으로 인해 선거가 제대로 이루어지 못했기 때문에 선거 결과가 그 지역민들의 진실된 견해가 반영된 것이라고는 볼 수 없다"(W.F.Dean, 「Invalidation of the Elections」, NARA, Record of the Department of the State Decimal File 895 LM 80 Roll 3).

민에 대한 무차별 검거작전에 나선 경비대와 경찰을 총지휘하도록 했다.

브라운 대령은 제주도의 모든 고문관들에 대한 책임뿐만 아니라 제주도 주둔 경비대나 경찰 등 제주도의 모든 작전을 지휘·통솔하는 최고 지휘권을 맡았다.[24] 이와 함께 주한미군사령관 하지 중장은 제주도 주둔 59군정 중대와 제주도 지구 CIC에도 모든 가능한 방법을 동원하여 브라운 대령을 지원하도록 명령했다.

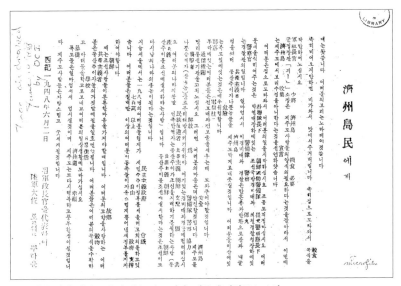

▶ 브라운 대령 명의로 뿌린 귀순 권고 전단, 미국 후버연구소 소장.

최고 지휘권을 부여받은 브라운 대령이 1948년 5월에 제주를 방문하여 6월 말까지 제주도 사태를 조사해 보고서를 제출했다. 브라운(Brown) 대령 보고서는 "1948년 5월 22일부터 6월 30일까지 제주도에서의 활동보고"라

---

24) 웨솔로스키(Charles L. Wesolowsky) 중위(4·3 당시 국방경비대 9연대 부고문관) 증언, 미국 플로리다, 2001년 10월22~23일. 웨솔로스키는 미육군사관학교 출신으로 1948년 6월경부터 8월 18일까지 제주도에서 국방경비대 고문관으로 근무했다.

는 제목으로 1948년 7월 1일에 미군 제6사단 20연대장 로스웰 브라운 대령이 주한미군 군정청사령관에게 제출한 문서이다.[25] 이 문건은 4·3 초기 미국 및 미군정의 4·3에 대한 시각과 대책을 알 수 있게 해 주는 아주 중요한 문건이다.

이 보고서는 "제주도 주민들을 심문한 결과 남로당 조직에 관한 정보, 제주도민들의 남로당과의 연관성 여부, 남로당을 통한 공산당의 활동이 제주도에서 5·10선거 이전에 성공했던 몇 가지 요인, 5·10선거를 무효화하고 선거폭동을 성공으로 이끈 요인, 폭동을 진압하기 위하여 1948년 5월 22일에 취해진 조치, 제주도에 폭동의 재조직을 방지하기 위하여 추천된 조치들"의 6가지 사안을 담고 있는데 당시 미군정이 제주도의 상황을 정확히 꿰뚫고 있음을 보여주고 있다. 주요 사안에 따라 내용을 요약하면 다음과 같다.

제주도민과 남로당과의 연관에 대해서 브라운은 "제주도에 남로당 조직을 건설하기 위해 6명 이내의 훈련받은 선동가와 조직책이 본토에서 파견된 것으로 추정된다. 또 공산주의 사상과 그 목적을 잘 이해하는 사람들을 포함해 500~700명의 동조자들이 이 6명의 특별조직책과 함께 활동에 참여한 것으로 추정된다. 남로당에 가입한 것으로 추정되는 주민 6,000~7,000명은 공산주의 사상을 잘 이해하고 있는 것도 아니고, 이런 단체에 가입하려는 열망도 없다는 것은 분명하다. 그들은 경제적인 곤궁함으로 인해 남로당이 제시한 경제적인 보

---

25)「Report of Activities on Cheju-Do from 22 May 48 to 30 June 1948」, NARA, RG 338, Entry.11070, Box. No. 68.
위의 문서를 포함한 브라운 대령의 보고서(Rothell H. Brown Papers)는 NARA 이외에 미육군군사연구소(U.S. Military History Institute)에도 소장되어 있다. 이 연구소는 미 펜실베니아주 Carlise의 U.S. Army War College 내에 위치하고 있다. 이 연구소에는 제6보병사단장 올랜드 워드 장군 문서(The Orlando W. Ward Papers, Korea, 1946~1949 and Other Material)에도 소장되어 있다.
브라운 보고서는 1폴더의 작은 분량이나 4·3과 관련된 유익한 정보가 많이 포함되어 있다. 여기에는 제주도 남로당 조직에 대한 상세한 자료도 첨부되어 있다. 그리고 한국 이임 이후 1950년부터 1963년까지의 서한철 2폴더 분량이 더 있다. 브라운 대령은 '제주도 활동보고서'를 낸 직후 제6사단 20연대장직에서 물러나 한국을 떠났다.

장에 쉽사리 설득당했다"고 파악하였다.

나아가 제주도에서 남로당 활동이 성공할 수 있었던 요인으로 "59군정중대의 민간업무장교들의 공산당에 대한 무지와 제주도 경찰에 대한 통제의 실패, 한국정부 관리들의 독직과 비능률, 곤궁한 경제적 생활, 미군정중대 요원들과 방첩대 간의 협조 부족" 등을 꼽으면서, "지나친 잔혹행위와 테러가 제주도에 도착한 경찰 예비 병력에 의하여 자행되었다"는 점을 지적하였다.

브라운은 계속해서 폭동을 진압하기 위해 "첫째, 최소한 1년 동안 제주도에 경비대 1개 연대를 주둔시킬 것, 둘째, 제주도 경찰을 효율적이고 훈련된 경찰로 재조직할 것, 셋째, 폭동의 재조직을 방지하기 위해 미국식 프로그램을 실시할 것, 넷째 제주도 행정기관을 가능한 부패와 비효율성이 없는 기관으로 만들 것"을 추천하였다.

브라운 대령은 4·3이 일어난 원인의 하나가 경찰의 탄압임을 정확히 파악하고 있었지만, 실제적인 인식과 대응은 달랐다. 다음의 내용은 브라운의 4·3항쟁에 대한 실제적인 인식이 무엇이었는지를 짐작하게 한다.

저는 제주도 폭동의 원인에 대하여 서로 다른 견해가 있다는 것을 알고 있습니다. 제 보고서가 제주도의 실상을 있는 그대로 보여주기를 바랍니다. 한 가지 절대적으로 단언할 수 있는 점은 제주도가 공산분자들의 기지로 조직화되었다는 사실입니다. 경찰의 야만성이나 정부의 기능이 비효율적이어서 폭동이 일어났다는 비판은 섬에서의 공산분자들의 의도에 비하면 부수적인 사실일 뿐입니다.[26]

브라운은 4·3항쟁이 일어난 다른 원인은 무시한 채 공산분자의 기지로, 공산주의자의 의도로만 움직이는 제주도이기 때문에 항쟁이 일어났다고

---

26) 브라운 대령의 보고서 중 일부로 1948년 7월 1일 상관인 올랜드 워드 6사단장에게 보낸 서한이다 (이 문서의 출처는 NARA, RG 338, Entry No. 11071, Box No. 2).

인식하고 있다. 그는 경찰과 서청의 폭력, 생활난, 통일에 대한 열망 등 모든 원인을 파악하고 있으면서도 이를 의도적으로 외면했다. 제주도를 공산분자의 섬, 빨갱이의 섬으로만 몰아가야 토벌의 명분이 서기 때문이다. 즉 '4·3의 원인에는 관심이 없다. 나의 사명은 진압뿐이다'가 실제적인 브라운의 입장이었던 것이다. 이는 미군정의 정책을 대변하는 것이기도 했다.

항쟁의 원인을 무시한 브라운 대령의 입장이 사태 해결 방안으로 처음 투영된 것은 제주도를 빗질하듯 싹쓸이하는 '평정작전(Pacification Plan)'이었다.[27] 평정작전은 중산간 지역을 고립시키면서 제주도를 빗질하듯 무차별적인 토벌 작전을 벌이는 것이었다. 이 작전은 1948년 5월 하순부터 6월 말까지 제주도민 5,000여 명을 체포함으로써 제주도민에게 공포심만을 심어주었다.

이와 함께 주민들에 대한 선무작전의 하나로 제주비상경비사령관 최천과의 회담을 통해 1948년도 하곡수집 철폐 계획도 발표했다.[28] 브라운 대령은 이날 "내가 내려오기 전에는 경찰과 육해군 사이에 서로 협력을 안 한다는 말을 듣고 있었는데 그런 일이 없어졌다"며 "지난 5·10선거 때는 성적이 좋지 못하였는데 백성들을 보호함으로써 6월 23일 재선거 시에는 진정돼 자유롭게 대표를 선출하도록 할 것"이라고 장담했다.[29]

브라운 대령의 부임은 5·10선거의 좌절로 미국의 위신에 타격을 입힌 제주도 사태를 무력진압하고, 반드시 재선거를 성공시키겠다는 미군정의 의지를 보여준다. 그에 따라 브라운은 남한에서 유일하게 실패한 선거를 6월 23일에 재선거하기 위한 사전정지작업에 들어갔다. 브라운 대령의 '중산간 지역 고립작전' 아래 박진경 연대장의 제11연대는 강력한 검거작전을 진행했다. 브라운은 제주도 중산간 곳곳을 누비며 경비대의 현황보고를 받

27) 허호준, 앞의 글, 82쪽.
28) 『경향신문』, 1948년 6월 3일.
29) 『현대일보』, 1948년 6월 3일.

고 작전을 독려했다.[30] 브라운 대령 휘하 작전 참모인 리치(James Leadh) 대위는 대부분의 작전 지역에 참여했다.[31]

하지만 중산간 지역을 고립시키면서 제주도를 빗질하듯 평정작전을 벌인 브라운 대령은 6·23재선거까지는 제주도 사태가 진정될 것이라고 호언했으나, 그의 무차별적인 진압작전은 성공을 거두지 못하였다.

결국 6·23재선거를 치를 상황을 만들지 못하자 미군정은 6월 10일 행정명령 제22호를 공포하고 인민의 의사를 대표할 수 있는 평화롭고 혼란 없는 선거를 보장하기 위해 제주도의 재선거를 무기한 연기했다. 미군정은 제주도 소요가 진정되지 않은 상태에서 6·23재선거가 치러진다면 제주도 사태가 더욱 악화될 것으로 판단한 것이다.[32]

6·23재선거가 무기한 연기되자 미군정은 소탕작전을 더욱 강화해 경비대 1개 대대당 2중대 규모로 편성된 4개 대대를 제주도의 동서남북에 주둔시켜 모든 대대가 공동목표로 산간 고지대를 향해 내륙으로 전개하는 작전을 벌였다. 이 작전으로 3,000여 명이 체포되었으며, 575명이 수용소에서 경비대와 미군으로 구성된 4개 심문팀의 심사를 받았다.[33]

재선거의 무기한 연기로 또다시 제주도에 강경진압 분위기가 조성된 가운데 6월 18일 제9연대장 박진경 대령의 암살사건이 일어났다. 한국의 부대장 및 야전지휘관 가운데 가장 우수한 인물의 한 명으로 평가받던 박연대장의 암살 사건은 미군정의 비상한 관심을 모아 군정장관 딘 소장뿐만 아니라 미군사고문단 로버츠 준장과 그의 참모들이 대거 제주도에 내려왔다. 곧바로 CIC와 범죄수사대(CID), 경찰이 강도 높은 수사에 들어갔다. 부하병사에 의한 박진경의 암살은 로버츠 준장으로 하여금 강경책을 취하게 했다. 이에 따라 경비대원들을 무장해제하였으며, 군부 내 숙군작업까지도

30) 제민일보4·3취재반, 앞의 책 2, 154~157쪽.
31) 웨솔로스키 증언.
32) GHQ. FEC, G-2 Intelligence Summary NO. 2134, 17 June 1948.
33) Hq. UAFIK, G-2 Weekiy Summary No. 144, 18 June 1948.

실시하게 되었다. 박진경의 암살 이후 실시된 숙군작업은 한국군 내 최초의 숙군작업이었다.[34]

5 · 10선거가 실패로 돌아가고 뒤이은 브라운 대령의 진압작전이 의도만큼 성공을 거두지 못한 채 미군정은 남한만의 정부 수립을 맞게 된다.

미군사고문단 로버츠 준장은 6월경 웨솔로스키 중위를 국방경비대 9연대 고문관으로 파견했다. 당시 9연대장은 제11연대의 부연대장을 맡았던 송요찬 소령이었다. 로버츠 준장의 명령에 따라 웨솔로스키 중위가 작전고문관을 맡았다.

웨솔로스키 중위는 제11연대와 함께 여러 차례 진압작전에 참가했으며, 한라산 윗세오름까지도 올라가 작전에 참여할 정도로 적극적이었다. 지형이 험해 차량을 이용할 수 없어 소를 이용해 물자보급을 하면서 2~3주 동안 남쪽지역에서 한라산을 향해 소탕작전을 벌인 적도 있었으나 아무런 성과를 거둘 수 없었다.[35]

정부 수립을 앞두고 딘 소장은 브라운 대령의 보고서를 토대로 제주도 민정장관 에드가 노엘(Edgar A. Noel)에게 브라운 대령의 건의사항을 완전 이행하도록 지시하고 동시에 '모든 방법을 동원해' 제주도의 안전을 지키기 위해 노력하겠다고 단언했다. 또한 딘 소장은 남한의 모든 정부 부처에 대해서도 '제주도 문제를 최우선 관심사'로 두도록 지시했다.[36]

이와 같은 미군정의 인식과 행동은 제주도에서의 진압 작전이 성공하지 못하고 있음을 보여준다. 대한민국 정부 수립에 아무런 장애물이 없어야 하는 미국의 입장에서는 제주도의 상황은 곤혹스러운 것이었다.

정부 수립 이후에도 미군은 여전히 한국군의 작전지휘권을 갖고 있으면서 제주도 사태를 속속들이 파악했고, 진압작전을 지휘했다.[37] 대한민국

---

34) 국방부 전사편찬위원회, 『한국전쟁사-해방과 건군』, 1967, 441쪽.
35) 웨솔로스키 증언.
36) 브라운 보고서(Brown Report).
37) 제주경찰감찰청장 김봉호는 응원경찰대의 증원은 단기간에 사태를 해결하기 위해 딘 소장이 이미

정부가 수립된 이후에도 한미군사행정협정에 따라 1949년 6월 30일 주한 미군이 철수할 때까지 주한미군사령관이 한국군의 작전 지휘권을 갖게 되었다. 이 협정에 따라 주한미군사고문단(KMAG, 단장:로버츠준장)은 한국의 육군과 해안경비대, 국립경찰 등 보안군의 조직과 행정, 장비, 훈련을 책임지게 되었다.

1948년 10월 여순사건 이후 제주도의 진압작전은 초토화 작전으로 나타났다. 이 작전은 미 군사고문단의 정책적 결정을 바탕으로 이루어졌다. 제주도 주둔 미 고문관들도 미군이 철수할 때까지 제주도에 남아서 현지 작전에 대한 조언과 한국군에 대한 훈련을 실시했다.[38] 미 군사고문단 폴러 대령은 "제주도 반란군들은 송요찬 중령의 적극공세로 인하여 서서히 진압되고 있다. 만일 미군이 철수한다면 고문관들로 대체되어야 한다"면서 진압작전에 대한 미군의 관심과 개입이 지속되어야 함을 지적했다.[39]

보고서 곳곳에 국방경비대의 강경진압작전에 대한 우려가 보고되기도 하였지만,[40] 로버츠 준장은 12월 20일 "송요찬 국방경비대장의 초토화 작전을 칭찬하고 이러 사실을 언론과 대통령을 통해 널리 알려야 한다고 추천"할 정도로,[41] 국방경비대의 강경진압작전을 용인했다.[42]

무장투쟁이 실제적으로 거의 종결된 1949년 봄 시점에서도 4 · 3항쟁에

계획했다고 밝힘으로써 정부 수립 후에도 미군 수뇌부가 제주도 사태 진압에 개입했음을 인정했다(『서울신문』, 1948년 9월 3일).

38) 「미군사고문단장 로버츠 준장이 주한미군사령관에게〈미군사고문단 주간활동, 1948년 9월 3일〉」, 제주4 · 3사건진상규명및희생자명예회복위원회, 앞의 책 8, 71쪽.

39) 「미군사고문단장이 주한미군사령관에게〈미군사고문단 주간활동1948년 12월 6일〉」, 제주4 · 3사건진상규명및희생자명예회복위원회, 위의 책 8, 74~76쪽.

40) "현재 제주도에서 활동하고 있는 게릴라 병력은 300~1,500명 사이로 다양하게 추산된다. 국방경비대에 의해서 최근에 타격을 입은 게릴라 손실은 약 300명 정도 된다고 한다. 이들 모두가 진짜 게릴라였는지는 매우 의심스럽다"(「공산주의 지하전투 부대〈1948년 11월 21일〉」, 제주4 · 3사건진상규명및희생자명예회복위원회, 앞의 책 7, 255쪽).

41) 로버츠 준장은 브라운 대령에게 보낸 문건에서, 송요찬을 최상의 장교라고 격찬했다.〈로버츠 준장이 브라운 대령에게 보내는 비망록〉은 로버츠 준장 공한철에 수록되어 있다(NARA, RG338, PAMG · KMAG, Box, No,4).

42) 로버츠 준장 공한철에는 송요찬 국방경비대9연대장의 지휘하에 제주도민과의 협력이 완벽하게 이루어지고 있다고 적고 있다(「Operations on Cheju-Do」, 위의 문서철에 수록됨).

대한 미국의 관심은 지속적으로 이어지고 있었다. 1949년 3월 10일 주한미사절단 참사관 에버레트 드럼라이트(Drumright)는 로버츠 준장에게 제주도 상황과 관련해 서한을 보내, "제주도가 상당히 심각한 상황에 처해있으며, 이런 상황을 타개하기 위해 적극적인 조치가 취해져야 한다"는 의견을 개진했다.[43] 로버츠 준장은 회신을 통해, "한국의 대통령과 국무총리에게 제주도의 게릴라와 군사작전 등에 대해 강력한 서한을 보냈다"고 밝혔다.[44]

주한 미대사 무초는 1949년 4월 4일 이승만을 만나 "한국은 제주도와 전라남도에 만연하는 게릴라 도당을 제거하고 보안군을 훈련시킴으로써 남한에서의 입장을 굳건히 해야 한다"고 제주도 진압에 대한 입장을 밝혔다. 무초의 강경한 진압작전을 암시하는 발언은 4월 9일에 미 국무장관에게 보낸 보고서에서 제주4·3에 대한 왜곡된 인식으로 나타났다.[45]

제주도가 남한에 혼란을 퍼뜨리고 테러를 가하기 위한 소련의 주요한 노력의 장소로 선택되었다는 것은 소련의 통제를 받은 라디오 방송으로부터 뿜어져 나오는 선전의 본질로부터 분명해진다. 이것(남한에 혼란을 퍼뜨리고 테러를 가하기 위한 소련의 노력)은 제주도 북쪽의 한반도 육지부인 전라남도와 경상남도에서 지속적이고도 유사한 작전으로 지속되었다. 대한민국 후방 지역의 그러한 상황 속에서 이승만 대통령은 소요와 불안정을 제거하기 위한 결정을 내릴 수밖에 없었다. 그렇게 하여 공산주의자들이 한국 무대에서 영속시키고자 했던 대량학살의 싸움에 38선의 방위군 부대들을 소모시키지 말아야 한다.

소련 요원들이 큰 난관 없이 제주도에 침투하고 있었음이 분명하다. 신성모 장관은 그들 가운데 다수가 북한으로부터 소형 어선 편으로 (제주도에) 도착했다고

43) 「드럼라이트가 로버츠 장군에게」, 제주4·3사건진상규명및희생자명예회복위원회, 앞의 책 10, 102~103쪽.
44) 「로버츠 준장이 드럼라이트에게」, 제주4·3사건진상규명및희생자명예회복위원회, 앞의 책 11, 64~66쪽.
45) 「특사 무초가 국무장관에게(1948년 4월 9일)」(이 문서의 출처는, NARA, RG319, Entry.57, Box. No.59).

주장했다. 신성모는 한국 해안 경비대(the Korean Coast Guard)가 제주도 해안을 정찰하기 위해 노력하고 있지만 현재 해안 경비대 함정의 소규모 승무원으로서 는 (제주도의) 빈틈없는 봉쇄가 불가능하다고 주장했다. 그것이 국무총리와 신성 모 장관 사이에서 특히 국회의 토론에서 논쟁거리로 존재했을 동안 제주도 주위 에 소련 함선과 잠수함들이 맴돌고 있다는 지속적인 보고가 올라오고 있었다.

"소련이 남한 테러의 전초기지로서 제주도를 채택했고, 소련 요원들이 어려움 없이 제주도에 침투하고 있다"는 무초의 발언은 그동안의 4·3에 관한 미군정의 인식과는 전혀 다른 것이었다. 좌익 세력과 4·3항쟁의 관계 에 대해서 그동안의 미군정의 주된 인식은, 남로당의 주도세력이라는 정도 였다. 나아가 좀 더 과장되게 표현하는 경우가 북한과의 연계설이었다. 제 주도가 소련의 위성기지처럼 취급된 적은 없었다. 제주도 현지 고문관들조 차도 외부세력의 침입 증거를 본 적이 없다고 밝히는 상황에서[46] 나온 무초 의 발언은 이승만에게 더욱 제주도를 토벌하라는 당위성을 부여하였다.

이승만의 제주 방문 이후 주한미대사관은 "3월 시작된 전면적인 소탕작 전은 4월 말 사실상 막을 내렸고, 대부분의 반란군과 동조자들이 죽거나 체 포됐고 사상을 전향했다"고 국무성에 보고했다.[47] 또한 이들은 미 국무부 에 제주도의 상황을 수시로 보고했다.[48] 무장대와 제주도민의 현황, 식량

<hr>

[46] 한국군 해군 총참모장 손원일 소장도 "제주도 근해에 외국선이 출몰한다는 낭설은 소련 선박이 우 리를 원조하고 있다는 공산도배들의 모략 선전에 지나지 않는다. 제주도 연해 4마일 밖에서 소련 선박이 향해하는 것이 있으나 이는 블라디보스톡으로 향하는 소련 선박이 국제적으로 승인된 항로 를 지나고 있기 때문이다"라고 밝혔다(『경향신문』, 1949년 4월 15일).

[47] Airgram-60, Everett F. Drumright, American Embassy to the Secretary of State, May 2, 1949.

[48] 〈제주도지사 김용하와의 비망록 송달(No.303)〉은 주한미대사관에서 미국무에 보고한 급송문서 제 303호이다. 주한미대사관의 존 가디너(John P. Gardiner)가 작성한 이 보고서는 "1949년 5월 26일 미대사관에서 드럼라이트 참사관, 김용하 제주도지사, 통역관, 가디너의 참석하에 이루어졌던 제주 도지사 김용하와의 대화 비망록"이다. 이 문서의 출처는 Records of the U.S. Department of State Relating to the Internal Affairs of Korea 1945~1949, Decimal File 895, Reel No.3. 여기에서는 "정부의 사면계획에 따라 얼마나 많은 게릴라들이 귀순하기 위해 오름에서 내려왔는지의 질문에 대해 김용 하는, 2,000~6,000여 명이 읍내에 위치한 경비가 있는 3곳의 수용소에 있다고 보고하였다." 그리고 "드럼라이트는 피난민들에게는 도회지에서 나와 자신들의 밭으로 돌아가는 것이 가장 중요한 일이 라고 지사에게 제안하였다."라는 내용이 들어있다. 이 외에도 제주 식량문제에 관한 사안 등을

문제, 그리고 1949년 5월 10월 치러진 재선거에 대한 사안 등 제주의 상황을 점검했다.

결국 만 1년에 걸친 진압작전 끝에 실제적인 제주도에서의 무장투쟁은 막을 내렸고, 1949년 5월 10일에 재선거가 실시되었다.

이는 존 메릴의 지적대로 4·3항쟁의 발발 자체가 한국에 생명력 있는 정치제도를 발전시키고 현실에 맞는 민주주의를 수립하겠다던 미국의 점령정책이 실패하였음을 웅변적으로 말해 주고 있다. 전후 점령군에 대하여 제주도에서와 같이 격렬한 대중적 저항을 보인 곳은 지구상 어디에서도 찾아볼 수 없다.[49]

하지만 저항에 대한 대가는 참혹했다. 교전에 의한 죽음이 아니라 수많은 민간인이 학살당했다. 막후에서 분주하게 움직인 미군정은 한국인 군과 경찰에 비해 잘 보이지 않는 존재였다. 그러나 그렇다고 해서 미국이 제주 학살에 대한 책임에서 벗어날 수 있는 것은 아니다.

4·3항쟁 발발 직후에 이미 미 군정장관 딘은 강경 진압을 주장했고, 제주의 문제를 신속히 해결하는 방법은 초토화 작전뿐이라는 의사를 자신의 정보 장교들을 통해 제주 지역 책임자들에게 수시로 전달했다. 제주에 대한 진압작전 지역에서의 지휘권은 미군에게 있었으며, 브라운 대령은 강경 진압 작전을 벌였다. 제주도 학살의 전위대 역할을 했던 서북청년회 단원의 대규모 파견도 미군정의 동의가 없었다면 가능하지 않은 일이었다.

미군의 역할은 대한민국 정부가 출범한 이후에도 계속되었다. 한국군에 대한 미군의 작전통제권은 군사고문단을 통해 제주 진압 작전에 투영되었다. 초토화 작전이 전개될 당시 제주에는 임시고문단원과 방첩대, 그리고 미군정 중대가 주둔하고 있었다. 주한미사절단과 대사관도 제주에 대한 관

담고 있고, 드럼라이트가 5·10 재선거가 사고 없이 제대로 이루어졌는지에 대해 지사에게 질문한 내용이 수록되어 있다(이 문서의 출처는 NARA, Records of the U.S. Department of State Relating to the Internal Affairs of Korea 1945~1949, Decimal File 895, Reel No.3-5).
49) 존 메릴, 「제주도 반란」, 노민영 엮음, 『잠들지 않는 남도』, 온누리, 1988, 74쪽.

심을 놓지 않고 있었고 상황의 진행을 지속적으로 미 국무부에 보고했다. 이들은 때로는 제주 해안에 괴선박이 출현했다거나 혹은 소련의 기지설 등의 허위 첩보를 유포해서 이승만 정부의 강경 진압을 부추기도 했다.

미군정은 각종 보고서나 정보원, 혹은 현장 목격을 통해 제주뿐만 아니라 전국 각지에서 군경토벌대가 무차별로 민간인들을 학살하고 있다는 것을 알고 있었다. 그래서 "원인에는 흥미가 없다. 나의 사명은 진압뿐이다"는 발언으로 유명한 브라운 대령조차도 경찰의 무차별적인 테러를 지적하기도 하였다.

그러나 미군정은 이후에 벌어진 군경토벌대의 무차별적인 민간인 학살을 방조했다. 미 군사고문단은 토벌대의 과도한 잔혹성을 보고하면서도 이를 막기 위한 어떠한 조치도 취하지 않았던 것이다. 충분히 그럴 수 있는 권한을 가지고 있으면서도 말이다. 이승만이 원조를 요청했을 때도 국내의 소요를 완전히 진압할 것을 요구하는 등 강경 진압의 명분만을 만들어 주었다. 겉으로는 미국식 민주주의를 부르짖고 한국인들의 야만적인 진압행위를 비판하면서도, 실제적으로는 도리어 이를 방조하거나 부추겼던 것이다. 남한을 반공의 전초 기지로 상정한 냉전 시기의 미국으로서는 당연한 결론이었다. 물론 드러나지 않고 이면에서 움직이는 미국의 의도대로 제주4·3항쟁에 대한 진압은 한국인을 통해 이루어졌고 학살 또한 마찬가지였다.

2. 군경토벌대의 항쟁 진압과 민간인 학살

1) 정부 수립 이전의 진압 과정

4·3항쟁이 일어나자 경무부는 즉각 대응에 나서 4월 5일 전남 경찰 100명을 파견해 경무부 공안국장 김정호를 사령관으로 하여 제주경찰감찰청

내에 제주비상경비사령부를 설치했다. 이어 4월 10일 미군정은 제주도 도령을 공포하여 타 지역과의 해상교통을 차단하고 미군 함정을 동원해 해안을 봉쇄했다. 이어 4월 10일 국립경찰전문학교 간부후보생 100명을 파견했다.[50]

경무부 공안국장인 제주비상경비사령부 김대봉의 담화문(4월 8일)[51]과 조병옥의 선무문(4월 14일), 공보실장 김대봉의 담화문(4월 17일),[52] 사령관 김정호의 경고문(4월 18일)과 시국수습을 위한 메시지(4월 19일)[53]가 잇따라 발표되었다. 이들 발표문은 제주도 사태와 관련해 남한을 소련에 예속시키는 공산주의자들의 음모·계략과 연계된 것이라고 주장하는 내용으로 김정호는 '폭거'가 계속되면 소탕전을 전개하겠다고 선언했다.[54]

군경토벌대의 본격적인 진압작전은 제주도 5·10선거가 무효화된 이후 본격적으로 진행되었다. 미 극동사령부는 5월 12일 제주도의 소요 진압을 위해 구축함 크레이그를 제주도에 급파하고 일주일 이상 제주읍에서 3마일 정도 떨어진 연안에서 정찰활동을 벌였다.[55] 그리고 야전군 출신의 브라운 대령을 제주도 최고 지휘관으로 임명해 제주도 작전을 지휘하도록 했다.

미군정이 대응을 시작한 가운데 국방경비대의 진압활동도 강화되었다. 국방경비대는 박진경[56]의 지휘하에 5월 14일부터 21일까지 조천면 송당리와 교래리에서 동굴 수색과 게릴라 진압작전을 벌여 200여 명을 체포하고 7명을 사살했다. 박진경은 매일 한 사람이 한 명의 폭도를 체포해야 한다[57]고 할 정도로 강경토벌작전을 전개했다.

그러나 강경진압에 반발한 제9연대 소속 하사관 11명을 포함한 사병 41

---

50) 『서울신문』, 1948년 4월 7일.
51) 『제주신보』, 1948년 4월 10일.
52) 『제주신보』, 1948년 4월 18일
53) 『제주신보』, 1948년 4월 20일.
54) 『제주신보』, 1948년 4월 20일.
55) GHQ, FEC, Military Intelligence Section, General Staff, No.2105, 13 May 1948.
56) 박진경은 김익렬 중령이 해임된 후 1948년 5월 6일 국방경비대 9연대장에 임명되었지만, 5월 15일 제주도로 이동한 제11연대에 9연대가 합편됨에 따라 국방경비대 11연대장이 되었다.
57) 「박진경 연대장을 암살한 손선호 하사의 진술」, 『서울신문』, 1948년 8월 15일.

명이 5월 20일 모슬포에서 부대를 탈영해 미군정에 충격을 주었다.

하지만 경찰은 4·3항쟁이 일어난 때부터 원인은 무시한 채 줄곧 '소련의 사주나 북로당의 사주에 의한 폭동'으로 규정해 무력진압을 강조했다. 경무부장 조병옥은 5월 16일 "남로당은 전조선적 파괴행동의 계기를 조성하기 위한 제주도 소요를 야기했다"고 격렬한 어조로 제주도 사태를 비난했으며,[58] 공보실장 김대봉도 "제주폭동은 모스크바의 눈으로 보면 크게 의미가 있고 이익이 있다"고 주장했다.[59]

브라운 대령의 '중산간 고립작전' 아래 박진경 연대장이 지휘하는 제11연대의 소탕작전이 계속되면서 6월 2일에는 구금자가 596명으로 늘어났다.[60] 5월 22일부터 6월 30일까지 검거된 주민만 5,000여 명에 이르렀다.[61]

조병옥은 5월 19일 각 경찰관구에서 차출한 응원경찰 450명과 수도경찰청 최난수 경감이 지휘하는 형사대를 제주도로 보냈다. 이때를 전후하여 들어온 응원경찰로 인해 1948년 7월경 경찰 병력은 약 2,000여 명으로 늘어났다.[62]

6월 23일 재선거의 무기한 연기로 제주도에 긴장이 흐르는 가운데 6월 18일 연대장 박진경 암살사건이 일어났다. 박진경의 강경토벌작전에 불만을 품은 부하 병사들에 의해 암살된 것이다. 수사결과 제9연대 제3대장 문상길 중위를 비롯해 강승규 일등중사, 황주복 하사, 김정도 하사, 손선호 하사, 배경용 하사, 양회천 이등상사, 신상우 일등중사 등 8명을 체포한 경비대는, 정부 수립 하루 전인 8월 14일 열린 고등군법회의 선고공판에서 문상길 중위와 신상우, 손선호, 배경용 등 4명에게 총살형을 선고하고 9월 23일 집행했다.[63]

58) 『서울신문』, 1948년 5월 18일.
59) 『동아일보』, 1948년 5월 18일.
60) Hq. USAFIK, G-2, P. R.(No.142), 4 June 1948.
61) 「브라운 보고서」.
62) 『조선일보』, 1948년 7월 30일.
63) 손선호는 8월 14일 열린 고등군법재판에서 박진경을 암살한 이유를 다음과 같이 밝히고 있다.
　"박대령의 30만 도민에 대한 무자비한 작전 공격은 전 연대장 김중령의 선무작전에 비하여 볼 때 그 한편 강력한 토벌작전이 전개되어 형제와 가족들이 죽어 가자 재경제주도친목단체인 제우회는 6월 21일 하지 중장과 유엔임시조선위원단(UNTCOK)에 청원서를 내고 무차별적인 토벌작전의 중지를 요구하며 군정당국의 실책을 지적했고,[64] 광주 제우회도 6월 19일 제주도경찰청장에게 사태의 평화적 해결을 호소했다.[65]

금번 사건의 도화선은 순전히 감정악화에 있다. 무엇 때문에 제주도에 서북계열의 사설청년단체가 필요하였던가. 경찰 당국은 치안의 공적도 알리기 전에 먼저 도민의 감정을 발시키는 점이 불소하였다. 왜 고문치사 하지 않으면 안 되었던가. 거리에 놀고 있는 어린아이를 말굽으로 밟아 놓고도 말없는 순경에 도민의 눈초리는 매운 것이다. 직접 원인의 한 가지로 당국자는 공산계열의 선동모략을 지적하고 있다. 물론 이것은 원인의 한 가지로 긍정할 수 있다. 그러나 33만 전 도민이 총칼 앞에 제 가슴을 내어밀었다는 데에는 문제는 커진 것이다. 원인 없는 결과는 없다. 진정시키고 또다시 일어나지 않도록 함에는 당국자의 참으로 애족적이고 현린한 시책이 필요하다. …… 민심을 유린한 사정이 얼마나 참담한 결과를 가져오는가를 뼈아프게 느껴야 할 것이다.[66]

하지만 평화적 해결에 대한 호소는 무시되었고, 강경 진압은 계속되었다. 빨갱이 섬에 대한 배려는 있을 수 없는 일이었던 것이다.

박진경 암살사건이 보여주듯이 경비대 내부에서도 강경진압작전에 대한

의 작전에 대하여 불만을 가지지 않을 수 없었다. 그러한 그릇된 결과로 다음과 같은 사태가 벌어졌다. 우리가 화북이란 부락에 갔을 때 15세가량 되는 아이가 그의 아버지의 시체를 껴안고 있는 것을 보고 무조건 살해하였다. 또 5월 1일 오라리라는 부락에 출동하였을 때 수많은 남녀노소의 시체를 보았을 뿐인데 이들은 자세한 조사의 결과 경찰의 비행임을 알게 되었다. 사격연습을 한다고 하고 부락의 소, 기타 가축을 도살하였으며 폭도가 있는 곳을 안내했다가 폭도가 없으면 총살하고 말았다. 또 매일 한 사람이 한 명의 폭도를 체포해야 한다는 등 부하에 대한 애정도 전혀 없었다"(『서울신문』, 1948년 8월 15일 ; 『조선일보』, 1948년 8월 15일).

64) 『조선일보』, 1848년 6월 22일
65) 『조선일보』, 1948년 7월 2일.
66) 「감정의 악화가 금반 사건의 도화선/제주도 현지 보고」, 『조선중앙일보』, 1948년 6월 13일.

불만이 있었음에도 불구하고 미군정과 경찰의 태도는 여전했다.

박진경 연대장이 암살당하자 미군정은 6월 21일 국방경비대 11연대장에 최경록 중령을, 부연대장에 송요찬 대령을 임명했다. 최경록도 무차별적인 검거작전을 계속해 박 연대장 재임 시절부터 합산하여 6주 동안 4,000여 명을 체포하였다.[67] 6월 26일에는 오후 6시부터 다음달 오후 6시까지 만 하루 동안 전개된 작전에서 '폭도혐의자 176명'을 체포했다.[68] 이후 제주도 사태는 표면적으로는 8월 초순까지는 어느 정도 가라앉았다. 정부 수립을 앞둔 시점이었기 때문이다.

진압작전이 원활하게만 이루어진 것은 아니었다. 브라운 대령은 작전 기간에 경찰과 경비대 간의 협력관계를 유지하도록 했으나, 이들 사이에는 심한 마찰이 계속되었다. 심지어 작전문제만이 아니라 사적인 자리에서도 불협화음을 빚자 사건해결을 위해 조사위원회가 구성되기도 했다.[69] 이와 같은 상황에서 조병옥은 경찰만이 진압작전을 성공적으로 이끌 수 있다면서 다음과 같이 주장했다.[70]

① 경찰과 경비대의 선린관계 및 통합

현재 경찰과 경비대 고위 간부들이 양쪽의 선린관계를 증진시키기 위해 노력하고 있지만 아직까지 이들 사이에 일치하지 않는 심각한 문제가 있다는 것은 대단히 유감스런 일이다. 목표지점은 아직도 멀다. 이런 마찰이 신속히 해결되지 않으면 앞으로 심각한 문제를 야기할 것이다. 한쪽이 전적인 책임을 짐으로써 시험하고 결과를 지켜보는 것은 한 가지 방법일 것이다. 만일 경찰이 제주도의 상황에 대해 전적인 책임을 진다면 경찰은 상주경찰력 1,000명과 임시 응원

---

67) Hq. USAFIK, G-2 Weekly Summary No. 146, 2 July 1948.
68) 미 보병 제6사단 야전명령 7호 1948년 8월 5일.
69) 허호준, 앞의 글, 84쪽.
70) 「제주 사태에 대한 조병옥의 견해」. 이 문서는 1947년 7월 23일 작성되었다(이 문서의 출처는 NARA, RG332, Box. No. 83).

대로 1,000명이 필요하다. 이렇게 하면 3개월이면 폭동을 진압하는 데 충분하다. 이것은 모든 고위 경찰간부들의 견해이다. 지금까지 응원경찰대는 지서를 강화하는 데만 이용됐으며 경찰은 경찰과 경비대 간 결정된 규정에 의해 제한됨으로써 능력의 전부를 보여줄 수 없었다.

조병옥은 강경진압작전 속에서도 유격대의 활동이 여전히 지속되는 상황에 대한 책임을 경비대에게 은근히 전가시키고 있다. 그러면서 경찰의 우수성을 과시하며 진압작전의 주도권을 가지고자 하였다. 4·3을 진압하는 데는 해방 직후부터 좌익 척결에 앞장서 온 경찰만한 인력이 없음을 과시하고 있는 것이다.

경비대총사령부는 7월 15일자로 경비대 9연대를 부활시키면서 연대장에 송요찬 소령을, 부연대장에는 기존 11연대 대대장인 서종철 대위를 임명했다.[71] 최경록 연대장의 11연대는 제주출신인 본래 9연대 병력만을 배속 해제해 제주도에 남겨둔 채 7월 24일 연대 창설지인 경기도 수원으로 철수했다.

정부 수립을 앞두고 경찰은 특별경계령을 발효했다. 8월 13일부터 8월 19일까지 경찰특별 경계 2단계가 발효되어 모든 활용 가능한 경찰력 운용에 들어갔다. 8월 13일부터 제주와 목포 간 정기여객선을 이용하는 여객에 대한 여행증명제도가 부활되었고,[72] 8월 20일부터는 경찰이 제주도 해안선 봉쇄와 여객 출입의 사찰을 강화했다.[73] 8월 26일과 30일 두 차례에 걸쳐 800여 명의 응원경찰대가 제주도에 도착해 '무력소탕전'에 들어갔다. 이런 무력 소탕전은 제주도 현지 당국에는 전혀 사전연락이 없이 취해진 조치였다.[74]

이와 함께 제주도 제9연대를 관할하고 있는 제5여단 참모장 오덕준 중령

---

71) 송요찬은 로버츠 준장의 신임을 받고 있었다. 서종철은 영어를 할 수 있었기 때문에 미고문관과의 협의는 주로 서종철이 담당했다(Harold Fischgrund〈당시 9연대 고문관〉 증언, 미국 버어지니아주, 2001년 10월 21일).
72) 『동광신문』, 1948년 8월 25일.
73) 『조선중앙일보』, 1948년 9월 1일.
74) 『조선중앙일보』, 1948년 9월 1일 ; 『동광신문』, 1948년 9월 2일.

도 8월 30일 사태해결을 위해 제주도를 방문했으며, 31일에는 제7관구 경찰청 소속 경찰관들도 제주도로 파견되었다.

2) 이승만 정권의 4·3항쟁에 대한 인식

대한민국 정부가 수립된 이후 이승만 정권은 제주4·3항쟁을 진압하기 위해 잔혹한 초토화 작전을 실행했다. 이 결과 수많은 민간인이 희생당했고, 희생자 가운데 80% 이상이 군경토벌대에 의해 학살당했다. 하지만 당시 최고 결정자인 이승만 대통령이 4·3에 대해 구체적으로 어떤 태도와 행동을 취했는지를 완전하게 입증하기는 힘들다. 즉 이승만 대통령이 학살에 어느 정도까지 개입했는지를 확실히 보여주는 증거를 내놓기는 어렵다. 그러므로 이승만 대통령이 언론과 대중을 상대로 한 발언이나 공식 명령 계통을 염두에 두고 작성한 문서와 함께, 미국 인사들과 나누었던 대화, 그리고 이승만 정권의 주요 인물들의 움직임을 함께 살펴보아야 할 것이다. 더불어 군대와 경찰을 비롯한 국가 기구의 동향까지도 고려해야 한다. 이를 통해 이승만 정권의 제주4·3에 대한 인식과 그것이 초토화 작전에 어떻게 투영되었는지를 살펴봄으로써 학살에 대한 이승만 정권의 책임을 추적할 수 있을 것이다.

이승만 정권의 4·3항쟁에 대한 인식을 알기 위해서는 우선적으로 미군정 경무부장으로서 4·3 발발 직후부터 진압 과정에 깊이 연루되어 있었던 조병옥의 태도를 살펴보아야 할 것이다.

다음의 6월 23일의 담화는 4·3항쟁에 대한 조병옥의 인식을 잘 보여주고 있다.

제주도 소요의 근본원인은 조선의 소련 연방화 내지 위성국화를 기도하는 공산당의 남조선 파괴공작이 강행될 그 일단으로 총선거 방해 공작에 불과한 것이다. 그 유래가 요원하고 규모에 있어 방대하고 치밀하니만큼 북조선을 그 세력하에 두고 남조선을 규시하는 소련이 그 야심과 정책을 포기하지 않는 한 여사한 폭동은 제주도에 국한되지 않고 남조선 일대에 전파 만연될 것으로 당분간 남조선에는 정상적 치안의 복구를 기대할 수 없는 사정이다.

그러므로 치안 수습책은 법을 무시하고 살인, 방화 등 파괴 만행에 전념하여 정부를 전복하고 독립을 방해하는 자는 엄중 처단하고 무지몽매로 인하여 부화뇌동한 자는 선무, 선도하는 방침 외는 없다.[75]

이와 같이 조병옥은 항쟁이 일어난 근본 원인을 "소련의 연방화를 기도하는 공산당의 음모의 일환"으로 규정지었을 뿐만 아니라, "강경하게 진압하지 않을 경우 폭동은 제주도에 국한되지 않고 남한 전역으로 확대될 것"이라고 주장했다. 조병옥은 4·3봉기를 공산당의 음모로만 몰고 나갔을 뿐만 아니라, 마치 제주도를 진압하지 않으면 남한의 안보가 위험하다는 식의 경고로 제주도의 상황을 과장되게 부풀렸다. 조병옥에게 있어 제주도는 이미 3·1사건 때 드러나듯이 오로지 '빨갱이 섬'이었고, 근본원인은 공산분자의 음모로 일어난 폭동이었다. 당연히 경찰과 서청의 폭력과 같은 우익 세력의 잘못은 처음부터 고려 대상이 될 수 없었다.

제주도가 빨갱이 섬이라는 조병옥의 인식은 7월 23일에 발표된 '제주도 사태 해결에 대한 견해'에서도 두드러진다.

(1) 폭동 사례:

우리는 제주도 폭동의 여러 가지 이유를 열거할 수 있다. 그러나 주요 이유는 다음과 같다.

가) 북로당의 지령 및 직접 선동

---

75) 『현대일보』, 1948년 6월 24일.

나) 제주도는 오지라는 이유로 중앙정부에 의해 주의 깊게 감독되지 않았다.

다) 본토 출신 관리들의 불안정한 태도.

라) 제주도민들의 배타적 사고.

마) 많은 부패관리와 모리행위.

바) 무책임한 고위 관리들의 무관심이 좌익분자들에게 제주도 전역에서 강력
한 조직을 갖도록 하는 좋은 기회를 줬다.

사) 경찰이 경찰관과 그 가족들에게 행한 폭도들의 범죄행위에 대한 앙갚음
으로 폭도들에게 너무 심한 보복수단을 취했다.

그러나 우리는 조선노동당의 선동전략과 지령, 선전활동이 주요 이유라고
말할 수 있다. 우리는 이미 모든 지역에서 그들의 잔인한 정책을 경험했
다.[76](강조는 필자)

이와 같은 인식 속에서 조병옥은 6월 13일 박진경 대령이 암살되는 등 경
비대의 강경진압작전에 대한 불만이 표출되고 있는 상황에서도 강경진압작
전만을 주장했다. 그래서 사태의 해결 방안으로, "공산당의 선동과 전략으로
제주도 상황은 단순한 조처로는 해결할 수 없다. 심지어 열렬하고 성실한 계
몽과 교훈정책은 강력한 정책이 뒤따를 때만이 효과적이다. 제주도민들의
생활환경과 문화수준을 고려하면 보다 강력한 방법으로 주민들과 폭도들을
분리시키는 것이 절대 필요하다"고 밝혔다. 문제는 이러한 인식을 미군정과
경찰 요직에 있었던 대다수의 사람들이 공유하고 있었다는 것이다.

결국 4·3봉기 직후에 김익렬 중령이 이끄는 국방경비대 9연대의 경우
처럼 토벌보다 선무공작을 앞세우는 목소리는 조병옥을 비롯한 경찰의 강
경진압 요구에 묻혀버렸다.[77] 미군정은 조병옥의 손을 들어주었고, 딘 군

---

76) 「제주 사태에 대한 조병옥의 견해」.

77) 4·3이 발발한 초기에는 중앙 정부 내에서도 강경 진압에 반대하는 목소리가 종종 있었다. 미군정
치하에서 검찰총장직을 맡았던 이인이 4·3이 시작된 뒤에 했던 다음 발언을 통해 잘 드러난다. "제
주도 사태가 이렇게까지 약화된 것은 시정 방침에 신축성이 없었다는 것과 관공리가 부패했다는 것

정장관이 김익렬을 경질함으로써 토벌은 강경진압작전으로 진행되었다. 제9연대 내에서 토벌을 주저하거나 거부하는 세력이 제거된 뒤에는 토벌대 내부의 마찰은 크게 일어나지 않았다. 대한민국 정부 이후 시작된 초토화 작전에서는 군이 주도하고 경찰이 돕고 서북청년회가 보조하는 식의 역할 분담과 공조 활동이 잘 이루어졌다.

대한민국 정부 수립 이후에도 조병옥의 4·3에 대한 인식은 이승만 정권에 그대로 이어지고 있었다.

정부 수립 이후 이승만 정권은 여순사건을 진압하자 제주에 대대적인 토벌을 가한다. 이것은 초토화 작전으로 이루어졌다. 극우 세력만 정권에 참여함으로써 기반이 취약했던 이승만 정권에게 남한에서 유일하게 단독선거를 저지시켰던 제주는 정통성을 가로막는 존재였다. 그러면서도 국제적인 이목 때문에 곤혹감을 드러내지 않은 채 진압해야 할 대상이었다. 그래서 초토화 작전이 결실을 맺기 전까지는 제주4·3에 대한 이승만의 태도와 대응은 표면적으로 나타나지 않았다. 이때에는 이범석 국무총리와 신성모 국방장관 등의 정부 요인들만이 4·3항쟁에 대한 태도와 상황 보고를 했을 뿐이다. 또한 이 시점에는 이승만의 관심이 여순사건의 여파로 진행된 숙군과 11월의 국가보안법 제정에 쏠려 있었다. 제주4·3에 대한 이승만의 입장이 신문이나 정부 문서에 공식적으로 표명되는 것은 1949년에 들어서면서부터이다.

그렇다고 해서 초토화 작전에서 이승만의 역할이 없어지는 것은 아니다. 이승만은 1948년 11월 17일 제주도에 계엄령을 선포함으로써, 마구잡이 학살의 길을 열어주었다. 학살의 집행인인 군경토벌대는 이 계엄령을 사람을 마구 죽여도 괜찮다는 뜻으로 받아들였고, 주민들도 체념하게 만들었다.

등을 들 수 있겠다. …… 고름이 제대로 든 것을 좌익 계열에서 바늘로 이것을 터트린 것이 제주도 사태의 진상이라 할 것이다. 그러므로 이 수습책으로는 100명의 경찰관을 보내는 것보다 한 사람이라도 유능한 자를 보내어 민심을 수습을 하는 것이 낫다고 생각한다."(『서울신문』, 1948년 6월 16일). 하지만 이런 현실 진단은 반영되지 않았고, 미군정은 단기간 내의 진압이라는 강경책을 택했다.

법의 원리와 규정을 내면화하는 데 필요한 충분한 시간이 없었던 상황에서 토벌대는 '사람 죽이는 게 계엄령'이라고 큰 소리를 쳤던 것이다.[78] 계엄령은 지역의 안정을 회복하기 위해 잠시 동안 감내해야 할 규제가 아니라 무차별 토벌로 가는 도구로 인식된 것이다.

계엄령은 집행 과정뿐만 아니라 그 자체로도 탈법적인 성격을 갖고 있었다. 왜냐하면 이 명령의 토대가 되어야 하는 계엄법이 계엄령이 발동된 지일 년 후인 1949년 11월 24일에야 제정되었기 때문이다.[79] 불법적인 계엄령은 아이러니하게도 토벌대가 제주도민을 무차별적으로 학살하는 법적 논리가 되었던 것이다.

그런데 서북청년회원이었던 인물의 증언에 따르면, "1948년 12월 10일 서울시 공관에서 열린 서북청년회 총회에서 이승만이 제주4·3에 대한 입장을 밝혔다"고 한다. 그 자리에서 "이승만은 제주도 4·3사태와 여수·순천 반란사태로 전국이 초비상사태로 돌입했다. 이 국난을 수습하기 위해 사상이 투철한 서북청년단을 전국 각지에 배치하겠다"고 말했다는 것이다. 게다가 그 증언자는 "이 대통령이 '죽이지 말라'고 했으면 제주도에서와 같은 학살사태가 있을 수 있습니까"라고 반문하면서 학살의 총책임자를 이승만이라고 생각한다고 단언했다.[80] 이는 진압과정에서 일어났던 학살에 대한 이승만의 역할을 짐작할 수 있게 하는 대목이다.

12월에는 전국적으로 언론에 재갈을 물려 군경에 의한 학살을 보도하지 못하게 했다. 공보부는 언론사에 지침을 내려 반란군의 행위를 묵과하는 논평이나 반역행위에 대한 동정어린 표현도 할 수 없도록 했다.[81] 육지와

---

78) 김종민, 「제주4·3항쟁, 대규모 민중 학살의 진상」, 『역사비평』 1998년 봄, 37쪽.
79) 김순태, 「제주4·3당시 계엄의 불법성」, 역사문제연구소 외 편, 『제주4·3연구』, 역사비평사, 1999, 153쪽.
80) 제민일보4·3취재반, 앞의 책 4, 151~154쪽.
81) 미군 보고에 따르면 언론에 대한 통제는 다음과 같은 내용으로 이루어졌다. 이 "1, 2개의 다른 신문사에서 온 기자들은 어떤 '지침들'이 한국정부의 공보기관에 의해 모든 한국 신문사들에 하달되어 왔다고 미군정 관리들에게 통보했다. 이러한 소위 지침들은 중앙 선전 위원회에서 비롯된 것으로 믿어지며(WEEKA 48) 특정 뉴스 항목들을 다루는 하나의 지침서로써 의도된 것이다. 그 지침들은 다음의 사항들을 포함하고 있다.

동떨어져 있는 제주의 해안을 이미 봉쇄한 상황에서 정부가 언론마저 장악한 뒤에는 제주는 완전히 고립되었다. 언론이 통제됨으로써 제주의 상황은 이승만 정권의 입맛에만 맞게끔 보도되었고, 이로써 육지에서 제주의 초토화 작전에 반대하는 목소리는 거의 사라졌다.[82] 1949년 1월 21일 이승만 대통령은 국무회의에서 미국의 원조를 얻기 위해 제주와 여순사건의 여파를 뿌리 뽑겠다는 의지를 밝혔다.

　　미국 측에서 한국의 중요성을 인식하고 많은 동정을 표하나 제주도, 전남사건의 여파를 완전히 발근색원(拔根塞源)하여야 그들의 원조는 적극화할 것이며 지방 토색(討索) 반도 및 절도 등 악당을 가혹한 방법으로 탄압하여 법의 존엄을 표시할 것이 요청된다.[83]

정권의 강력한 후견인이었던 미군의 철수가 예정되어 있었기 때문에, 이승만은 제주의 저항을 초토화함으로써 대신 미국의 대대적인 원조를 얻어내고자 했다. 대통령으로서 자국 국민의 생명보다 미국의 원조를 더 중요시 여겼던 것이다.

(A) 북한 정부는 "북한 괴뢰 정권"으로 불려져야 한다.
(B) 신문 원안 표현은 김일성과 북한 정부의 다른 지도자들을 언급해서는 안 된다.
(C) 신문사들은 미군 철수에 관계되는 뉴스나 공론을 보도해서는 안 된다. 연장된 (미군) 점령을 반대하는 어떠한 선동적인 뉴스나 논평도 인쇄되어서는 안된다.
(D) 반란군의 행위를 묵과하는 논평이나 어떤 종류의 반역 행위에 대한 동정어린 표현도 제시되어서는 안 된다.
(E) 남한에서의 마찰이 "잔학한 민족 학살"임을 의미하는 표현은 그것이 반란군과 국군 사이에서 (그들이) 동등하다는 생각을 심어주는 경향이 있기 때문에 회피되어야 한다.
(F) 집필자는 국가와 사회에 직접적인 이익이 없는 중상과 욕설이 담긴 진술을 사용해서는 안 된다.
　　(「주한미군사령관이 육군정 정보국에-국가보안법/국군조직법〈1948년 12월 5일〉」, 제주4·3사건진상규명및희생자명예회복위원회, 앞의 책 7, 263쪽).
82) 이전에는 제주4·3항쟁이 일어난 원인과 토벌 작전에서의 민간인 희생과 이에 대한 토벌대의 책임 등을 지적하는 기사와 르포가 실렸지만 1948년 말부터는 이에 대한 기사가 적어진다. 이 보다는 유격대의 공격 때문에 곤란을 겪는 일이나, 혹은 귀순한 유격대원의 후회와 재생의 각오를 다지는 기사들이 많아진다.
83) 「제12회 국무회의록, 1949년 1월 21일」, 제주4·3사건진상규명및희생자명예회복위원회, 앞의 책 4, 17쪽.

계속해서 이승만은 저항의 뿌리를 완전히 뽑기 위해, 3월 8일 국무회의에서 국방장관과 내무장관에게 제주도와 전남 등지를 철저히 소탕하라고 지시했다.[84] 봄의 대토벌을 진척시키기 위해 이승만 정권의 각료들이 제주도와 서울 사이를 수시로 왕래하였고, 그 결과 이범석 국무총리는 다음과 같이 보고했다.

제주도에 소위 북쪽 괴뢰정부에서 파견된 큰 배가 야간을 이용해서 몇 번 왔다갔고 또 그 배 위에서는 화염을 이용해 가지고서 한라산에 있는 폭도에게 신호를 하는 일이 있습니다. 국적불명의 잠수함이 수차 나타나는 것을 우리의 비행기가 가서 발견하면 물 속에 기어 들어가는 것을 봅니다. 종적을 감춥니다. 이것으로 보아서 제주도의 사태는 확실히 이러한 동적 지도계통을 가지고서 무슨 물질적인 원조를 받아가면서 그동안에 악화했던 것입니다.[85]

미군정의 정보 보고를 중심으로 한 이범석의 보고 또한 이승만 정권의 제주4·3에 대한 인식이 조병옥의 그것과 다르지 않다는 것을 보여준다. 이범석도 여타의 발언에서 제주에서 4·3항쟁이 일어난 주요한 원인 중의 하나가 경찰과 서청의 가혹한 폭력이라고 밝히고 있지만, 기본적으로는 공산당의 선동과 음모에 있다고 여기는 것을 알 수 있다. 제주는 여전히 '빨갱이'의 섬이었던 것이다. 그리고 이는 초토화 작전의 명분을 획득하고자 하는 이승만 정권의 의도가 담긴 것이기도 했다.

더 큰 문제는 토벌대를 이끈 군과 경찰 지휘관의 경우에도 이와 같은 인식을 하고 있었다는 것이다. 그들은 제주도민이 '빨갱이'이기 때문에 같은 민족이기 이전에 적이라고 간주했다. 토벌대의 지휘부 상당수는 일본군과

---

84) 「제26회 국무회의록」, 1949년 3월 8일」, 제주4·3사건진상규명및희생자명예회복위원회, 위의 책, 23쪽.

85) 「국무총리의 제주도 시찰과 1949년도 가예산에 대한 보고」, 제헌국회속기록 제2회 제56호, 1949년 3월 17일(제주4·3사건진상규명및희생자명예회복위원회, 위의 책, 135쪽).

만주군, 그리고 일본 형사 출신으로서 식민지 지배 기간 동안 경험한 야만적 토벌 방식을 그대로 답습했다.

그 밑에서 학살에 가담한 서청 또한 빨갱이 인식 속에서 잔혹한 폭력을 행사했다. 서청은 북에서 겪은 쓰라린 경험 때문에 공산주의와 연관된 것처럼 보이는 모든 것에 대해 엄청난 적개심을 갖고 있었다. 인간의 여러 감정 가운데 원숙하게 다루기 가장 어려운 것이 적개심과 증오심이라고 할 수 있는데, 서북청년회원들이 개인적으로 갖고 있었을 뿐만 아니라 집단적으로도 공유하고 있었던 이런 감정은 빨갱이 논리를 통해서 표현되고 애국심에 의해 포장될 때 엄청난 상승 효과를 발휘할 수 있었다.[86] 빨갱이 인식이 애국심으로 둔갑함으로써 학살에 대한 면죄부를 안겨준 셈이다.

하지만 실제적으로 학살 현장에서 나타나는 서청과 경찰의 행동은 애국심과는 거리가 멀었다. 공적인 규율 속에서 작전을 수행하기 보다는 재산 갈취나 개인적 복수가 학살의 동기가 되기도 했으며, 심지어 재미로 사람을 죽이는 유희적 측면까지 드러내기도 했다.[87] 빨갱이라는 말이 무서운 것은 빨갱이라는 말의 실체가 모호해서 누구에게나 적용될 수 있기 때문이다.[88] 4·3 당시 제주도민이 빨갱이로 지목되는 일은 순식간에 부지기수로 일어나는 일이었다. 일단 빨갱이라고 낙인찍힌 사람에게는 어떤 만행을 저질러도 용납되었다.

이와 같은 상황 속에서 제주도민은 살아남기 위해 토벌활동에 가담해야 했다. 주한미군보고서는 1949년 4월 1일 현재 군경토벌대의 숫자는 국군 2,622명, 경찰 1,700명, 민보단원 5만여 명이라고 보고했다.[89] 제주도 인구의 6분의 1이 넘는 인원이 토벌활동에 참여함으로써 민간인 희생은 주한미

---

86) 황상익, 「의학사적 측면에서 본 제주4·3」, 『제주4·3연구』, 316쪽.
87) 제민일보와 제주4·3연구소의 증언 채록에 의하면 출산하는 여성, 어린 아이들까지 죽이거나 여성들에게 강간과 살인, 심지어는 주민들이 지켜보는 가운데 친척 관계의 남녀에게 성교를 명령하는 등 진압 기간 내내 비인륜적인 폭력과 학살이 자행되었다.
88) 황상익, 앞의 글, 327쪽.
89) Hp. USAFIK, G-2 P. R. No. 1097, 1 April 1949.

사절단 드럼라이트의 지적처럼, "상상할 수 없을 정도로 더욱 악화" 되었다.

이제 정부는 자신감을 갖고 진압작전이 성공적으로 이루어졌음을 대내외적으로 과시하기 시작했다. 4월 7일 사회장관 이윤영과 국방장관 신성모가 제주를 방문했고, 4월 9일에는 이승만이 직접 제주도를 방문했다. 이승만은 관덕정 광장에서 열린 환영대회에 참석하여 다음과 같이 연설했다.

…… 정부나 미국인은 항상 제주에 대하여 많이 근심하고 있으며 구호 물자도 곧 공급할 것이다. 삼천 리 금수강산 중 제일 좋은 곳이 이곳이요, 유람지 역시 여기일 것이다. 그러나 애석하게도 반동분자들이 남의 나라 국기를 달고 또 나라를 팔아먹으려고 갖은 수단을 다하고 있다.

순천 여수사건 때에도 학생들이 자기 부모형제를 죽창으로 찔러 죽인 일이 있었는데 외국인이 이것을 보고 마치 귀신이나 동물과 같다고 하였다. 한마음 한뜻으로 난립분자들이 귀순하도록 합시다. 우리는 공산당을 나무라는 것이 아니라 우선 나라를 세우고 확실히 기반을 닦은 후에 주의 주장을 하자는 것이다. 먼저 제주도를 완전한 평화로 만든 후 다시 전라도로 가면서 숙청하며 38선을 분쇄하고 북한으로 진군하여 낙원의 정부를 세웁시다. 끝으로의 부탁은 완전 회복되면 유람도 오고 외국 손님도 오도록 하겠다.[90]

이승만은 제주도 치안상황을 직접 살핌으로써 진압작전이 성공적으로 이루어졌음을 대내외에 보여주었다. 제주도 상황에 관한 보도는 "이승만의 사람됨과 공산주의자가 조종한 반란으로 인해 섬 주민들이 처하게 된 곤경"에만 세인의 초점이 모아지게끔 편집되어 있었다. 이승만은 제주시 인근 수용소를 방문하여 2,500여 명의 수감자들에게 "과거를 잊고 앞으로는 대한민국에 충성스러운 시민이 되라"고 훈계했다. 이승만이 제주도민

90)「평화의 낙토 건설 / 이 대통령 제주서 연설」, 『자유신문』, 1949년 4월 12일.

의 곤경을 위무하고 한편으로는 공산분자들에 속은 잘못을 나무라는 태도
는 마치 아버지가 자식을 대하는 태도처럼 그려졌다. 진압에 있어 정부의
무차별적이고 과도한 무력 사용에 대해서는 거의 아무런 언급이 없었다.

제주도 방문을 마치고 본토로 돌아온 이승만은 일주일간에 걸쳐 남도 지방
을 순회하면서 연 인원 100만 명의 대중이 운집한 가운데 20여 차례에 걸친
연설을 하며 전국을 흔들었다.[91] 이승만의 순회 여행은 신문에 대서특필되
었다. 로버츠 준장에 따르면, 이승만은 '대중관계상 홈런'을 쳤던 것이다.[92]

이승만 정권은 미군 철수가 다가옴에 따라 제주의 상황을 미국으로부터
한국 안보에 대한 확실한 보장과 이에 따른 원조를 얻어내는 데 이용했다.
당시만 하더라도 대한민국의 원조 요청에 대해 시큰둥하고 있었던 주한미
군사고문단을 통하지 않고 직접 원조 요청에 하기 위해 조병옥을 특사자격
으로 워싱턴에 파견했고, 수 명의 미국의 로비활동가를 고용했다.[93]

1949년 5월 18일 이승만의 특사인 조병옥은 미 의회에서 다음과 같이 연
설했다.[94]

하원의원 패링턴[Farrington(Hawaii)]은 유엔한국수석대표이자 이승만대통령
의 특사인 조병옥의 연설내용을 채택하였다.

발언요지 : "미군의 철수상황에서 남한의 경제적 · 정치적 안정은 매우 긴급
한 사항이다. 이러한 목표를 달성하기 위해서는 정부의 안정이 최우선 과제이
다. 공산주의세력은 정부의 전복을 기도하기 위한 활동을 하고 있으며 앞으로
도 계속될 것이다. 미군정하에서조차도 공산폭도들에 의하여 수많은 양민이 학
살당하였다. 1948년 2월과 1949년 2월 사이에 제주섬 한 군데서만 1만 2,000명
의 인원이 살해당하였으며 1만 5,000채의 가옥과 빌딩이 불탔다. 다른 사건에서

91) 『New York Times』, 1949년 4월 10일, 4월 12일(FEC, Intelligence Summary, 1949년 5월 9일).
92) 존 메릴, 앞의 글, 68쪽.
93) 존 메릴, 『침략인가 해방전쟁인가』, 과학과 사상, 1988, 270쪽.
94) 제주4 · 3사건진상규명및희생자명예회복위원회, 앞의 책 10, 202쪽

는 한 주일에 3,000명 이상의 인명이 살상당했다. 폭도들은 산악과 해안선을 이용하여 게릴라전과 테러활동을 감행하고 있다. 적어도 하루에 30~40명의 시민들이 살해당하고 있다. 소련과 북한은 사실상 동맹관계로서 군사적·경제적 원조를 통하여 맺어져 있으며 중국공산당도 북한정권과 군사적인 동맹을 맺었다. 이러한 상황에서 남한은 언제라도 북한으로부터 침략을 당할 수 있는 상황이다. 현재의 한미군사협약은 군사동맹관계를 위한 조약으로 발전되어야 한다.

이와 동시에 이승만은 외교적 공세를 펼치면서 공산주의의 침략에 대항하는 극동지역의 교두보로서 한반도에 군사적·경제적 원조가 필요함을 강조하였다. 8월 8일 미 의회에서 행한 이승만의 연설에서도 제주의 상황은 공산주의자들의 위협의 한 예로 언급되었다. 9월에는 주미대사 장면 또한 기자단에게, "공산폭도들은 제주도를 무질서로 몰아넣고 여수와 순천에서 피의 반란을 일으킬 만큼 강력하다. 남한은 극동아시아에서 공산주의자들의 압력에 대항하여 저지선을 유지하고 있다. 우리는 세계의 민주우방들로부터 장단기적인 원조가 필요하다"고 하면서 원조의 필요성을 역설했다.[95] 이승만 정권은 4·3항쟁과 여순봉기를 진압함으로써 체제의 취약성을 보완하고, 나아가 학살당한 민간인들을 공산주의자로 몰고 감으로써 체제의 공고화를 위한 원조의 도구로 이용했던 것이다.

제주는 여러 면에서 호남이나 영남, 또는 서북을 생각할 때 연상되는 것 이상의 독특한 요소를 가지고 있었지만, 제주의 독립적 경향은 어디까지나 잠재 요소일 뿐이었다. 중앙 정부의 압력이 제주도민들이 인내할 수 없을 정도로, 혹은 충격적인 방식으로 가해지지 않았다면, 섬 전체에 깃들어 있던 분리와 독립의 감정은 정서적 수준에서 더 나아가지 않았을 것이다.[96] 이는 제주도민이 5·10단선을 격렬하게 반대한 점에서도 추측할 수 있다.

95) 제주4·3사건진상규명및희생자명예회복위원회, 위의 책, 203쪽.
96) 최호근, 『제노사이드-학살과 은폐의 역사』, 책세상, 2005, 399쪽.

단선저지투쟁을 주도한 좌익세력의 역량이 다른 지역보다 컸던 요인도 있었지만 단선을 거부하는 제주도민의 정서 또한 크게 작용했던 것이다.

그러나 단독정부 수립을 반대하면서 일어난 제주의 항쟁은 이승만 정권에게 곤혹감을 안겨주었고, 제주는 여전히 불온한 섬이었다. 취약한 기반을 역전시킬 돌파구를 모색하던 이승만 정권은 제주의 특수성을 토대로 섬 전체를 빨갱이로 몰고 갔다. 육지와 동떨어져 있는 섬 제주의 해안을 군사적으로 봉쇄하고 언론마저 완전히 장악한 뒤에는 제주 전체를 이념적으로 고립시키는 일은 얼마든지 가능했다. 이승만 정권에게 있어 4·3항쟁은 기본적으로 '빨갱이 섬에서 일어난 빨갱이들의 폭동'일 뿐이었다. 그래서 과거의 중앙정부는 반란을 주도한 장두를 처벌하는 선에서 사건을 마무리했지만, 제주를 빨갱이의 섬으로 규정한 이승만 정권에게는 섬 주민 전체가 토벌 대상이었던 것이다.

나아가 이승만 정권은 안정적인 반공체제의 구축을 빌미 삼아 미국의 원조를 얻어내는 데 제주의 상황을 이용했다. 이를 위해 제주 섬의 공산분자들을 청소하는 것은 극동 반공 기지의 지휘부로서 이승만 정권이 우선해야 할 당연한 과제였다.

3) 초토화 작전과 민간인 학살

4·3항쟁 발발 이후 군경토벌대의 초토화 작전은 1948년 10월 하순부터 1949년 3월까지의 시기에 집중되었다. 집단학살로 많은 민간인이 희생된 것도 이 시기이다. 이제 남한정부에게 제주도 사태는 단순한 지역문제가 아니라 정권의 정통성에 대한 강력한 도전이었고, 주한미군 철수를 앞둔 미국 또한 우선 제주도를 조용하게 만들어놔야 했다.

강경진압작전은 10월 들어 전격적으로 단행된 제주경찰감찰청장의 교체와 제주도 경비사령부의 창설로 구체화되었다. 10월 5일 제주 출신 감찰청장 김봉호가 평남출신 경무부 공안과장 홍순봉으로 교체되었고, 11일 제주도경비사령부가 창설되었다. 사령관에는 광주 주둔 제5여단장 김상겸 대령이, 부사령관에는 경비대 제9연대장인 송요찬 소령이 임명되었다. 제주도 경비사령관에게는 제9연대와 부산에서 내려온 제5연대 1개 대대, 대구에서 온 제6연대 1개 대대, 해군 함정(해군 소령 최용남 부대), 제주경찰대를 통합·지휘하는 권한이 부여되었다.[97] 이러한 작전은 미 군사고문단의 정책적 결정을 바탕으로 이루어졌다.

제9연대장 송요찬 소령은 10월 17일 포고문을 발표하고 10월 이후 해안선으로부터 5km 이외의 내륙지역에 대해 무허가 통행금지를 선포했다.[98] 즉 해변을 제외한 거의 모든 중산간 지역을 적성지역으로 간주해 이를 위반하는 자는 총살에 처하겠다는 것이다. 10월 18일 제주 해안 또한 봉쇄되었다. 본격적인 초토화 작전의 시작이었다.

10월 19일 제주에 파병될 예정이던 14연대가 봉기를 일으킨 여순사건의 발발로 강경진압작전은 더욱 가속화되었다. 송요찬 9연대장이 여순사건의 문책으로 파면된 김상겸의 후임으로 제주도 경비사령관을 맡아 진압군의 총책임자가 되었다.

10월 28일 송 연대장이 제1대대 병사 17명을 '공산주의자 세포' 혐의로 체포한 가운데 6명을 29일 처형한 데 이어 같은 날 애월면 고성리 부근에서 제2차 작전을 벌여 135명을 사살했다.[99]

11월 중순에는 중산간 마을 주민들에게 해안마을로 이주하라는 소개령이 발동되었고, 11월 17일 계엄령이 선포됨에 따라 토벌대는 강경진압작전의 준비작업을 완료했다. 이후 중산간마을을 모두 불태우고 남녀노소 구분없이 총살하는 등 본격적인 초토화 작전을 전개했다. 여기에다가 빨갱이

97) 제주4·3진상규명및희생자명예회복추진위원회, 『제주4·3사건진상보고서』, 263쪽.
98) 『조선일보』, 1948년 10월 20일.
99) 971CIC G-2 보고서, 1948년 11월 10일.

사냥의 학살전위대를 자임하는 서북청년회 단원들이 군경의 신분으로 초토화 작전에 투입되었다.

11월 12일 2개 중대를 제주도에 추가 파견할 계획이었던 한국군은 제주도에 주둔 중인 3개 대대를 주로 서북청년회 단원으로 충원하는 새로운 계획을 추진하였다.[100] 서북청년회 620여 명이 수도경찰청의 감독 아래 12일 동안의 훈련을 받아 12월 13일 여수, 제주도, 강원도 등지에 배치되었다. 12월 20일에는 서북청년회 지도부와 제2연대장 간의 '은밀한 계획' 속에 서북청년회 단원 200여 명이 경비대에 입대해 제주도에 배속되었다.[101]

'제주도는 빨갱이 섬'이라는 인식을 가지고 제주에 파견된 서청 단원들은 제주도민에게 무차별적인 폭력과 학살을 자행했다. 공적인 유격대 진압 이외에도 사적인 이해와 원한 관계 혹은 재산을 빼앗기 위해 주민들을 학살했다. 심지어는 적산(敵産)을 탐내 이를 관리하는 재산관리처 공무원들을 협박하고 살해했다. 뿐만 아니라 제주도의 행정·교육 등에서 지도급으로 활동했던 이른바 제주도 엘리트들도 서청의 횡포 아래서는 아무런 힘도 발휘하지 못하고 죽음을 당하였다. 재판도 없이 서청 단원에게 즉결처분되는 유력자가 속출했다.[102]

이 시기에 재판도 없이 타살당한 제주도 유지로는 제주도 행정의 이인자였던 도총무국장 김두현, 제주중학교 교장 이관석, 전직 교장 현경호, 검사 김방순, 제주신보 편집국장 김호진, 조천면장 윤창석, 독립유공자 조대수 등이 있다. 구금되었다가 풀려난 사람들 중에는 제주지법 법원장 최원순, 전 도지사 박경훈 등을 비롯해 법조인, 고위 관료, 언론인, 교육자 등 여러 부문의 유력자가 포함되어 있다.[103]

100) 로버츠 준장이 주한미군사령관에게 보낸 군사고문단 주간활동 보고서이다. 1948년 11월 15일자이다. 로버츠 준장 공한철에 수록되어 있다.
101) Hq. USAFIK, G-2 Periodic Report No. 1011, 24 Dec 1948.
102) 제민일보4·3취재반, 앞의 책 4, 156~176쪽.
103) 제민일보 4·3취재반, 앞의 책 4, 188쪽에는 법조계, 교육계, 언론계, 제주도청 공무원, 재산관리처, 신한공사, 기타로 구분하고 총 47명의 명단을 확인해 기재하고 있다.

당시 이들을 불법으로 구금하고 학살할 정도로 막강한 권력을 지녔던 세력은 중앙에서 파견된 극우 성향의 군·경 수사기관 담당자였다. 구체적으로 말하면 탁성록 9연대 정보과 대위, 송효순 헌병대 대위, 최난수 경찰 특별수사대 경감, 박대의 제주경찰서 사찰과 총경, 그리고 서북청년회 단장 김재능이었다.

구금된 제주도 엘리트들은 무장대 지원 혐의를 받은 경우도 있었지만 사사로운 감정으로 구속되는 경우가 많았다. 도 총무국장 김두현의 죽음은 보급품 문제로 불만을 품은 서북청년회에 의한 희생이었다. 당시 김두현은 구호물품인 광목을 지급해 달라는 서북청년회 단장 김재능의 요구에 대해 서청은 대상자가 아니라고 거절했다가 테러로 희생되었다. 이 사건은 서북청년회의 무소불위의 횡포를 단적으로 보여주는 사례이다.[104] 서청의 만행은 단순히 테러에 그치는 것이 아니라 협박과 테러를 통한 언론 장악에까지 이르렀다. 그 결과 단장 김재능은 1949년 초에 도내의 유일한 일간지인 『제주신보』를 강제로 접수하고 사장의 자리에 취임하기도 했다.

▶ 군경토벌대에 의한 처형 장면

초토화 작전으로 수많은 제주도민이 '폭도' 혹은 '공산주의자'라는 딱지가 붙은 채 대량 학살되는 가운데 제주도 지구 미 방첩대(CIC)는 "폭도들의 활동이 감소하게 된 것은 전적으로 제9연대의 공세작전 때문"이라며 공식

104) 진성범, 『사건 50년 제주반세기』, 제민일보사, 1997, 75쪽.

보고된 사상자는 3,549명이지만 믿을 만한 비공식 통계에 따르면 5,000여 명이 넘을 것이 확실하다고 분석했다.[105]

중산간 소개령 이후 전개된 초토화 작전의 와중에 많은 중산간 주민들이 집단적으로 학살되었다. 일부 마을의 경우에는 소개령이 전달되지 않은 채 작전이 전개되었기 때문에 수많은 사상자들이 발생했다.[106] 토벌대가 마을 이장에게 소개 통보를 전해주어야 하는데 제대로 전달되지 못했다. 이는 유격대의 활동지역이어서 제대로 전달할 수 없었기 때문이기도 했지만, 한편으로는 유격대의 근거지와 가까웠던 중산간 주민들 대부분을 유격대 동조자로 인식했기 때문이었다.

다른 한편으로는 아무런 생계대책이 없는 무책임한 소개작전에 의해 무작정 해변 마을로 내려간 사람들 중 일부가 해변마을 사람들의 경계와 멸시 때문에 다시 중산간 지역으로 돌아왔다가 군인들에게 발각되어 죽는 경우도 많았다.

한편 소개령이 떨어져도 중산간의 많은 주민들은 계속 굴이나 궤 등지로 숨는 도피생활을 계속했다. 학살의 두려움뿐만 아니라 소개된다는 것은 경제적 기반을 완전히 제거당하는 일이었기 때문에 삶의 근거지를 떠나는 일은 쉽지 않았다. 여기에는 잠시 피신해 있으면 금방 진정되리라는 유격대의 선전도 영향을 주었다.

주민들은 대개 마을 밖 '궤'에 숨어 추운 겨울 눈보라를 피했습니다. 낮에는 매일같이 토벌대가 올라와 닥치는 대로 총을 쏘았기 때문에 밤에만 움직일 수 있었습니다. 큰 아들과 함께 집에 묻어둔 고구마를 꺼내러 간 사이에 가족이 잡혀 죽었습니다.[107]

---

105) 971방첩대의 정치 요약 보고서이다. 1948년 11월 21일자이다.
106) 안덕면 동광리의 경우도 11월 15일 소개령 통보 없이 들이닥친 토벌대의 무차별한 총격으로 10여 명이 죽음을 당했다. 이후 동광리 주민들은 피난 생활에 들어가 120여 명의 주민들이 12월까지 큰 넓궤라는 굴 속에서 생활하였다.

이와 같이 도피 생황은 두려움과 굶주림의 나날들이었고, 발각되면 대부분이 즉결로 학살당했다. 12월 18일에 있었던 '다랑쉬 굴 참살'도 토벌대의 수색 과정에서 다랑쉬 굴에 숨어있던 구좌읍 주민들이 발각되어 학살된 사건이었다. 희생자에는 어린이들도 포함되어 있었다.

초토화 작전 이전에는 주로 젊은 사람들이 학살의 대상이었으나, 이후부터는 80대 노인부터 서너 살 난 어린이에 이르기까지 남녀노소를 가리지 않고 무차별하게 학살당했다.

한편 학살 과정에서 가장 큰 피해를 입은 사람은 여성들이었다. 특히 입산자였거나 입산자의 아내인 경우, 혹은 임시 수용소에 수감된 여성들에 대해서는 성적 가해 행위뿐만 아니라, 살해의 형태도 비인륜적이었다.

경찰은 민보단과 부인회원들을 모이게 한 후 한 여인을 끌고 왔습니다. 그 여인은 난산리 출신으로서 신풍리에 시집간 사람인데 남편이 산에 오르자 자기 친척이 있는 우리 마을에 와서 살고 있었습니다. 만삭인 상태로 아기를 낳았지요. 경찰은 그 여자를 발가벗긴 후 민보단원과 부인회원들에게 창으로 찌르라고 강요하다가 총으로 쏘았습니다. 생후 한 달도 안 된 아기가 죽은 엄마 옆에서 바둥거리자 경찰은 아기 얼굴에 대고 또 한 발의 총을 쏘았습니다.[108]

제주도민을 빨갱이로 인식하는 상황은 빨갱이를 재생산하는 여성의 몸과 가족을 적대시했고, '빨갱이' 가족은 언제든지 대살(代殺)될 수 있는 대상이었다.[109] 그래서 생후 한 달도 안 된 아이를 학살하는 것도 빨갱이 종자를 말려야 한다는 이유로 당연하게 이루어졌던 것이다.

여성에 대한 성적인 고문도 빈번히 일어났다.

107) 현기만 〈당시 남원면 수망리 거주〉 증언 (제민일보4·3취재반, 『4·3은 말한다』 5, 전예원, 1998, 136쪽에서 재인용).
108) 김형순〈표선면 성읍리〉 증언(제민일보4·3취재반, 앞의 책 5, 88쪽에서 재인용).
109) 강성현, 「제주4·3학살사건의 사회학적 연구」, 서울대 사회학과 석사학위논문, 2002, 91쪽.

1948년 11월경 경찰서에서 숙직을 하고 있었는데 여자의 비명소리가 나서 도저히 잠을 이루지 못했습니다. 취조실로 가보니 한 여자가 나체인 상태로 거꾸로 매달려 고문당하고 있었어요. 내가 일본도를 들고 가서 화를 냈더니 취조하던 수사대원은 도망가버렸습니다. 이튿날 경찰청장에게 "최난수가 너무한다. 이런 식으로 하면 제주 사람들은 점점 더 육지 사람들에게 등을 돌린다. 그러면 사태 진압이 어려워진다"고 따졌습니다. 그러나 육지 출신의 특별수사대 경감 최난수는 막무가내였습니다.[110]

이 외에도 살기 위해서 혹은 가족의 목숨을 담보로 한 협박 속에 여성들은 경찰 혹은 우익청년단과 강제로 결혼하거나 성적 농락의 대상이 되어야 했다.[111] 가족, 실제로는 남자 성원들을 보호하기 위해 또 다른 가족구성원인 여성을 토벌대에 강제 결혼시키는 사례는 여성들이 가부장적 전통 속에서 이중의 고통을 당했음을 보여주고 있다.[112]

일반 주민들은 또한 민보단 혹은 자경대의 이름으로 토벌작전에 동원되어 총알받이로 죽음을 당하기도 했다. 이들은 무장도 하지 못한 채 '지리를 잘 안다는 이유'로 혹은 '숫자를 채우기 위해' 강제적으로 토벌에 동원되었다.

토벌대가 시키는 대로 보초를 서거나 토벌을 따라다닌 것이지요, 우린 총알받이나 마찬가지였습니다. 한번은 산악지역에 토벌을 갔는데 폭도가 도망치자 경찰은 내게 잡아오라고 했습니다. 그러나 죽창을 들고서 어떻게 총 든 사람에게 대항할

---

110) 김호겸〈4·3당시 서귀포경찰서장〉 증언(제민일보4·3취재반, 앞의 책 4, 222~223쪽에서 재인용).
111) 국방경비대9연대 정보과장 탁성록 대위, 서북청년단장 김재능 등 군경토벌대의 패륜적 행위를 증언하는 사람들이 많다(제민일보4·3취재반, 위의 책, 227~228쪽).
112) 김성례의 다음과 같은 지적은 여성에 대한 성폭력과 잔혹한 학살이 지닌 의미가 무엇인지를 잘 보여준다. "여성의 신체는 폭력 행사의 전시장이자 폭력의 정치적 기술이 각인된 장소이다. 여기에서 더 나아가 이 신체는 가족과 인척 그리고 공동체와 같은 가부장적인 사회적 신체에 귀속되는 장소이다. 이런 논리에서 여성의 순결과 정조는 개인의 것이 아니라 공동체라는 사회적 신체의 상징이 되고 그 정체성의 보루가 된다. 따라서 여성의 개인적인 수치와 희생은 공동체 전체의 수치이며 희생이기 때문에 피해여성들의 침묵이 강요되는 것이다"(김성례, 「국가폭력의 성정치학-제주 4·3학살을 중심으로」, 『다언어문화이론저널 ; 흔적-TRACE-迹』제2집, 문화과학사, 2001, 284~285

수 있겠습니까. 그래서 "총 가진 당신이 앞장서라"고 했더니 그 순경은 "이 새끼, 폭도나 다름없는 놈"이라며 카빈총 개머리판으로 무지막지하게 때렸습니다.[113]

12월 1일부터 20일의 제9연대 작전 내용을 살펴보더라도 이 시기에 얼마나 많은 사람들이 죽어갔는지를 알 수 있다. 12월 7일부터 11일까지 5일을 제외한 이 작전 내용에는 "군인 11명 사망과 8명 부상을 제외한 사살자 수는 677명이고, 162명이 체포되었다"고 적혀 있다. 이는 하루 평균 48.3명이 학살되었음을 보여주는 것이다.[114]

이와 같은 9연대의 무차별적인 초토화 작전은 미 군사고문단장 로버츠의 격찬을 들을 만큼 성공적으로 수행되었고, 한국 정부는 훈장으로 송요찬 연대장의 공로에 화답했다.[115]

12월 29일 제주 주둔 경비대는 제9연대에서 제2연대(연대장 함병선)로 교체되었다. 연대의 교체는 매우 신중했는데, 이는 이승만 정권과 미 임시 군사고문단이 여수 14연대의 전철을 밟는 것을 원하지 않았기 때문이다. 이승만 정권은 대체할 연대 선정에 신중을 기했고, 그 결과 2연대가 선택되었다. 2연대는 '여순사건'의 진압에 참여한 부대로 여수 14연대의 재발을 방지하기 위해 모든 공산주의적 요소를 척결하고 출발했다.[116] 2연대가 주둔함에 따라 서청의 위세 또한 더욱 커졌는데, 2연대에는 서청 단원으로 구성된 특별중대가 있을 정도로 2연대와 서청은 밀접한 관계였다.[117]

제2연대는 곧바로 육·해·군 합동작전을 전개했다. 해군 함정은 한라산 쪽을 향해 37밀리 포로 사격을 가했고, 공군의 L-4, L-5형의 경비행기는 수류탄과 폭탄을 투하했다. 그 결과 한라산에 이르는 4km 이내의 부락은

---

113) 송영화〈안덕면 덕수리〉증언(제민일보4·3취재반, 앞의 책 5, 291쪽에서 재인용).
114) 허호준, 앞의 글, 108쪽.
115) 「채병덕이 미군사고문단장에게-국방경비대 9연대장 송요찬에 대한 칭찬」, NARA, RG 338, PMAG·KMAG, Box. No. 4.
116) 박명림, 「제주도 4·3민중항쟁에 관한 연구」, 고려대 정치외교학과 석사학위논문, 1988, , 161~162쪽.
117) 제민일보4·3취재반, 앞의 책 5, 182쪽.

대부분 초토화됐고, 주민들은 학살을 피해 입산하거나 해안의 안전지대로 도피해야 했다.[118] 2연대도 12월 21일부터 28일까지 일주일 동안 503명을 사살하고, 176명을 체포했다. 하지만 제주도청이 소실되는 등 무장대의 공세가 계속되자 제2연대는 12월 31일 끝난 계엄령을 지속시켜 줄 것을 사령부에 건의하였다. 그리고 소개민에 대한 효율적인 감시와 통제 및 유격대와 분리하기 위해 마을마다 축성을 쌓는 작전, 소위 집단부락·전략촌을 건설하기 시작했다.

소개와 집단 부락 건설 과정에서도 토벌대에 의한 학살은 끊이지 않았다. 남원면 의귀리는 그 대표적인 사례로, 의귀국민학교에 수용되었던 2연대에 의해 주민 80여 명이 총살되었다. 여기에는 5살 이하의 아이들과 60살 이상의 노인들도 포함되어 있었다.[119]

주한미군사령부 G-2는 "1948년 한해 동안 14,000~15,000여 명의 제주도민이 희생된 것으로 추정하고, 이들 가운데 최소한 80%가 보안군에 의해 희생되었으며, 주택의 3분의 1이 파괴되었고, 전체 도민의 4분의 1이 마을이 소개되어 해안마을로 이주하였다"고 보고했다.[120]

초토화 작전의 결과 많이 약화되었지만 그래도 유격대의 저항이 여전히 남아있자, 정부는 1949년 1월 11일 국무회의를 열어 모슬포와 성산포에 각각 경찰서를 증설하기로 하는 대통령령을 통과시켰다. 다음날인 1월 12일 제주도 소요를 시찰한 내무장관 신성모는 1월 17일 국무회의에서 "제주도 무장폭도는 150~400여 명이고, 비무장 폭도는 500명가량으로 군의 1개 연대 또는 경찰 1,000여 명이 증원되면 2개월 이내에 소탕될 것"이라고 보고했다.[121]

---

118) 국방부 전사편찬위원회, 『한국전쟁사1-해방과 건군』, 1967, 445쪽.
119) 제민일보4·3취재반, 앞의 책 5, 139~143쪽.
120) Hq. USAFIK, G-2 Periodic Report No. 1097, 1 Apil 1949.
121) 제10회 국무회의록, 1949년 1월 17일. 제주4·3사건진상규명및희생자명예회복위원회, 앞의 책 4, 16쪽.

이승만 대통령은 제주를 가혹하게 탄압하라는 명령을 했고, 이에 따라 1월 31일 제6여단 유격대대가 제2연대와 함께 작전에 참여하기 위해 이동했다. 채병덕 군 참모총장은 제주도와 지리산의 소요로 유엔의 불신을 받는 일이 없도록 지시함으로써 무차별적인 소탕작전을 벌였다.[122]

하지만 당시 유격대의 조직은 궤멸 상태에 이르러, 그들의 활동은 단지 식량 확보를 위한 생존 차원의 산발적인 공격에 지나지 않았다. 따라서 이때 이루어진 토벌은 한라산에 은신해 있는 유격대와의 교전보다는 주로 마을 주민들 중에 입산하여 활동했던 적이 있는 사람들이나 귀순하여 내려온 사람들을 다시 색출하여 체포하는 일이었다. 이 과정에서 명단에 있는 사람들 혹은 우익단원들이 가리키는 사람들 등 많은 민간인들이 소위 '폭도'로 몰려 재판도 없이 현장에서 즉각적으로 학살당했다.

토벌하는 이들이 명단을 가지고 다녔어. 그 명단을 보면서 토벌대들이 이름을 부르면서 향사 앞에 다 모이라고 해. 그때 소위가 누구누구 나오라고 하는데, 그 사람들이 안 보이니까 이 사람들 산에 갔느냐고 하니까 산에 안 갔다고 하니까 데려오라고 해. 그래서 동네 사람들이 데리러 갔어. 죄가 있는 사람들은 다 도망가고 죄가 없으면 풀어줄 거라고 생각해서 다 나갔어. 그런데 "지금부터 소탕하겠어" 하더니 새마을 창고 옆에 빌레못 한가운데로 데려가서 포승 채워 꿇어 앉혀서 이장도 같이 앉으라고 해. 그래서 쏘아부렀어. 이장은 애매하게 직책 때문에 죽었지. 그때가 49년 8월 여름이지.[123]

이 시기의 잔혹한 민간인 학살은 집단학살로 이어졌다. 1월 17일에는 집단학살의 대표적 사건인 '북촌리 학살사건'이 일어났다. 16일 오전에 2개 소대 병력이 들이닥쳐 '마을주민들이 공비들과 내통했다'고 하면서 북촌마

122) 미군사고문단 주간활동보고서이다. 1949년 1월 31일자이다. 로버츠 준장 공한철에 수록되어 있다.
123) 문상선 증언(「대정지역의 4·3항쟁」, 『4·3장정』 6, 63쪽에서 재인용).

을을 방화하고 주민들을 국민학교에 집결시킨 뒤 인근 밭에 끌고 가 총살했다. 17일과 18일에 걸쳐 북촌 주민 400여 명이 학살되었다. 2월 20일에는 제주읍 도두리에서 민보단에 의해 '반도'라고 규정된 76명이 집단 학살당했다. 현장을 목격한 미 군사고문단이 "민보단에 의해 자행된 대량학살에 대한 최초의 보고서"라고 할 정도였다.[124]

미 군사고문단장 로버츠 준장도 이범석 국무총리에게, "경비대가 중학교를 폐쇄시켜 군대 숙소로 사용하는 것은 군대의 명예를 실추시키는 일이다. 한국군의 포로들을 법적인 절차를 거치지 않고 사형시킬 뿐 아니라 사형수의 머리를 제주도 거리에 전시하였음이 보고 되었다. 민간인 조사관과 한국군 검사단이 이를 명확히 조사해야 이와 같은 일을 막을 수 있다"[125] 면서 토벌대의 무리한 진압을 지적했다. 그러나 아무런 시정도 이루어지지 않았다.

1949년 3월 10일 제주도내 전체 400개 마을 중 295개 마을이 전멸당하여 105개 마을밖에 남지 않았고 소실 가옥이 2만여 호나 되는 참담한 형편이라 이에 대해 제주도 민간 대표들이 서울에 올라가 국무회의에 동포의 참담한 실정을 보고하고 도와줄 것을 호소할 정도였다.[126]

1949년 3월 2일 제주도지구전투사령부가 설치되었다. 사령관에는 유재흥 대령, 참모장에는 2연대장 함병선 중령이 임명되었다. 주둔군의 위상이 한층 격상된 것이다. 유재흥 사령관에게는 제2연대와 유격대대 외에 제주도 경찰과 응원경찰, 우익청년단 등을 통합 지휘하는 권한이 부여되었다.[127] 유격대가 거의 궤멸된 상황에서 제주도전투사령부가 설치된 것은 5월 10일에 열릴 재선거 때문이었다. 유엔한국위원단이 한국에 들어온 가운

124) Hp. USAFIK, G-2 Periodic Report No. 1077, 3 March 1949.
125) 로버츠 준장 공한철의 일부로 1949년 2월 14일에 작성되었다. 로버츠가 이범석 국무총리에게 보낸 문건이다. 이 문서의 출처는 NARA, RG 338, PMAG · KMAG, Box. No. 7.
126) 『동아일보』, 1949년 3월 12일.
127) 제주4·3사건진상규명및희생자명예회복위원회, 『제주4·3사건진상보고서』, 320쪽.

데 5월 10일 재선거를 성공적으로 치러내야만 했기 때문이다.

유재홍은 진압작전과 더불어 선무공작도 활발히 추진했다. 유재홍은 이전의 강경한 '초토화 작전'으로 인해 많은 주민들이 피난 입산한 사실을 인식하고 이들의 하산을 권고하기 위해 민간인 중심의 선무공작대를 조직해 각 마을을 순회하면서 강연과 노래, 연극, 의료활동 등을 수행했다. 선무공작대는 1월 19일 제주시 도두동을 시발로 활동을 개시했지만, 본격적인 활동은 2연대의 진압작전이 끝난 후에 이루어졌다. 선무공작대는 제2연대장 행정고문인 언론인 이기영을 대장으로 120명 정도로 조직되었는데, "사상적으로 투철하지 못한 주민들에게 국군을 믿게 하고, 공산당의 허위선전에 속았거나, 협박에 못 이겨 입산한 주민이나 부역을 한 주민이라 해도 귀순하면 옥석을 가려 따뜻이 맞아주겠다는 귀순 권유 등을 하는 것"이 주목적이라고 밝혔다.[128]

동시에 유재홍은 토벌대를 해변에서 중산간으로 재배치해 강경한 토벌작전을 병행하는 전략을 썼다. 미군 보고서에 따르면 3월 말 유대령이 지휘하는 토벌대의 규모는 군과 경찰, 민보단을 합해 5만 명으로 편성되었던 반면에 유격대는 250명으로 추정될 정도로 줄어들었다.[129] 미군은 "소요의 역사적 중심지이자 지난 해 동안 주민 1만 5,000명의 살육과 전체의 1/3에 해당하는 가옥의 소실을 경험했던 이념투쟁의 유혈 전쟁무대가 된 제주도는 점차 정상적인 상태로 돌아오고 있으며 3월의 지난 3주간은 1947년 3월 1일 이후에 그 섬에서 경험했던 가장 평온한 나날이었다"고 유재홍 대령의 진압작전을 칭찬했다.

주한미군보고서에는 4월 1일 현재 국군 2,622명, 경찰 1,700명, 민보단원 5만 여 명의 군경토벌대가 활동한다고 적혀 있다.[130] 인구 30만 여 가운데

---

128) 이들의 선무 공작은 이후 일정 정도 성공을 거두어 1949년 10월 25일부터 11월 말까지 귀순자가 5,283명에 이르렀다(『서울신문』, 1949년 12월 2일).
129) 〈WEEKA〉 제66호(1949. 3. 26-4. 2).
130) Hp. USAFIK, G-2 P. R. No. 1097, 1 April 1949.

6분의 1이 넘는 인원이 토벌활동에 참여한다는 것이다.

위와 같은 강경 토벌 작전에 의해 민간인 희생 등은, 주한미사절단 드럼라이트의 지적처럼 "상상도 할 수 없을 정도로 더욱 악화"되었다. 그리고 다른 한편 유격대의 조직적인 항쟁은 막을 내리고 있었다.

이제 정부는 자신감을 갖고 진압작전이 성공적으로 이루어졌음을 대내외적으로 과시하기 시작했다. 4월 7일 사회장관 이윤영과 국방장관 신성모가 제주를 방문했고, 4월 9일에는 이승만이 직접 제주도를 방문했다. 이승만은 포로수용소를 시찰한 다음 관덕정 광장에서 열린 환영대회에 참석하여 연설했다. 이승만은 제주도 치안상황을 직접 살피고 제주도민을 격려함으로써 진압작전이 성공적으로 이루어졌음을 대내외에 보여주었다.

주한미대사관은 "3월에 시작된 전면적인 소탕작전은 4월 말 사실상 막을 내렸고 대부분의 반란군과 동조자들이 죽거나 체포되었고 사상을 전향했다"고 국무성에 보고했다.[131]

4월 16일에는 국방장관 신성모와 군사고문단장 로버츠 준장이 회의를 갖고 일부 한국군 병력의 제주도 철수에 합의했다. 또 서북청년회와 제주도민 사이의 적대감으로 전·현 서청회원들도 철수시키는 방안이 계획되었는데, 여기에는 군경에 배치된 서청회원들도 포함되어 있었다. 본토로 복귀하게 되는 대대는 제2연대의 서북대대이며, 서청 출신 경찰도 본토로 복귀시켜야 한다고 로버츠 준장은 주장했다.[132]

4월 19일 후보자 및 유권자 등록을 마감한 제주도 북제주군 5·10재선거는 갑 선거구가 전체 유권자 3만 8,230명 가운데 3만 6,387명이 등록해 95%의 등록률을, 을 선거구는 유권자 2만 6,649명 가운데 2만 5,847명이 등록해 95%의 등록률을 보였다. 5월 10일의 선거 결과 갑구는 독촉 소속의 홍순

---

131) Airgram-60, Everett F. Drumright, American Embassy to the Secretary of State, 2 May 1948.
132) 「로버츠 장군이 신성모 장관에게, 4월 16일 회담 의사록」, 제주4·3사건진상규명및희생자명예회복위원회, 앞의 책 8, 112쪽.

녕, 을구는 대한청년단 소속의 양병직이 당선되었다.[133]

제주도 5 · 10재선거의 성공적 실시로 제주도지구 전투사령부의 임무도 끝나 5월 13일 목포로 상륙했다.[134] 해상작전을 벌인 해군 제3특무정대(사령관 남상휘)도 5월 10일 목포항으로 귀환했다.[135]

제주도지구전투사령부는 4월의 이승만 내도와 5월의 제주도 국회위원 재선거에 맞추어 4월 중순 이전에 유격대를 완전 섬멸하는 작전계획을 수립했다. 그것은 군과 민보단이 제주도를 완전히 횡단하는 선을 형성해서 산을 빗질하듯 쓸어내려 유격대를 섬의 반대쪽에서 진을 치고 있는 경찰 쪽으로 몰아간다는 계획이었다. 결국 막바지 소탕 때 많은 인명피해가 발생하였는데, 그 대부분은 산에서 도피생활을 하고 있었던 민간인들이었다.[136]

제주도지구전투사령부의 토벌 작전 결과 유격대는 거의 궤멸되었다. 4월 중순 이후에도 토벌대와 유격대의 소규모 전투가 있었지만, 이때의 전투는 말 그대로 잔여 유격대의 생존을 위한 도피과정에서의 저항이었다. 이에 따라 5월 15일 제주도지구전투사령부는 해체되었고, 실제적인 전투와 대규모의 진압은 일단 막을 내렸다. 5 · 10단선이 실시된 지 1년 만에 완전한 대한민국 국회가 구성될 수 있었으나 그 이면에는 공산주의자로 몰린 수많은 제주도민에 대한 학살이 수반되었다.

당시 신문은 제주도에 인구가 3만 여 명이 감소했고, 주택은 2만 여 호가 손실되었다고 보도하였는데, 물리적 손실보다 더 가슴 아픈 것은 제주도민의 공포와 상처라고 지적했다.[137]

제주도에 주둔 중인 토벌대의 횡포에 대해 김용하 제주 지사도 6월 16일 미대사관 관계자들을 만나 제주도의 심각한 두 가지 점으로 "제주도에 주

---

133) 『국도신문』, 1949년 5월 14일.
134) 『동광신문』, 1949년 5월 15일.
135) 『동광신문』, 1949년 5월 17일.
136) 제주4 · 3사건진상규명및희생자명예회복위원회, 『제주4 · 3사건진상조사보고서』, 324~325쪽.
137) 『조선중앙일보』, 1949년 6월 28일.

둔중인 제2연대가 도민들을 매우 고압적으로 다루고 있으며, 서북청년회가 독단적이고 잔인한 태도로 도민들을 대하고, 경찰국장마저 이 단체 출신이라는 점이 더욱 사태를 악화시키고 있다'고 지적할 정도였다.[138] 공산주의 섬멸을 명분으로 한 학살은 5·10재선거 뒤에도 계속되었다. 체포되거나 귀순한 제주도민들은 형식적인 재판을 받거나 혹은 재판절차 없이 가혹한 선고를 받았으며 가혹한 고문을 당해야 했다.

> 산지 축항(지금의 제주항)으로 가서 목포 가서 하룻 밤 잤지. 그래서 마포형
> 무소까지 갔지. 재판을 받는 것이 형식적으로 …… 재판관도 있고, 변호사도 있
> 어야 형식이 되는데, 피해자의 진술도 없었어. 마포형무소에서 밤에 도착해서.
> 아침에 일어나서, 거기 광장에 전부 앉아서, 거기에서 호명했지. 누구는 몇 년,
> 누구는 몇 년, 이것만 들은 기억이 있어. 재판정에는 가본 기억이 없지.[139]

6월 3일부터 7월 12일까지 민간인 1,652명과 군인 47명을 기소해 345명에게 사형을 선고했고, 238명에게는 무기징역, 311명에게는 15년형, 705명에게는 7년 이하의 징역형을 선고했으며, 54명에게는 무죄를 선고하고 46명은 석방했다.[140] 10월 2일에는 제주도에서 이승만의 승인에 따라 군법회의에서 사형선고를 받은 249명이 집단 처형되었다.[141]

1949년 6월 7일 인민유격대 총책 이덕구가 사살되고 유격대가 거의 궤멸했으나 완전히 진압된 것은 아니었다. 이에 1949년 7월 15일부터 1949년 12월 27일까지 약 5개월 동안 독립대대가 주둔하여 토벌작전을 수행했다.

138) 이 문서는 주한미대사관이 작성하여 미 국무부에 보고한 급송문서 제354호이다. 「Memorandum of Conversation-Views of Governor's affairs in Chejudo」, NARA, Records of the U.S. Department of State Relating to the Internal Affairs of Korea 1945~1949, Decimal File 895, Reel No.3~5
139) 김춘배 증언(제주4·3연구소, 『무덤에서 살아나온 4·3 수형자들』, 역사비평사, 2002, 74쪽에서 재인용).
140) JOINT WEEKA No. 9, 12 Aug 1949.
141) JOINT WEEKA No. 17, 7 Oct 1949.

이후 12월 28일 해병대(사령관 신현준)가 제주에 진주했다. 해병대는 1950년 2월부터 6월까지 5개월 동안 한라산 지구의 토벌작전을 2개대로 나눠 전개했다. 2개 중대에 중대당 제주서와 모슬포서, 서귀포서와 성산포서가 편입되어 군경토벌대가 조직되어서 토벌작전에 나섰다.[142]

한국전쟁 시기에 4·3진압작전은 해병대를 중심으로 이루어졌다. 해병대는 한국전쟁 당시 예비검속자 총살로 많은 제주도민을 학살했다.

1950년 한국전쟁이 발발하자, 정부는 6월 25일 오후 2시 25분 치안국장의 명의로 각 경찰국에 '전국 요시찰인 단속 및 전국 형무소 경비의 건'을 전화통신문으로 긴급 하달했다. 이 지시문은 제주도경찰국장에게 하달되었는데, '전국 요시찰인 전원을 즉시 구속할 것'과 '전국 형무소 경비를 강화할 것'을 명령하는 내용이었다. 7월 8일 계엄령이 선포됨에 따라서 경찰·검찰·법원 조직 등은 모두 군의 관할로 귀속되었고, 이에 따라 계엄사령관이 예비검속을 주관하게 되었다.

경찰은 제주에서 한국전쟁 발발 이후 8월 중순까지 보도연맹원 700여 명을 검거했다고 주장했다.[143] 제주지역에서는 7월 말부터 8월 하순에 이르기까지 제주읍과 서귀포·모슬포 경찰서에 검속된 자들에 대한 군 당국의 총살 집행이 이루어졌다. 이 시기의 대표적인 대량 학살은 모슬포 섯알오름에서 자행되었던 소위 '백조일손지지' 사건이다.

제주 계엄사령부의 지시에 의해 1950년 8월 20일 새벽 2시와 5시경 두 차례에 걸쳐 예비검속자 61명과 149명을 모슬포 동남쪽 속칭 '섯알오름'이라 불리는 일본군이 만들어 놓은 폭파된 탄약고 언덕에서 총살해 구덩이에 넣어 매장했다.[144]

142) 양봉철, 「제주경찰의 성격과 활동 연구-제주4·3을 중심으로」, 성균관대 교육대학원 석사학위논문, 2002, 70쪽.
143) 『제주신보』, 1950년 8월 26일. 이 외에 다른 주장이 있는데, 경찰문서에 따르면 1950년 8월 4일 당시 제주도 각 경찰서에 예비검속된 인원은 840명이라고 밝히고 있다(이도영, 『죽음의 예비검속』, 2000, 말, 43쪽).
144) 이도영, 앞의 책, 70쪽. 백조일손지지(百祖一孫之地)는 이때의 희생자 공동 묘역이다. 1957년에야

전쟁 발발 당시 제주에서 이송된 4 · 3사건 관련 재소자는 일반 재판 수형인 200여 명과 군법회의 대상자 중에 만기출소한 사람을 제외한 2,350여 명이었다. 이들 대부분은 제주로 돌아오지 못하고 행방불명되었다.

미 대사관 측이 해병대의 본토 철수를 건의한 뒤 해병대 사령부가 1950년 8월 31일 제주를 떠나고, 1951년 1월 14일 1개 중대 규모의 해병부대가 제주로 파견되어 경찰 1개 소대를 지원받아 4개 소대로 혼합편성해 토벌작전에 임했다. 해병대의 작전으로 제주도 소요가 거의 소탕되었다고 판단되었으나, 1952년 초부터 무장대가 활동을 재개하자 11월 1일 제주도비상경비사령부(사령관 이경진 제주도경찰국장)는 전방전투사령부를 설치해 소탕작전을 벌였다.[145] 1953년 1월 29일 유격전 특수부대인 무지개 부대를 투입해 막바지 토벌작전을 벌였다.

제주도 경찰국이 한라산 금족지역을 개방한 것은 1954년 9월 21일이었다.

토벌대와 유격대가 모두 가해자였지만, 통계가 보여주듯이 대부분의 학살은 토벌대에 의해 저질러졌다. 중요한 것은 희생자 대부분이 민간인이었다는 것이다. 이와 더불어 학살자가 급증한 시점이 유격대의 저항이 증가한 때가 아니라 오히려 양측 간의 교전이 소강 상태에 접어든 시기 이후였다는 점이다.

희생은 저항의 강도가 아니라 국가 폭력의 강도와 비례했다. 이 점 역시 봉기로서의 4 · 3이 아닌 이승만 정권의 반대 세력을 무력화시키기 위해 도모한 국내 평정의 마지막 단계에서 발생된 의도된 학살로서의 4 · 3이었음을 확인시켜준다.[146]

학살은 체계적이고 조직적으로 진행되었다. 미군사고문단의 자문과 군, 경찰 그리고 우익청년단의 실행이라는 공조 체제였다. 토벌작전이 제주도

시체를 수습할 수 있었기 때문에 신원을 구별하기 힘들어서 공동묘역을 만들었다.
145) 제주도경찰국, 앞의 책, 318쪽.
146) 박명림, 「민주주의, 이성, 그리고 역사이해 : 제주4 · 3과 한국현대사」, 역사문제연구소 외 편, 『제주4 · 3연구』, 역사비평사, 1999, 447~448쪽.

내의 특정 지역이 아니라 섬 전체에 걸쳐 이루어진 것은 작전계획의 수립과 집행에 중앙 정부가 깊숙이 개입했음을 입증한다.[147] 전술적인 면은 현지 토벌대를 이끌던 군 지휘관이 상당 부분을 담당했지만 전략적·정치적 결정은 미군과 한국군 수뇌부 그리고 정치권력의 핵심부였다.

학살에는 뚜렷한 원칙이 없었다. 학살의 집행자인 사병들과 경찰, 우익청년단은 규율이 결여된 채 공사의 구분 없이 자신들에게 주어진 권력을 행사했다. 여성에 대한 강간, 유희적인 살인, 무자비한 참수 같은 인도적인 행위에 반하는 범죄가 도처에서 일어났다.

이승만 정권과 군경토벌대의 눈에 제주는 반란의 섬인 동시에 빨갱이 섬이었다. 이런 인식이 옳은 것인지 그른지 확인할 여유도 없었고, 하려고 하지도 않았다. 반공이데올로기 공세 속에서는 그 자체가 빨갱이로 몰릴 수 있었기 때문이다. 제주 섬은 고립된 채 피와 눈물과 시체의 三多島가 되어 갔다.

---

147) 제민일보4·3취재반, 앞의 책 4, 377~378쪽.

제4장 항쟁 그 후

- 망각과 금기에 대한 저항, 그리고 절반의 승리

▶ 공비완전소탕축하대회, 1949년 8월.

제4장
항쟁 그 후 - 망각과 금기에 대한 저항, 그리고 절반의 승리

제주4·3항쟁은 1954년 9월 21일 한라산 금족령이 해제됨에 따라 종결되었지만, 그 여파는 컸다. 수많은 인명과 재산 피해뿐만 아니라 살아남은 제주도민도 공고화되는 반공체제 속에서 생존을 위한 노력을 기울여야 했다. 40여 년간 지속된 독재정권 속에서 4·3항쟁에 대한 언급은 금기시되었고, 유족들은 연좌제의 피해에 시달려야 했다. 4·3항쟁은 사건 자체가 종결됨에 따라 끝난 것이 아니라, 지금까지도 개인이나 집단, 그리고 제주도민의 삶에 영향을 미치는 현재진행형인 것이다.

따라서 여기에서는 4·3항쟁의 경험이 끼친 영향과 금기시되었던 4·3의 진상을 규명하고 명예회복을 위한 노력들, 즉 기억투쟁을 함께 살펴보고자 한다.[1)]

---

1) 4·3항쟁의 경험이 제주도민에게 끼친 영향과 이후의 기억투쟁을 다룬 연구는 많지 않다. 이에 대한 연구로는 김종민, 「4·3이후 50년」, 역사문제연구소·역사학연구소·제주4·3연구소·한국역사연구회 편, 『제주4·3연구』, 역사비평사, 1999 ; 나간채·정근식·강창일 공저, 『기억투쟁과 문화운동의 전개』, 역사비평사, 2004를 들 수 있다.

1. 4 · 3항쟁의 피해 경험과 망각

1) 소개령과 지역공동체 파괴

제주 지역공동체가 파괴되고 제주도민의 피해의식이 깊어지기 시작한 것은 이미 4 · 3항쟁이 진행되는 과정에서부터 비롯되었다. 초토화 진압작전과 중산간 마을 소개가 이루어지면서 전개된 학살로부터 시작된 것이다. 항쟁이 발발한 직후 제주도민은 군경토벌대의 진압을 두려워하면서도 5 · 10단독선거를 저지하는 등 비교적 활발한 모습을 보여주었다. 이때까지만 하더라도 유격대의 세력은 강성하였고 중산간 부락은 유격대의 세력권에 놓여 있었다. 그러나 남북한 단독정부가 수립된 이후 시작된 군경토벌대의 초토화 작전은 제주도민을 공포의 도가니로 몰아넣음으로써 도민들의 의식을 급속도로 변화시켰다. 특히 빨갱이 마을로 낙인찍혀 해변 마을로 소개당한 중산간 지역 주민들의 피해의식은 더욱 컸다.

소개령은 1948년 10월 17일에 국방경비대 9연대장 송요찬 소령이 발표한 포고문에 따른 것이었다. 포고문에서 토벌 대상 지역으로 설정한 '해안선으로부터 5km 이외의 지점'은 산악지역 등 어떤 특정한 지점에 국한되는 것이 아니라 해변을 제외한 중산간 마을 전부를 포함했다. 토벌대에 의한 무분별한 학살은 그 이전에도 곳곳에서 벌어졌지만 이 포고문이 발표된 이후 11월 중순부터는 대토벌 작전이 벌어졌다. 이른바 '초토화 작전'이다. 초토화 작전은 중산간에 위치한 주민들이 게릴라들에게 도움과 피난처를 제공하고 있다는 가정 아래 채택되었다. 중산간 마을 주민들을 모두 해안지대로 소개시킨 뒤 게릴라들이 은거할 수 없도록 마을 전체를 불태워버리는 전법이었다. 이를 어겨 중산간 마을에 남아있는 사람은 '폭도'로 간주, 남녀노소를 불문하고 학살하였다.[2] 4 · 3항쟁 진압 과정에서의 엄청난 피해는 바로 이 초토화 작전 시기에 일어났다.[3]

초토화 작전은 소개령에서부터 시작되었다. 소개시킨다는 것은 주민들의 경제적 기반을 완전히 제거함을 의미했다. 집도 식량도 살던 고향 마을도 모두 불태워짐으로써 의식주의 기반이 한순간에 사라진 것이다. 초토화 작전으로 마을 공동체 또한 파괴되었다. 소개와 토벌과정에서 마을의 물리적 기반도 구성원도 구성원 간의 협력관계도 사라져 갔다. 살아남은 사람들은 주변의 해안 마을들로 제각각 흩어졌다. 아무런 생계 대책 없이 집과 밭을 빼앗긴 그들은 이제 남의 집 곳간이나 마구간 같은 곳에 빌붙어 살 수밖에 없었다.[4]

해변 마을에서의 소개 생활은 불안과 비참함의 연속이었다. 소개가 이루어진 시기는 가을 수확이 거의 마무리된 시기였지만, 주민들은 소개 기간이 얼마 되지 않을 것으로 여겼기 때문에 곡식들을 그냥 곳간에 두거나 땅에 묻어둔 채로 내려왔다. 이렇게 두고 온 곡식은 유격대의 보급물자가 된다는 이유로 토벌대에 의해 불태워졌다. 소개된 후에는 통행금지령에 묶여 농사지으러 밭에 나가는 일조차 금지되었다. 통행금지는 저녁 8시였다. 그 이후에 나다니다가 잡혀 죽어도 할 말이 없었다.

경제적인 어려움보다 더 무서운 것은 중산간 주민이라는 이유만으로 무조건 '폭도' 취급을 받은 것이었다. 소개지에서도 토벌대에 의해 '폭도'로 체

---

2) 제민일보4·3취재반, 『4·3은 말한다』 4, 전예원, 1997, 292~295쪽. 1948년 10월 11일 제주도경비사령부 창설되고 10월 17일 송요찬 경비사령관은 10월 17일 해안선으로부터 5km 이상 떨어진 중산간 지대를 통행하는 자는 폭도배로 인정, 총살하겠다는 포고문을 발표하였다. 중산간 부락 주민들에게는 해안마을로 이주하라는 '소개령'이 발동되었다. 그러나 일부 마을은 소개명령이 채 전달되지도 않은 상태에서 토벌작전이 전개되었다.

3) 주한미군사령부 G-2는 "1948년 한해 동안 14,000~15,000여 명의 제주도민이 희생된 것으로 추정하고, 이들 가운데 최소한 80%가 보안군에 의해 희생되었으며, 주택의 3분의 1이 파괴되었고, 전체 도민의 4분의 1이 살던 마을에 소개되어 해안마을로 이주하였다"고 보고했다(Hq. USAFIK, G-2 Periodic Report No. 1097, 1 Apil 1949).

4) 백조일손지지 유족인 조정배는 소개지의 비참한 생활에 대해 다음과 같이 적고 있다. "소개지는 지서의 명에 의하여 제한되었다. 가재를 다 버리고 단순 봇짐으로 고산으로 내려갔고 두모와 용수로 소수 가구가 연고지를 찾아간 것이다. 사전 대책 없는 인구의 대이동으로 임시수용소가 마련되었다. 연고가 있는 사람은 그나마 외양간과 헛간 등을 얻어 침식을 했다. 죽지 못해서 사는 것이니 기약 없는 생을 연장할 따름이다. 왜냐하면 언제 불러가 생죽음 할지 모를 저승사자를 기다리는 형편이기 때문이다. 엄동설한의 한겨울을 땅바닥에서 멍석을 펴고 살았으니 그 고통과 생활상을 짐작하고 남음이 있으리라. 봄이 되면서 가장 귀한 것이 땔감, 성담을 몰래 넘어가서 古松의 뿌리를 캐거나 고사된 초목을 수거해서 해결했는데 먹고 연명하는 것이 삶의 전 과정이었다"(조정배, 『낙천리 향토지』, 디딤돌, 1999, 63쪽).

포당했으며 혹은 소개지인 마을이 유격대에 의해 습격당했을 때에도 폭도와 내통했다는 이유로 학살되었다.

소개령은 또한 중산간과 해변마을을 갈라놓아 도민들끼리 싸우게 하는 대결구도를 조장함으로써 제주의 공동체 의식을 파괴하기 시작했다.

제주도에서는 예로부터 중산간 주민이 해변마을 사람들을 '알뜨르 보재기(해촌 사람들을 멸시하여 쓰는 말)'라고 하면서 무시해 왔다. 일제의 침략 이전의 제주도 경제상태를 보면 조·보리 등 농사를 주업으로 하고 해산물 채취는 부업으로 하는 형태의 자급자족 구조였다. 이런 경제구조 속에서는 중산간 마을이 해변 마을보다 물적 토대가 우위에 있었다. 중산간의 토지가 해변토지에 비해 비옥하여 3배 이상의 가격으로 거래될 정도였다. 중산간 마을은 해안 마을에 비해 부촌으로 인정되었고 신분적으로도 양반 대접을 받았다.[5] 하지만 일본 제국주의 침략 이후 해촌 중심의 친일 상업, 공출 수집 등 친일구조가 부를 축적함으로써 해변 마을로 경제적 중심이 이동하였다. 그래도 중산간 마을 사람들의 해변 마을에 대한 무시는 여전했다. 해녀들의 복장을 이유로 해변 마을 사람들을 무시하는 경우도 종종 있었다. 때문에 마을 사람들은 갑자기 떼거리로 몰려 온 '웃뜨르 것들(중산간 주민들을 멸시하여 쓰는 말)'이 그다지 달갑지 않았다. 애써 잡은 전복, 소라, 생선 따위를 가지고 중산간으로 팔러가면 자기보다 나이가 아래인 사람들조차 하대를 예사로 쓰던 사람들이었기 때문이다.[6] 이러한 경제적·물적 토대의 변화나 부의 이전 등이 전통적으로 중산간에 대한 해변 마을 사람들의 극복 노력과 맞물려서 갈등을 빚게 된 점도 4·3항쟁 진압 과정에서 적나라하게 드러났다. 더욱이 중산간 지역 사람들과 접촉하면 무조건 폭도로 취급받는 상황 속에서 해안 마을 사람들은 중산간에서 소개온 사람들을 경계하고 냉대하였다. 군경토벌대는 이러한 내적 갈등을 진압에

---

5) 유철인, 「마을」, 제주도, 『제주도지』 2, 1992, 1260쪽.
6) 제주4·3연구소 편, 「노형동의 잃어버린 마을들」, 『4·3장정』 4, 백산서당, 1991, 21쪽.

이용하였다. 중산간 마을을 토벌할 때 해변 마을 사람들이 토벌대와 같이 올라와서 사람들을 죽이고 재물들을 약탈하는 경우가 종종 일어났다.

> 도망 못 간 사람들은 잡혀서 죽을 땐 창으로 죽고, 군인들이 죽이는 것이 아니라 군인이 민간인을 시켜서 죽인 겁니다. 다른 지역 사람도 아닌 영평 상동 사람이 와서 그렇게 합니다. 다 아는 사람들끼리. 그렇게 잔인할 수가 없어요. 이건 우리가 같은 핏줄이라고 얘기할 수 있겠습니까?[7]

특히 민보단을 동원한 토벌 작전은 양 쪽 간의 갈등을 증폭시켰다. 민보단원이었던 해변 마을의 한 주민은 그 실상을 이렇게 증언했다.

> 그때 토벌대가 민보단을 동원하지 말았어야 했습니다. 마지못해 따라다닌 것이긴 하지만 토벌대가 중산간을 휩쓸며 학살하던 현장에 해변 마을 민보단이 있었으니 제주 사람끼리 감정이 악화된 것입니다. 중산간에서 희생된 사람들은 총이라도 들고 대항하던 무장대가 아니라 멀리 도망치지도 못한 채 마을 부근에 숨어 살던 노약자들이었습니다.[8]

남원면 지역은 이 같은 점을 상징적으로 보여준다. 1948년 11월 28일 유격대는 그동안의 중산간 토벌전에 대한 보복으로 토벌대 주둔지인 남원리와 위미리를 공격했다. 하지만 지목살해가 아닌 무차별하게 벌어진 학살과 방화는 해변 마을 주민들의 분노를 샀다. 토벌대가 중산간 마을에 숨어 지내던 주민들을 찾아내 학살하는 등 보복의 악순환이 잇따라 벌어진 것이다. 게다가 이 과정에서 남원리와 위미리 주민들은 대부분 토벌대의 적극적인 협력자가 되었다.[9]

---

7) 제주4·3연구소 편, 『이제사 말햄수다』 2, 한울, 1989, 223쪽.
8) 양상석 증언(제민일보4·3취재반, 『4·3은 말한다』 5, 전예원, 1998, 131쪽에서 재인용).

민보단을 동원한 군경토벌작전은 주민끼리의 대결 양상을 낳았다. 보복의 감정으로 토벌대에 앞장서는 결과를 낳아 마을 공동체를 약화시켰던 것이다.[10] 제주도민끼리 싸우는 형극이 조성된 셈이다. 중산간 마을 사람들이 학살당하는 가운데에서도 해변마을 몇몇 부락은 향토방위에 공로가 많다고 해서 정부로부터 표창을 받기도 했다.[11]

민보단을 동원한 토벌작전에서 더욱 악랄한 행위는 학살 방법이었다. 토벌대는 민보단원으로 하여금 이웃의 사람들을 직접 죽이라고 종용했다. 군경토벌대는 민보단원에게 죽창을 주면서 자신들은 뒤에서 총을 들고 감시했다. 찌르지 않으면 자신이 죽게 되는 상황에서 민보단원은 자신이 살기 위해서 이웃사람들을 죽여야 했다. 제사음식을 나눠 먹고 품앗이를 하면서 사이좋은 이웃으로 살아왔던 사람들이 이제는 서로를 죽여야 하는 상황이 된 것이다.

4·3 발발 이듬해 봄으로 기억되는데 금덕리에서 소개온 한 처녀가 하귀지서에 끌려와 매일 전기 고문을 받았어요. 그녀의 오빠가 육지형무소로 갔다는 게 빌미였지요. 경찰들은 하귀 국교 동녘 밭에 남녀 대한청년단을 모두 집합시킨 후 그녀를 끌고 왔습니다. 그녀는 이미 초주검 상태였습니다. 그러나 경찰은 그녀를 홀딱 벗긴 후 "여자니까 대한청년단 여자대원들이 나서서 철창으로 찌르

---

9) 미군 보고서에도 이와 같은 점을 지적하고 있다. "12월 14일 제주도 경비대는 모슬포, 서귀포, 남원리, 한라산 부근의 게릴라를 말살하기 위해 공동 노력하는 4군데의 합동작전에서 민간인 3,000명의 지원을 받았다. 제주도 민간인들은 아마도 자기 마을에 무차별적으로 저지른 게릴라 행위에 복수하기 위해, 산악에서 게릴라들을 빗질하듯 쓸어버리는 당국의 작전에 지원하는 숫자가 늘고 있다"(Hq. USAFIK, G-2. P. R, 1948. 12. 16).

10) 제민일보4·3취재반, 앞의 책 5, 130~134쪽.

11) "이번 본도 경찰국 비상경비사령부에서는 남제주군 관내 표선면 하천리를 비롯하여 안덕면 사계리·신효리 및 북제주군 애월면 금성리, 한림면 용수리 등 5개 리 리민을 표창하게 되었는데 이는 본도 4·3사건 이래 리민이 일치단결함으로써 부락경비에 헌신 노력하였으며 지금까지 공비의 피습 및 통비(通匪) 등으로 인한 불상사가 전무(全無)할 뿐아니라 특히 민경(民警) 융화와 제반 경찰행정 운영에 적극 협력함으로써 재산잔비 소탕작전 및 향토방위에 다대한 공로가 있어 다른 부락에 모범이 되고 있기 때문이다. 오는 30일 사령관 윤석렬씨로부터 표창장 수여가 있을 것이라 한다"(『제주신보』, 1952년 4월 26일).

라"고 명령했습니다. 우린 기겁을 했지요. 그러나 "찌르지 않으면 너희들이 대신 죽을 것"이라고 협박하는 바람에 단장인 한 여자가 나서서 먼저 찔렀어요. 경찰은 모두들 한 번 씩 찌르라고 했습니다. 모두 한동안 몹시 앓았습니다.[12]

항쟁이 진압되는 과정에서 흔히 나타난 이러한 현상은 이후 집단, 지역적으로 확산되었다. 4 · 3 초기에 산에 올라가 활동했던 사람들이 나중에 전향하여 살기 위해서 자기 동료들을 팔거나, 한국전쟁 때 자진해서 지원하거나 강제 징집으로 참전하여 '귀신잡는 해병대'로 이름을 드날리는 해병대 3기의 구성원이 되는 것은 모두 그러한 역사를 반증하는 것이다.[13]

4 · 3항쟁의 발발 직후에 토벌대가 무차별적으로 인명을 살상했다면 유격대는 선별적으로 살상했다. 그러나 대토벌이 시작되면서 서로 죽고 죽이는 복수극이 이어졌다. 1949년 가을부터는 토벌대가 마을 별로 주민들을 중심으로 일명 '자경대' 혹은 '민보단'을 조직하여 축성을 보초서게 하거나 마을 경비를 담당하게 하면서 유격대가 마을에 접근하기도 어려워졌다. 토벌대의 총살극에 기가 꺾인 주민들은 명령에 따라 철저히 경비를 섰기 때문에, 밤에 마을로 내려와 식량과 의복 등을 내놓을 것을 강요하던 유격대와의 충돌은 당연한 수순이었다.[14] 특히 경찰 산하에 특공대가 조직되면서 그 정도는 더욱 심해졌다. 자경대가 조직됨으로써 주민과 유격대의 연계가 끊겼다면 특공대의 존재는 그 이상이었다. 단순한 단절을 넘어 적대관계로 변한 것이다. 특공대는 비록 총알받이로 나섰던 것이지만, 산악지역에 대한 토벌전에 주민들이 끼어 있다는 사실은 유격대로 하여금 무차별 보복 습격을 감행하게 하는 결과를 빚었던 것이다.[15]

소개와 토벌 과정에서 마을은 물리적으로 파괴되었고, 마을 사람들의 사

---

12) 김계순〈애월읍 하귀리〉 증언(제민일보4 · 3취재반, 앞의 책 6, 미간행원고에서 재인용).
13) 김종민, 앞의 글, 374~376쪽.
14) 제민일보4 · 3취재반, 앞의 책 5, 82~83쪽.
15) 제민일보4 · 3취재반, 같은 책, 289~291쪽.

망으로 구성원은 부족했다. 그리고 무엇보다도 이 과정에서 인간관계의 파괴가 병행되었다. 서로에 대한 불신과 죄책감은 공동체의 정서적 토대를 해체시키기 시작했다. 토벌대의 작전 과정에서 비롯된 학살의 경험으로 인해 제주 지역공동체는 물리적으로 뿐만 아니라 정신적으로도 파괴되기 시작한 것이다. 그리고 한편으로 제주도민은 학살의 공포 속에서 살아남기 위한 노력을 기울여야 하는 처지에 놓이게 되었다.

2) 생존을 위한 '반공국민으로 거듭나기'

군경토벌대의 초토화 작전이 진행되면서, 일반 제주도민은 생존을 위해 빨갱이 폭도가 아니라 대한민국의 순수한 국민임을 증명해야 했다. 그래서 민보단, 향토자위대 입대, 해병대 입대, 반공대회 등에 참여함으로써 반공국민으로 거듭나야 했다.

제주도 민보단이 창설된 것은 1948년 8월 11일이다. 이때 도 단위 민보단 조직이 창설되고 이어 각 지역별로 민보단을 조직했다. 민보단이 본격적으로 조직된 것은 소개령 직후부터이다. 민보단은 '향토방위는 지역주민 스스로 맡는다'는 미명하에 창설되었다. 민보단은 16~60세의 주민들로 구성되었는데, 실제로는 민보단을 구성할 청년들이 절대적으로 부족하였기 때문에 남녀노소 모두에게 민보단의 이름 아래 향토방위의 의무가 부여되었다.[16]

일반주민과 유격대를 분리시키기 위한 축성과 주둔소 쌓기는 마을 주민들이 강제로 동원되어 대부분 한 달 만에 구축되었다. 주둔소는 일종의 축성작전의 하나로 한라산 밀림에 인접한 주요 거점마다 유격대에 대한 방어와 효율적 토벌을 위해 한라산 주위를 둘러가며 곳곳에 쌓은 2차 진지이다. 축성과 주둔소에는 경찰과 마을에서 차출된 청년들로 하여금 보초를 서게

16) 제민일보4 · 3취재반, 앞의 책 3, 266~270쪽.

하였다. 주둔소의 경우는 한라산 토벌에 나선 군인들의 임시 숙소로 사용되기도 했다.[17]

일반 주민들은 고단한 축성 쌓기에 이어 밤낮으로 죽창과 철창을 들고 보초를 서야 했다. 남자들이 적은 지역에서는 65세의 노인과 아낙네들까지 무장대의 침입을 막기 위한 성벽을 쌓는 일에서부터 밤에는 교대로 성을 지키는 보초의 일을 감내해야 했다. 이 외에도 주민들은 여러 가지 토벌부역에 동원되었다. 끼니를 잇기도 어려운 참담한 생활 속에서도 주민들은 토벌대의 식사와 심부름을 책임져야 했으며, 직접 토벌에 동원되기도 했다. 이때에 경찰에 잘못 보여서 혹은 유격대의 습격으로 인해 목숨을 잃은 주민들이 많았다.

토벌 부역에 동원된 마을 주민들이 가장 고통스러웠던 것은 서북청년회원들의 뒤치다꺼리였다. 대부분의 제주도민을 '빨갱이'로 생각하는 그들은 마을에 들어오자 온갖 패륜과 절취 등의 보복적 폭력과 살인을 저지르고 다녔다. 서청들은 각 가호마다 5~10명 씩 나뉘어 기거하면서 잠자리와 식량뿐만 아니라 그들의 뒤치다꺼리를 전부 무상으로 부담하도록 했다.

걸핏하면 아무 집에나 들어가 돈이나 가축, 곡식 등을 요구했고 이를 거절하면 좌익분자, 빨갱이 운운하며 경찰에 끌고 가 못살게 굴거나 심하면 살인하는 것을 예사로 삼았다. 그들을 멸시하는 '보리자루부대'[18]라는 말에는 제주도민의 강한 불신과 노여움이 담겨 있다. 또 다른 토벌 부역은 특공대로 편성되어 토벌작전에 동원된 것이었다. 중산간 마을에서 소개 내려오고 난 후 마을 주위에 성을 쌓은 이후에도 여전히 산발적인 유격대의 공격은 계속되고 있었다. 하지만 당시 유격대의 조직은 궤멸 상태에 이르러 그것은 단지 식량 확보를 위한 생존 차원의 산발적인 공격에 지나지 않았다. 유격대는 대토벌이 있을 때마다 대항하여 싸우기보다는 3~4명씩 분산

---

17) 제주4·3연구소, 「시오름 주둔소」, 『4·3장정』 5 , 나라출판, 1992, 78~79쪽.
18) 보리를 담는 자루처럼 헐렁한 모양의 바지를 입고 다녀서 붙여진 경멸이 담긴 명칭이다.

하여 한라산 깊숙이 몸을 숨겨 피해 다니면서 목숨을 보전했다. 이에 토벌대는 유격대의 근거지를 찾아내서 완전히 진압하기 위해서는 주민들을 동원해야 한다고 판단했다. 토벌대는 마을 내에 남아있는 남자들을 특공대원으로 뽑아 토벌대의 길잡이로 동원했다. 특공대원은 군경과 달리 일반 민간인 복장을 하고 있었기 때문에 군경, 민간이 합동으로 토벌 나갈 때는 유격대와 구분하기 쉽도록 흰 띠가 두 개 둘러진 검은 모자를 쓰도록 했다. 특공대원은 죽창 등의 빈약하기 짝이 없는 무기를 들고 군인이나 경찰관보다 앞서 최전방으로 내몰렸다.[19]

특히 유격대 활동을 하다가 체포된 후 전향한 사람들이 주로 토벌대의 길잡이 역할을 했다. 4·3 말기의 토벌은 대부분 이들 '길잡이'의 안내로 진행되었다. 여기에는 산에서 활동하다가 체포당한 여성들도 종종 동원되었다.

내가 민보단에 있을 때 토벌도 갔어요. 남자 한 명에 여자 여덟 해서 9명이 1개 소대인데 철창을 메고 토벌을 나가요. 가다가 총소리가 빵 한 번 나믄 그게 준비고, 두 번 나면 완전무장해서 …… 세 번 나면 돌격하고 쏘라. 조천서 근무도 서고 토벌도 나갔다.[20]

민보단원들 가운데는 보초를 서다가 혹은 토벌작전에 참여했다가 목숨을 잃는 일이 많았다. 어느 경우에는 무장대와 내통했다는 오해를 받거나 근무가 태만하다는 이유 등으로 군경의 총탄에 사살되는 일도 있었다. 하지만 민보단에게 편입되는 것만이 살아남는 길이었기 때문에 많은 제주도민이 자원했다. 이승만 정권은 민보단뿐만 아니라 대한청년단과 같은 우익청년단을 강화하면서 제주도민을 규율하였고, 나아가 토벌작전에 직간접

19) 「양민학살사건 국회진상조사위원회 속기록(1960년 6월 6일)」, 제주4·3사건진상규명및희생자명예회복위원회 편, 『제주4·3사건자료집』 4, 2002, 173쪽.
20) 증언자는 인민유격대장 이덕구의 동네로 유명한 조천면 신촌에 거주하다가 입산 후 활동하다가 자수하였다. 제주4·3연구소, 『이제는 말햄수다』 1, 한울, 1989, 91쪽.

적으로 동원하였다.

거의 모든 마을 주민들이 민보단과 우익청년단원이 되어 마을의 보초를 담당하고 군경토벌대의 보조 병력으로 동원되었는데, 이러한 현상은 1949년에 들어서면서 더욱 심해졌다. 1949년 3월 대토벌 작전의 성공으로 무장대의 세력은 거의 궤멸 상태에 이르고, 5·10재선거가 다가오자 이승만은 1949년 4월 9일 제주를 방문했다. 환영대회에서 이승만은 "먼저 제주를 완전한 평화로 만든 후 다시 전라도로 가면서 숙청하며 38선을 분쇄하고 북한으로 진군하여 낙원의 정부를 세우자"고 했고,[21] 4월 13일 '제주도 시찰과 국민조직 강화'라는 관민합작의 반공태세를 강조하는 담화를 발표하였다.[22]

이승만의 담화 이후 국민반과 유숙계라는 사회감시체제가 진행되었다.[23] 제주에서는 소개된 중산간 마을의 재건과 맞물려 집단부락 건설과 보갑제를 실시할 방침을 세웠다.[24] 보갑제는 '소개령' 이후 불태워진 마을을 재건하기 위한 첫걸음으로서 몇 개의 부락을 하나로 묶어 무장대의 공격을 막기 위해 성곽을 쌓고 마을 주민들이 돌아가면서 보초를 서는 주민들의 연대책임식의 감시 체계였다.

이승만의 제주 방문 직후인 4월 11일 여성계는 '제주도부녀자대회'를 열어 "각하의 자애로운 심려에 감사를 표하는 동시에 재건을 조속히 완수함에 총진군하기를 맹서하였습니다"는 메시지를 국회에 보내, 대통령에게 감사하고 재건에 앞장서는 충성스러운 국민의 모습을 보여주려고 애를 썼다.[25]

한편 이승만 정권은 제주4·3을 반공의 선전 도구로 이용하였다. 특파원의 현지 시찰기를 통한 신문 보도 외에도 사진전을 개최하여 일반인들에게 직접 제주의 상황을 보여줌으로써 반공 선전의 강도를 높였다. 물론 여기

21) 『자유신문』, 1949년 4월 12일.
22) 『동아일보』, 1949년 4월 13일.
23) 김득중, 『여순사건과 이승만 반공체제의 구축』, 성균관대 사학과 박사학위논문, 2003, 299~305쪽.
24) 『국도신문』, 1949년 4월 22일.
25) 『제헌국회속기록』 제2회 제75호, 1949년 4월 14일.

에는 토벌대가 민간인을 학살하는 사진과 같이 토벌대에게 불리한 장면은 하나도 없었다. 1949년 8월 25일부터 31일까지 7일간에 걸쳐 육군본부 정훈감실 보도과와 수도경비사령부 보병 제2연대 보도대는 화신백화점 화랑에서 대한민국 독립 1주년 기념 '제주도 평정 보도사진전'을 개최하였다. 전시품은 "제주도의 공비섬멸 군경민(軍警民) 합동작전 및 평정된 제주도의 모습, 이(李)대통령 이하 각부 장관의 동지 시찰 등 다수의 실황사진"이었다.[26]

신문 보도와 사진전은 "공산분자들의 음모로 곤경에 빠진 제주도민의 비참함과 토벌대의 선무공작의 성과"에 초점을 맞춤으로써 공산분자의 잔혹함과 토벌대의 자애로움을 대비시키고 있다.

4·3 발발 직후의 언론 보도와 1년이 지난 1949년의 보도 태도는 확연히 구분된다. 4·3 발발 직후에는 4·3이 일어난 원인 중의 하나는 군경의 잔혹한 탄압에 있다는 등의 객관적인 보도를 하려는 노력들이 있었다. 하지만 초토화 작전이 진행되어 언론통제가 이루어짐으로써 1949년의 신문과 잡지들은 4·3을 공산분자들의 음모로 야기된 폭동으로만 보도하고 있다. 이와 더불어 군경토벌대의 성공적인 진압작전과 선무공작을 칭찬하는 기사만이 넘쳐났다.

정의의 칼이 빛나는 폭도의 최후의 사명(死命)을 제압할 날은 마침내 닥쳐왔던 것이니 함(咸炳善)중령이 지휘하는 국군의 정예 제2연대의 제주주둔이 곧 이것이다. 제2연대의 제주 진주는 작년 11월이었다. 2연대는 진주함과 동시 종래의 미온·소극작전을 떠나 적의 최후의 한 명까지 섬멸을 기하는 포위 고립화 작전을 실시하고 한편 이(李昌楨)소령이 영도하는 민사처를 중심으로 폭도의 귀순공작을 시작하였다. 이 같은 피투성이의 작전은 불과 4~5개월에 적의 주력

---

26) 『국도신문』, 1949년 8월 25일 ; 『조선일보』, 1949년 8월 25일.

을 섬멸하고 그 대부분을 포로로 하였고 양과 같이 선량한 백성을 적의 독아(毒牙)로부터 구원하였다. 총을 메고 먼지를 둘러쓴 국군과 경찰의 파도를 뚫고 한산한 가두를 거쳐 함(咸)연대장을 찾았다. 반갑게 맞아주는 함(咸)중령은 제주에서 알려진 한라산의 호랑이라기보다 온정에 넘친 인간 함중령이다. 과연 그럴 것이다. 폭도 측에는 호랑이거니와 도민에게는 둘도 없는 친구가 아닌가?[27]

선무공작을 수행하는 토벌대의 자애로운 모습을 등장시킨 신문 기사는 제주도민의 참혹한 생활과 대비됨으로써 공산분자들의 잔혹상을 더욱 부각시킬 수 있었다. 그러나 토벌대의 잔혹한 민간인 학살에 대해서는 아무런 언급도 없었다.

제주도민에 대한 빨갱이 낙인은 쉽게 사라지지 않았다.[28] 여전히 제주도민은 빨갱이 섬에 사는 사람들이었고, 순화되어야 할 대상이었다.

4·3 발발 2주년을 맞아 실은 중앙의 한 신문의 사설은 제주도민을 좀 더 체계적으로 동원하고 반공국민으로 거듭나기 위한 교육을 시킬 것을 촉구하고 있다.

4820년 4월 3일 이날은 겨레의 머리 속에 아직 기억도 새로운 동족상잔의 피비린내 나는 제주도 폭동사건이 발발한 날이다. …… 육지와 다른 평화를 구가

---

27) 「동백꽃은 다시 피려나 / 제주에서 본사 특파원 이병훈 기(記)①/ 포위·고립화 작전 주효(奏効) / 제2연대의 공훈은 혁혁!」, 『국도신문』, 1949년 4월 21일 이 외에도 국방부장관 제주시찰 수행기에서는 국방장관이 제주에 대해 걱정하는 모습 등의 자애로움을 담고 있다(『조선일보』, 1949. 4. 19). 신천지에 실린 「평란 제주도 기행」은 아예 "1949년 7월 24일 삼가 대통령 취임 1주년을 추억하면서 쓴다" 하고 "이승만의 통솔과 지도 아래 강력한 국민조직망을 통한 방위국민운동으로 민족통일 과업을 완수하자" 면서 이승만 정권이 벌이는 반공운동을 찬양했다(『신천지』, 1949년 9월, 제주4·3사건진상규명및희생자명예회복위원회 편, 앞의 책 4, 198~207쪽).

28) 민국당 선전부장 함상훈은 『조선일보』에 1949년 6월 2일부터 6월 4일까지 3일에 걸쳐 '제주사태의 진상'을 연재하였다. 민국당 후보로 5·10 재선거 북제주군 갑구 출마를 앞두고 선거용으로 쓴 것인데도 제주에 대한 빨갱이 시각을 드러내고 있다. 그는 '사상 및 치안대책'으로 "군경을 전부 제주도 출신으로 하면 정실관계로 또다시 좌익을 옹호하고 은폐할 터이니 반드시 육지로부터 공정한 인물을 보낼 것." 이라면서 제주에 대한 사상적 불신을 나타내고 있다(『조선일보』, 1949년 6월 2일, 6월 3일, 6월 4일).

하고 이젠 전고미유의 피비린내의 세례를 받은 그들에게 우리는 좀 더 계획적인 시책으로써 그들을 위무하여야 하겠다. 국군은 정훈공작 면에 있어 진정으로 그들의 심중을 위무할 수 있는 선무반의 파견과 아울러 군민합작에 힘쓸 것이며 현지 위정자는 그들의 경제재건을 위한 특별융자의 방도를 강구 …… 더욱이 이러한 참상을 유도한 원인이 도민의 天品과 해방 후의 적절한 계몽시책이 없었음에 원인되었음을 성찰하여 다시 이러한 비참한 현상을 초래하지 않도록 일반 민중교육에 특수한 시책이 있어야 할 것이다. ……

이제 다시는 공산당에 속지 않으리라 맹서하는 도민들은 부모 처자를 빼앗긴 가슴 쓰린 3년 전을 회고하면서 …… 신생조국에 발맞추어 폐허된 향토의 재건에 있는 힘을 다하고 있다.[29]

이처럼 "4·3이 피비린내는 동족상잔이었고, 이의 원인이 제주도민의 타고난 성품에 있다"라는 인식은 빨갱이의 멍에에서 벗어나고자 하는 제주도민에게는 아직도 갈 길이 멀었다는 생각을 가지게 하였다. 제주도민은 강제 동원뿐만 아니라 더욱 적극적으로 대한민국의 반공국민으로 거듭나기 위해 노력을 기울여야 했다. 그래서 제주도민들은 한국전쟁의 와중에 반공전선의 보루인 군으로 달려갈 수밖에 없었다.

한국전쟁이 일어나자 전국적으로 국민을 반공 전선으로 동원하려는 작업이 강화되었고, 아직도 유격대의 토벌이 종결되지 않은 제주도 상황에서 그 정도는 더욱 심했다.

1950년 7월 30일 청년방위대 제주도추진위원회 결성식에 이어 8월 1일 국민회 도위원장, 대한부인회 도회장, 한청 도단부 단장, 도 문교사회과장, 북제주군수 등이 발기하여 도지사, 법원장, 검찰청장, 도 총무국장 등을 비롯해서 읍내 민간 유지들이 참석한 가운데 '군경 및 청방 원호 추진'을 목적

---

29) 『한성일보』, 1950년 4월 4일.

으로 제주도 銃後報國會(회장 강지수)가 결성되었다.[30] 1950년 9월 초에 제주도에 주둔하고 있던 해병대가 전선으로 투입되자 유격대 진압작전은 경찰이 전담하게 된다. 제주경찰은 의용경찰대를 조직하여 경찰업무를 보조하고, 진압작전에 활용하였다. 그리고 대통령 긴급명령 제7호로 선포(7월 21일)된 비상향토방위령에 의해 8월 중순 경찰서장 관할하에 각 부락단위로 만 17~50세까지의 남자로 구성된 향토방위대를 편성했다.[31]

교육계에도 4·3사건 때 좌익으로 의심을 받았던 최남식 제주농업학교 교장과 한림수중 오승진을 정직처분하고, 우익활동에 앞장선 강계돈을 농교장, 청년방위대 간부인 고정일을 북국민학교로 발령을 내는 등 교육계 인사를 단행하였다.[32]

빨갱이 폭도에서 벗어나기 위한 제주도민의 몸부림은 한국전쟁이 일어나자 군 입대와 학도병 지원이라는 군 동원으로 이어졌다. 한국전쟁이 일어나자마자 제주도에서는 입대 선풍이 일어났다.[33] 해병대 사령부가 4·3 진압을 위해 제주도로 이동해 있는 동안 한국전쟁이 발발했기 때문에 이때 모병한 해병 3기와 4기는 대부분 제주 출신이다.[34] 그들은 인천상륙작전의 주역이 되었다.

해병대에 지원한 많은 사람들은 당시까지도 계속되는 학살을 피하기 위해 혹은 유격대 가족이거나 연루의 혐의로 인한 보복학살을 모면하기 위해 입대한 경우가 대부분이었다. 예비검속의 두려움은 입대한 이후에도 여전했다. 훈련받다가 헌병이 와서 이름을 불러서 데려간 사람들은 다시는 돌아오지 못했다.[35] 언젠가는 자신의 이름이 불려져서 학살당하지 않을까하

---

30) 『제주신보』, 1950년 8월 2일.
31) 『제주신보』, 1950년 8월 11일.
32) 『제주신보』, 1950년 8월 6일.
33) 『제주신보』, 1950년 8월 5일. 1950년 8월 5일 해병대 모병에 응한 신병 입영식을 모슬포와 제주북민학교 교정에서 거행하였다.
34) 1949년 12월 28일에 제주에 진주한 해병대는 한국전쟁이 일어나자 제주도지구 계엄사령관을 겸임하였다.
35) 제주4·3연구소 편, 『이제는 말햄수다』1, 151쪽.

는 불안 속에서 전쟁터 일선으로 가겠다는 사람들이 줄을 이었다.

한편 학생들의 학도병 지원도 이어졌다. 한림수산중학교 교사와 학생들 129명,[36] 1950년 8월 5일 오현중학교의 400여 학생 등이 학도병 지원을 하였다.[37] 제주신보에서는 "대한청년단원으로 4·3사건에 참여한 후 2연대에 편입한 형과 같이 전쟁에 나가게 된 동생의 이야기"를 게재하는 등 학도병 지원을 독려했고.[38] 그리고 해병대가 육지로의 이동을 앞둔 시점에서는 "해병대가 도민에게 군에 대한 근본적인 인식의 개혁을 가져왔고", "신병으로 입대하는 본도 출신들을 키워서 배전의 찬연한 성과와 승전의 소식을 기원"한다는 사설을 싣기도 했다.[39]

특히 학생들은 4·3항쟁에 적극적으로 참여했다는 이유로 학생이라는 신분만으로도 학살당하는 경우가 많았다. 조천 삐라 사건이 났을 때는 조천 관내 출신 학생들이 국민학생까지 전부 함덕국민학교에 집단 수용될 정도였다.

1950년 9월 23일에는 예비검속자 48명의 석방자가 대한민국에 충성을 하는 선서가 있었고,[40] 1950년 10월 26일에는 '평양탈환 경축 제주도민대회'가 열려 신 국방장관에게 감사의 메시지를 전달하기도 했다.[41]

국민방위군 향토방위대의 해산으로 민간방위 태세가 약화되자 전국적으로 의용경찰대, 의용소방대, 민간방공대 등을 대한청년단에 통합하여 특공대를 조직함에 따라 제주도에서도 1952년 1월 25일에 대한청년단 특공대가 발족되어 향토방위와 공비소탕을 위해 경찰과 보조를 취하고 대공투쟁의 전위대가 될 것을 결의했다.[42]

이와 같은 자발적 동원의 노력은 군경 당국으로부터 향토방위의 표창을

---

36) 『제주신보』, 1950년 8월 1일.
37) 『제주신보』, 1950년 8월 9일.
38) 『제주신보』, 1950년 8월 1일.
39) 『제주신보』, 1950년 9월 1일.
40) 『제주신보』, 1948년 9월 23일.
41) 『서울신문』, 1950년 10월 27일.
42) 『제주신보』, 1950년 1월 26일.

받는 결과를 낳기도 했다.[43]

한국전쟁이 발발하자 도내에 세워진 방위군학교 등에서 징집된 사람 중 건장한 장정들을 선발하여 전문적 게릴라 토벌 요원을 양성하고 그들로 11사단(화랑사단)을 창설하여 먼저 지리산 지구 게릴라 토벌에 투입시켰다. 이들이 투입된 지 6개월도 못 되서 거창사건이 일어났다. 이 사실은 4 · 3에서 보여지는 것과 같은 마을 내에서 이웃 간에 서로 죽이게끔 하는 상황이 지역적으로 확산되었다는 것을 보여준다. '빨갱이 폭도'라는 낙인을 지우기 위해 다른 지역의 '빨갱이 폭도'라고 명명된 사람들을 죽여야 하는 비극이 연출되기 시작한 것이다.

3) 빨갱이 논리와 피해의식

대규모 집단 학살에는 그 행위를 정당화하는 이데올로기가 개입되어 있다. 이데올로기는 그것을 확신하는 사람에게 학살의 동기를 제공하고, 학살을 주저하는 사람에게는 양심을 마비시키거나 위안을 줌으로써 학살에 가담하도록 돕는다. 특정 집단의 구성원을 인간 이하의 존재로 믿게 만드는 것이다.[44]

제주4 · 3항쟁에서 가해자를 사로잡고 희생자를 공포에 떨게 한 이데올로기는 빨갱이 논리로 대변된다. 이 논리는 대한민국이 형성되는 과정에서 만들어진 우익의 이데올로기로서, 공산주의자를 포함한 좌익을 인간으로 취급할 수 없다는 의식을 핵심으로 하고 있다.[45] 이 속에는 혐의만 가지고 특정인과 특정 집단을 좌익으로 몰아 죽이더라도 그것이 범죄로 다루어지

---

43) 『제주신보』, 1952년 4월 26일. 1951년 4월 제주도 경찰국 비상경비사령부에서는 남제주군 표선면 하천리, 안덕면 사계리 · 신효리, 북제주군 애월면 금성리, 한림면 용수리 등 5개 리 리민을 향토방위의 공로로 표창하기도 했다.
44) 최호근, 『제노사이드-학살과 은폐의 역사』, 책세상, 2005, 389쪽.
45) 김동춘, 『전쟁과 사회』, 돌베개, 2000, 280쪽.

지 않고 오히려 애국적인 행위로 용인될 가능성이 충분히 내재되어 있다. 그러므로 빨갱이 논리는 학살의 집행자들을 법적 · 도덕적 부담감에서 벗어나게 해 주는 효과를 발휘한다.

그런데 빨갱이라는 주술적인 단어로 집약되는 신념 체계는 근본적으로 민족이나 인종 간의 학살 현장에 어김없이 등장하는 인종주의와 별 차이가 없다. 제주도 주민의 대량학살은 '빨갱이'에 대한 증오의 산물이었다. 4 · 3 당시 초토화 작전의 목표가 된 것은 개별적인 공산주의자뿐 아니라, 입산자의 가족들과 중산간에 위치한 마을에 거주하는 사람들과 같이 빨갱이로 간주되는 모든 이들이었다. 이러한 의미에서 4 · 3학살 당시의 빨갱이 사냥은 유태인 말살과 같은 인종말살이었다고 할 수 있다. '빨갱이 섬'의 낙인을 받은 제주도 주민은 새로운 반공국가의 정체성을 오염시킬 수 있는 열등한 인종의 위치에 놓이게 된 것이다. 4 · 3 이후에도 그 낙인은 나머지 생존 가족이나 친족에게 '빨갱이 가족' 혹은 '폭도 가족'의 유산으로 남아 연좌제의 피해를 주었다. 그것은 특정 인종에 대한 증오에서 발단한 테러리즘의 조직적인 행동과 다를 바 없었다.[46]

초토화 작전 시기에 학살당한 제주도민 가운데 대다수는 좌익 사상을 품은 사람이 아니었다. 그들은 공산주의 국가의 수립을 원한 사람들이 아니라, 해방 후에 가중된 미군정의 탄압에 맞서 자주적인 통일민족국가를 세우고자 한 사람들이었다. 그러므로 희생자들은 일부를 제외하고는 공산주의자가 아니었고, 심지어 그 보다 폭이 더 넓은 좌익 범주에도 속할 수 없는 사람들이었다. 그러나 미국과 이승만 정권에 반대했다는 이유로 그들은 빨갱이로 낙인찍혀 민족과 국민의 범주에서 배제되었다.[47]

육지에서 제주로 파견되어 주민들과 직접적으로 접촉해야 했던 군경과 서북청년회 입장에서는 알아듣기 힘든 사투리를 쓰고 자기들만의 독특한

---

46) 김성례, 「국가폭력의 성정치학-제주4 · 3학살을 중심으로」, 『흔적』, 문화과학, 2001, 271~272쪽.
47) 강성현, 「제주4 · 3학살사건의 사회학적 연구」, 서울대 사회학과 석사학위논문, 2002, 84~85쪽.

의사소통 구조를 갖고 있는 그들이 대단히 이질적인 집단으로 보일 수밖에 없었다. 김익렬 9연대장도 제주도민과 육지인들의 풍속의 차이로 9연대가 외국에 주둔하고 있는 인상마저 주었다고 할 정도였다.[48] 제주는 고려 말 이래 중앙과 육지의 끊임없는 흡수 동화정책에도 불구하고 끈질기게 자율적이고 독자적인 문화와와 풍속, 언어를 유지해 왔다. 하지만 한편 이것은 육지 출신의 진압세력에게 같은 피가 흐르는 동족이라는 인식을 갖지 못하게 하는 요인이 되기도 했다.

멀리서 보면 작아 보일 수 있는 차이도 가까이서, 그것도 의심하는 가운데 바라보고 경험하면 충분히 위험스럽게 느껴질 수 있었다. 토벌을 하러 온 사람들의 눈에 제주도민들은 동족이나 내집단으로 받아들여지지 않았다. 이런 상황과 빨갱이 논리가 결합되었을 때 폭력 행사는 엄청난 수준으로 정당화되고 강화될 수 있었다.[49]

토벌대는 학살을 수행하는 데에 아무런 심리적 갈등을 느끼지 않는 것처럼 보였으며, 심지어는 살인을 즐기는 듯한 태도를 보였다. 9연대 정보과장으로 근무하면서 즉결총살에서부터 심지어 생사람을 수장하는 등 각종 학살극을 주도한 탁성록이 대표적인 예이다.[50] 그는 마지못해 학살에 가담한 제주 출신 경찰이나 민보단원들과는 대조적이었다.[51]

내가 잡혀가니 동네 친척이 나를 빼내려고 서청에게 진상했는데, 그 놈들은 받아먹어 놓고는 나를 그냥 잡아갔지. 그때 김완배(4·3 당시 남로당 농민부장) 처 등 6명이 잡혀갔는데 뒤에 오는 제주 출신 순경과 서청 출신 순경들 사이에서 싸움이 벌어졌어. 이북 형사는 중간에 처치해 버리려고 "앗어버려(죽여라)"

48)「김익렬 유고」,『4·3은 말한다』 2, 276쪽.
49) 박명림,「민주주의, 이성, 그리고 역사 이해 : 제주4·3과 한국현대사」,『제주4·3연구』, 452쪽.
50) 제민일보 4·3취재반, 앞의 책, 385쪽.
51) 강성현, 앞의 글, 78쪽.

해. 제주 출신 김순경은 "아니다. 지서장 허락을 받아야 한다"고 하면서, "너희들 빨리가" 외치니 우리들은 부리나케 앞으로 갔어. 당시는 같은 순경끼리도 밥을 같이 안 먹을 정도로 차별이 심했어. 제주 순경과 육지 순경이 말이야.[52]

토벌대라는 같은 입장이지만 제주출신과 육지출신 특히 서청의 태도는 달랐다. 서청에게 있어 제주도민은 같은 민족이라기보다는 처단되어야 할 빨갱이에 불과했다.

한편 당시에 빨갱이로 지목된 제주도 사람은 지위 고하를 막론하고 처벌을 피해갈 수 없었다. 이는 소위 '제주도 유지사건'에서도 잘 드러난다. '제주도 유지사건'은 1950년 8월 1일 토착 유력자 12명이 전격 구속되면서 시작되었다. 이들의 혐의는 인민군의 제주도 상륙에 대비해 '인민군 상륙 환영준비회'를 조직했다는 것이었다. 이때 구속된 사람은 제주지방법원장 김재천, 제주지방검찰청검사장 원복범, 도총무국장 홍순원, 도서무과장 전인홍, 변호사 최원순, 변호사, 김무근, 사업가 김영희, 사업가 이윤희, 제주화물 사장 백형석, 도상공과장 이인구, 제주읍장 김차봉, 도립병원 과장 김대홍 등이었다.[53]

구속된 이들 대부분은 혹독한 고문으로 혐의 사실을 거짓 시인할 수밖에 없었다. 신현준 제주계엄사령관의 결재로 8월 21일 이들은 모두 처형될 운명이었다. 다행히 구명운동과 진상조사가 급히 이루어져 9월 4일에 석방됨으로써 이들은 모두 살아날 수 있었지만 35일간 이들이 겪은 고초와 제주지역 사회에 던져진 파장은 결코 작은 것이 아니었다. 결국 이 사건은 지방 유지들과 사이가 좋지 않았던 제주주둔 군 정보과장 신인철 대위의 모략으로 밝혀지면서 종결되었다.

제주지방법원장과 제주지방검찰청검사장 수준의 고위 유력자조차 일개

52) 「북촌은 앗아본거라」, 『이제사 말햄수다』 1, 151쪽.
53) 강용삼 · 이경수 공편, 『대하실록 제주백년』, 태광문화사, 1984, 790~850쪽.

군 정보과장의 영향력에 의해 사형 직전까지 갈 수 있었던 것이 당시의 시대 상황이었다. 빨갱이 논리는 모든 것에 우선했다. 일단 빨갱이라고 낙인 찍힌 사람에게는 어떤 만행을 저질러도 용납되었다. 제주도의 소위 내노라 하는 엘리트들도 이렇게 당하는 마당에 일반 제주도민의 처지는 말할 나위도 없었다.

이제 제주에는 빨갱이라는 멍에와 침묵, 그리고 제주도민의 내면에는 피해의식만이 쌓여가고 있었다. 특히 5·10단선을 저지한 유일한 지역이라는 자부심은 "괜히 나섰다가 혼만 난다"라는 자괴감으로 바뀌어 나갔다. 인민위원회와 4·3항쟁으로 이어진 투쟁 과정에서 마을 내에서 잘났다고 이야기되는 인사들은 대부분 죽었다. 즉 제주공동체의 파괴 과정에서 공동체의 구심적 역할을 했던 엘리트 집단은 파괴되었다. 소위 잘났다는 사람들은 죽고 이제 '몰명진' 사람들만이 살아남은 제주가 된 것이다.[54]

반면에 제주에서 진압군으로 각종 잔혹한 행위를 했던 서청 출신들 중 일부는 제주에서 재산을 모으고 시장을 중심으로 상권을 장악해 나갔다. 아무런 경제적 기반이 없었던 이들이 제주에서 재산을 모을 수 있었던 것은 빨갱이라는 협박으로 주민들의 재산을 갈취하고 군과 경찰의 이름으로 사업을 해서 이윤을 챙겼기 때문이다.[55] 혹은 재력 있는 집안의 제주 여성과의 강제결혼을 통해 제주에 정착했다.[56] 토벌대원들은 학살 현장에서 도

---

54) 김종민, 앞의 글, 390~393쪽.
55) 미군사고문단도 서청이 제주에서 재산을 축적한 상황을 잘 파악하고 있었다. 그래서 제주 주둔 미군사고문단 피취그룬드(Fischgrund) 대위는 1949년 11월 22일자 제주도 시찰보고서에서 "모든 서청은 제주에서 철수해야 한다"고 건의하고 있다. "잔류중인 서북(서북청년단) 가운데 300명은 경찰에 있으며 200여 명은 사업을 하거나 지방정부에 근무하고 있다. 주민들은 서북이 제주도에 들어온 해 동안 이들 가운데 상당수가 부자가 되거나 자신들보다 더 혜택을 받은 상인들이 되고 있기 때문에 서북에 대해 상당한 원한을 가지고 있다. 여기서 여러 가지 요소들이 고려되어야 한다. 부지사와 현재의 군사령관은 북한 피난민 출신들로 서북에 동정적이다. 지방언론은 현재 서북 회원들이 운영하며 그들이 원하는 것만 보도하고 있다. 또한 서북 상인들은 때때로 자신들에게 유리하게 사업을 발전시키기 위해 경찰과 군, 정부의 이름을 사용하고 있다. 본인은 1년 전 서북이 제주도에 처음 왔을 때 현지에 있었기 때문에 그들이 가난에서 출발해 부자가 됐다고 말할 수 있다"(제주4·3사건진상규명및희생자명예회복위원회 편, 앞의 책 11, 182~185쪽).
56) 오금숙, 「4·3을 통해 바라본 여성인권 피해 사례」, 『동아시아 평화와 인권』, 역사비평사, 1999, 245~248쪽.

리어 재산을 축적하고 생계기반을 다져나갔던 것이다.

가혹한 토벌과 그것의 근거로 이용된 빨갱이 논리는 제주도민의 입을 다물게 했다. 빨갱이라는 말의 실체가 모호해서 누구에게나 적용될 수 있는 마당에 이에 저항할 수 있는 사람은 없었다. 제주 섬은 철저히 외부와 고립되어 있었고 제주에 사는 섬사람들은 빨갱이 사냥의 한가운데 있었다. 외부에서 이에 항의하거나 저지할 수 있는 조력자는 없었다.[57] 아직까지 산에 남아있는 유격대원들이 있었지만 이들은 투쟁이 아니라 도피 중인 사람들이었다. 그리고 이미 유격대와 제주도민의 유대는 끊어져 있었다. 이제 제주도민에게 있어 유격대는 자신들을 죽음으로 몰아넣은 원흉에 불과했다. 토벌의 피해로 인해 고통을 겪었던 주민들은 이제는 산에 오른 청년들을 원망하기 시작했다. 똑똑하다 하여 마을의 자랑거리였던 청년들이 화근이 된 것이다.[58]

4·3 때 살아남은 사람들조차도 한국전쟁 시기 예비검속으로 학살됨에 따라 빨갱이 사냥의 공포는 제주도민의 의식을 변화시켰다. 한 해 전만 하더라도 삐라를 뿌리고 왓샤시위를 하던 사람들이 이제는 오로지 생존에만 급급한 처지가 되었다. 특히 4·3항쟁 시기에 소위 마을에서 교육을 많이 받거나 항일투쟁의 경험으로 존경받던 사람들 대다수가 유격대에 참여하거나 혹은 유격대에 협조했다는 이유로 학살되었기 때문에 도민의 패배주의는 더욱 깊어 갔다.[59] 4·3항쟁의 한 축을 차지하던 저항 정신은 망각되어 갔다.

---

57) 초토화 작전이 시작되기 전까지만 하더라도 제주도의 인명 살상에 대한 우려와 항쟁의 원인을 군경의 탄압에서 찾는 기사들이 많았다. 그러나 1949년에 이르면 제주4·3항쟁은 철저히 공산분자들의 음모로만 이야기된다. 1948년 6월에 신천지에 실린 조덕송의 글과 1949년 9월의 서재권의 글은 이를 여실히 보여준다. 서재권은 4·3을 공산당의 폭동이라고 하면서 철저히 진압할 것을 주장하고 있다.

58) 증언자들은 이구동성으로 "청년들이 활발하고 힘센 마을들은 예외 없이 큰 희생을 당했다"고 말했다. 토벌대에게 부모를 잃은 유족들 중에서도 토벌대를 원망하기보다는 산에 오른 청년들에게 더 적개심을 갖는 사람들도 많다. 누가 총을 쐈든, 청년들이 난리를 피는 바람에 애꿎은 자기 가족들까지 그토록 처참하게 희생을 치른 것 아니냐는 것이다(김종민, 앞의 글, 377~379쪽).

59) 김종민, 위의 글, 390~392쪽.

피해의식은 극우반공체제에 순응하는 인간형을 만든다. 그것은 반공이데올로기가 왜 그렇게 강력하고 강인한가를 설명하는 중요한 한 요소이다. 이러한 현상은 어느 특정 지역의 고유한 현상이라기보다는 보편성을 갖고 있는데, 특히 피해가 심했던 지역에서 두드러졌다.[60]

생존하기 위해서는 당시의 상황에 순응하면서 침묵을 지킬 수밖에 없었다. 강요된 침묵이었지만 한편으로는 학살의 과정에서 점차로 내면화되어 갔다. 레드콤플렉스가 커질수록 한편으로는 허무주의와 패배주의가 제주도민의 의식을 지배하기 시작했던 것이다. 그것은 극우반공체제의 강화 속에서 4·3기억에 대한 강제적인 망각으로 이어졌다.

이승만 독재정권의 반공이데올로기 공세 속에서 4·3항쟁에 대한 논의는 철저히 금기시되었다. 진상규명운동은커녕 유족들조차도 억울한 죽음에 대해서 말할 수 없었고, 살아남기 위해 4·3에 대한 언급 자체를 피할 수밖에 없었다.

1950년대는 개인적으로 죽어간 원혼을 위로하려는 것조차 용납되지 않았던 시기였다. 굿조차도 4·3에 대한 한과 기억을 공개적으로 표현할 수는 없었다. 4·3 희생자 대한 원혼굿에서도 심방의 사설 속에는 억울하다는 말은 수없이 나오지만 왜 그렇게 되었는지에 대해서는 말이 별로 없었다. 4·3 당시의 내용을 속속들이 이야기할 수 없었기 때문이다. 당시 제주도의 심방들은 '경신승공연합회'라는 조직을 통해 관과 연결되어 있었다. 그래서 어느 집의 누가 무슨 굿을 했다는 걸 보고해야 하고 특히 사상자 집안의 굿을 했을 때는 항상 보고해야 했다.[61]

이런 상황에서 4·3 희생자에 대한 공개적인 추모는 어떠한 형식도 용납되지 않았다. 이에 대한 대표적 사례가 북촌리의 소위 '아이고 사건'이다. 경찰 기록은 이 사건을 '북촌리 출신 4·3사건 희생자에 대한 기념추도식

---

60) 서중석, 『조봉암과 1950년대-피해대중과 학살의 정치학』, 역사비평사, 2000, 723쪽.
61) 「4·3 내력굿」, 『이제는 말햄수다』 1, 22쪽.

사건'으로 부르고 있다.[62] 이 사건은 1954년 1월 23일 북촌리 국민학교 교정에서 거행되었던 군 생활 도중 사망한 북촌리 출신 김석태를 추모하는 '꽃놀림'[63] 행사 도중에 일어났다. 김석태에 대한 추모를 위해 모였던 마을 사람들 사이에는 그날이 4·3 당시 북촌리 집단 학살 사건이 일어난 날짜 직후이기 때문에 그때의 희생자들에 대한 추모도 병행하자는 이야기가 나왔고, 그래서 간단한 추모와 묵념이 이루어졌다. 그런데 주민 대부분이 유족이었기 때문에 술잔을 한두 잔 올리는 와중에 그 자리가 순식간에 통곡의 장으로 변해버렸던 것이다. 결국 '아이고, 아이고' 하는 통곡 소리가 함덕해수욕장까지 들리게 되어 함덕 지서로 보고되었고, 당시 북촌리 이장이었던 신승빈과 주민 10여 명이 체포되어 고초를 겪었다.[64]

이 사건에서 북촌리의 4·3 희생자를 추모하는 시간은 10여 분도 채 안 되는 시간이었다. 그것도 추모의 첫 잔은 국기게양대 앞에서 순국열사에 대한 묵념을 우선한 다음에 이루어졌고, 짧은 묵념과 심지어 통곡 소리조차도 5분을 넘기지 않았던 것이다. 당시에 4·3 희생자들에 대한 추모를 한다는 것은 매우 두려운 일이었기 때문이다.

그러나 유족들의 짧은 추모도 학교 운동장이라는 공개적인 자리에서 그것도 집단적으로 모여서 한다는 것은 당시의 상황에서는 용납될 수 없었다. 그래서 그 자리에 참석한 사람들이 고초를 겪었고 그들은 이후 사찰 대상이 되었다.

이 시기 4·3에 대한 언급은 '한라산에 남아있는 잔여 무장대에 대한 토벌과 4·3 이후의 마을 재건'을 다룬 신문 기사와 '공비완멸 기념행사'와 같은 반공대회의 구호 속에 간헐적으로 나타날 뿐이었다. 4·3을 다룬 신문

62) 「사찰보고(1954년 3월 16일) 형살자 주년 기념추도식 거행에 관한 건」, 제주4·3사건진상규명및희생자명예회복위원회 편, 앞의 책 5, 158~161쪽.
63) '꽃놀림'이란 객지에서 죽은 고향 사람을 추도하기 위해 마을의 젊은이들이 꽃상여를 만든 다음 빈 상여를 메고 마을을 한 바퀴 도는 풍습을 말한다.
64) 「북촌은 앗아본거라」, 『이제는 말햄수다』1, 152~153쪽.

기사도 한라산의 마지막 무장대 토벌을 끝낸 1957년 4월을 기점으로 거의 보도되지 않았다.[65]

수십 년간 계속된 금기의 시간이 시작된 것이다. 항쟁의 기억뿐만 아니라 학살의 고통도 드러낼 수 없었다. 빨갱이 섬이라는 4·3의 멍에를 썼고 살아남기 위해서는 4·3 그 자체를 언급해서는 안 되는 세월이 시작된 것이다.

4) 생존자로서의 여성 경험

여성이냐, 남성이냐 하는 성별 정체성은 개인의 사회적 삶과 내적 자아를 구성하는 핵심이 되기 때문에 우리 사회와 문화를 다르게 경험하게 만드는 중요한 축이다. 성별에 따른 이러한 차이는 여성과 남성이 4·3항쟁이라는 동일한 현실을 다르게 경험하도록 하였다. 그리고 4·3 이후에도 여성과 남성은 다른 방식으로 생존하였고, 다른 형태로 삶을 구성해 갔다. 그러므로 여성과 남성은 4·3이라는 동일한 역사적 사건에 대한 목격자들이지만, 4·3에 대한 기억의 내용이나 증언에 있어서는 성별에 따라 다르게 구성될 수밖에 없다.

4·3이 전개되는 동안 여성들은 남성이 없는 가정을 지키며, 남성을 대신해 경찰과 서청의 폭력에 시달리고, 때로는 남성 대신 살해되었다. 여성들은 남성들과 동일하게 토벌대나 유격대의 직접적인 죽임의 대상이었을 뿐만 아니라, 토벌대에 의한 다양한 형태의 성적폭력을 당해야 했고, 남자 형제나 집안을 위해 토벌대와 강제결혼을 해야 했다. 즉 4·3의 여성 피해자는 '빨갱이 사냥'의 희생자이자 가부장적 폭력의 희생자가 되는 이중의 고통을 겪어야 했다.

---

65) 4·3항쟁 당시 제주지역의 유일한 신문이었던 제주신보는 한라산의 마지막 무장대 토벌을 끝낸 1957년 4월 2일자 "토벌전에 종지부"라는 제목의 호외를 발행했다. 이후 4·3 관련 기사는 '한라산 공비완멸기념대회' 관련 내용을 다룬 1958년의 네 건의 기사뿐이다. 『제주신보』, 1958년 7월 21일, 8월 27일, 10월 26일, 10월 29일.

특히 유격대의 편에 섰던 여성들이 많이 희생되었다. 4·3의 항쟁에 참여했던 여성들의 역할은 주로 식량과 의복 등 물자를 제공하는 것이었다. 마을의 부녀동맹(여성동맹)을 중심으로 여성들은 보급 활동에 주력했다. 부녀동맹원들은 수시로 쌀, 소금, 양말 등을 거둬 산에 올렸고 밤에도 무장대 지원을 위한 회의를 많이 했다. 주로 결혼을 안 한 처녀들이 산에 심부름도 하고 물자를 거두러 다녔다. 무장대 지원활동에는 여중생들도 적극적으로 가담했다. 당시 유일한 중등 여성교육기관이었던 제주여중생들은 학교에서 수시로 성금을 거둬 산에 올렸고 삐라를 뿌리는 소위 벼락시위도 감행하였으며 동맹휴업을 하기도 했다.

하지만 1948년 11월경부터 여성 활동가들도 헌병대에 줄줄이 끌려 들어갔다. 강어영·김금순(도부녀동맹 부위원장), 양청열(읍부녀동맹 부위원장), 최정숙(최원순 법원장의 딸, 이후 제주도교육감 역임), 김보배(민전 조사부장인 정상조의 아내) 등이 수감되었다.[66] 이후 토벌작전 속에서 체포당하는 여성들의 수는 늘어갔다.

체포당한 여성들은 고문 이외에도 성적 폭력에 시달려야 했다. 특히 입산했던 여성들의 경우는 더욱 심했다. 여성 활동가의 경우 저항해야 하는 대상인 친일경찰·우익청년단원과 같이 살아야 하는 이중의 고통을 겪기도 했다.

　　강상유 언니는 얼굴이 고운 분이었지요. 9연대 정보과장 탁성록 대위가 강제로 그녀를 범한 후 함께 살았는데 어쩐 일인지 탁 대위가 그녀를 죽여버렸어요. 사실 탁 대위뿐만 아니라 서청단장 김재능도 여자들을 많이 괴롭혔습니다. 김재능이 양아무개를 범했지만 그녀는 죽을 위기에 놓인 남동생을 살리기 위해 감수할 수밖에 없었지요.[67]

66) 제민일보4·3취재반, 앞의 책 4, 224쪽.
67) 강소희 증언(제민일보 4·3취재반, 위의 책, 227~228쪽에서 재인용).

강상유는 일제시대 유명한 사회주의자였던 강상호의 동생으로 4·3 당시 유격대를 지원했던 여성 활동가였다. 비록 탁 대위에게 성적폭력을 당했지만 강상유는 자신의 뜻을 꺾지 않았기 때문에 살해당했을 것이라고 강상유의 친척들은 이야기하고 있다. 항쟁에 직·간접적으로 참여했다가 학살당한 여성들은 대부분 마을 내에서 '요망진(똑똑한) 사람들'이었다고 기억되고 있다.

초토화 작전이 전개되면서 여성 활동가뿐만 아니라 일반 여성들에 대한 성적 폭력과 학살 또한 늘어갔다. 유격대의 일원으로 활동했던 여성이던 안했던 여성이던 그것은 문제가 되지 않았다.

> 당시 친정집에는 군인 3~4명이 임시 주둔했는데 그중에서 최 상사라는 놈이 동생을 죽였습니다. 동생은 참 예뻤죠. 그 놈들은 처음에 처녀들을 몇 명 집합시켰다가 동생이 제일 곱다고 생각했는지 덮쳤습니다. 그러나 마음대로 안 되자 총을 쏜 겁니다.[68]

여성에게 있어 또 다른 폭력의 양태는 강제결혼이었다. 서청은 이북에서 피난오면서 자신의 경제적 기반을 상실하였기 때문에 제주도에 들어왔을 때 정착하고자 하는 이들이 많았다. 그들은 정착의 기반으로 여성을 이용했다. 서청은 마음에 드는 여성을 강간한 후 결혼을 요구하거나, 그 여성의 남성 친족을 볼모로 결혼을 강요했다.

4·3의 와중에서 살아남은 대부분의 제주 여성들의 삶 또한 질곡의 여정과 같았다. 4·3이 발발하고 토벌대의 초토화 작전으로 집과 마을이 불타버린 후 여성들은 남은 가족들을 이끌고 해안 마을의 소개지로 내려가 생계부양자로서의 역할을 담당해야 했다. 전략촌으로 와서도 여성들은 남성

---

68) 오금숙, 앞의 글, 244~248쪽.

의 노동력을 대신해서 축성작업을 하고, 보초 경비를 서고 토벌대의 뒷바라지를 했다. 인력이 부족한 작은 마을에서는 젖먹이 어린아이를 업고 축성부역에 동원된 여성이 있을 정도로 고된 나날들이었다.[69]

4·3이 끝난 후 많은 제주 여성들은 남편을 잃었다. 1952년도 제주도의 20세 이상 여성은 8만 5,184명으로 같은 연령대의 남성 4만 7,789명보다 3만 7,395명이 많은 것으로 나타났다.[70] 즉 기혼여성의 절반 가까이가 과부 소위 '홀어멍'이 되었다는 것이다. 4·3의 학살의 영향으로 신고되지 않은 인원까지 합친다면 홀어멍의 숫자는 이보다 훨씬 더 많았을 것이다. 제주를 흔히 '풍다(風多), 석다(石多), 여다(女多)'의 삼다도로 칭하는데, 특히 여다의 섬은 4·3이 가져온 결과물이었다. 1950년대 말 제주도의 인구 성비 구성의 기형성은 성년과 미성년과의 대비에서도 나타나 있는데, 19세 이하에서는 남 52%에 여 48%로서 거의 전국적인 비율과 비슷하다. 그러나 20세 이상에 있어서 성년의 성비 3대 2는 비정상적인 것으로서 남자 5만 5,265명에 여자 8만 4,330명으로 여자가 2만 5,260명이 더 많다. 또 하나의 기형적인 현상은 성인 대 미성년의 비율인데 제주도의 것은 52%에 48%로 성인이 4% 많은 데 비해 전국적인 통계는 47%에 53%로 미성년이 5% 많은 정상형이다. 즉 제주도는 성인은 많으나 그것도 여성, 즉 남성이 없는 미망인이 많음에 따라 출생한 미성년이 적었다는 것이다. 출생률도 전국적인 3.37%에 비해 제주도는 2.33%에 불과했다.[71]

많은 여성들은 4·3으로 인해 남편과 아들과 혹은 아버지를 잃었고 일부 여성들은 4·3의 후유증으로 노동력을 상실한 남편 혹은 아버지, 그리고 아들을 갖게 되었다. 따라서 여성들은 홀로 자녀들을 키우며 가족의 생계를 유지하기 위한 노동에 나서야 했다.[72] 특히 중산간 지역의 여성들은 남

---

69) 제주4·3연구소, 「대정지역의 4·3항쟁」, 『4·3장정』 6, 58쪽.
70) 대한민국 공보처 통계국, 『1952년 대한민국통계연감』, 1953, 29~30쪽.
71) 『제주신보』, 1960년 9월 14일.
72) 「제주시의 미망인 실태-거의가 자녀 거느린 생활고」, 『제주신보』, 1951년 2월 23일.

성노동력이 부족한 상태에서 소개된 마을을 재건해야 했다.

중산간 마을에 대한 복구 계획은 1954년부터 시작되었다.[73] 그런데 이 과정에서 중산간 지역의 주민들 일부는 가족뿐만 아니라 가족 소유의 토지를 잃는 이중의 고통을 당하기도 했다. 중산간 지대의 토지는 개인 소유와 마을 공동목장처럼 여러 사람의 공동 소유로 되어 있는 것들이 섞여 있었다. 이 가운데 일가족이 몰살한 경우는 물론이고, 살아남은 가족이 있더라도 원래의 마을로 돌아오지 못하고 객지로 떠도는 경우에는 자신의 권리를 깨닫지 못했고, 또 법적으로 어떤 절차를 밟아야 할지도 몰라 포기 상태에 있었던 경우, 그 지역 주민이 아닌 다른 사람의 손에 넘어갔다.[74]

당사자는 물론 가족이 모두 죽은 경우에는 해안 마을에 거주하는 연고자들이 토지를 다른 이들에게 쉽게 팔아버리기도 했지만, 많은 경우 아무 연고도 없는 토지가 그대로 방치되어 있다가 약삭빠른 토지 브로커들의 손으로 넘어갔다.[75]

이 와중에서 여성들의 경우는 가부장적 전통 속에서 이중의 고통을 겪어야 했다. 예를 들어 노형동의 한 여성의 경우는 4·3으로 부모를 잃고 할머니 밑에서 성장하였는데, 친척들이 조상 제사를 위해 양자를 입적시켜 조상의 땅을 전부 양자에게로 이전하여 버리고 말았다.[76]

부계혈통중심의 친족체계와 부계 조상 숭배의 유교적 제례는 여성들의 경제적·사회적 어려움을 심화시켰다. 아버지 혹은 남편의 죽음은 그로 인해 연계되는 관계의 단절을 의미하는 것이었다. 시집과의 관계가 완전히 끊어지는 경우도 혼인신고와 자녀의 출생신고가 안 되어 있으면 제도적·법적으로 자신의 신분과 재산을 보장받을 수 없었다.[77] 4·3으로 인한 제

73) 『제주4·3사건진상조사보고서』, 514쪽.
74) 「부모 잃은 것도 원통한데 땅까지 빼앗겨, 애월읍 소길리 원동마을 편」, 『4·3장정』 1, 47~51쪽.
75) 조천면 와흘리의 경우가 이에 해당하는 대표적 지역이다(제주4·3제50주년 학술·문화사업추진위원회, 「와흘리-물터진골과 꿰뜨르」, 『잃어버린 마을을 찾아서』, 학민사, 1998, 236~239쪽).
76) 제주4·3제50주년 학술·문화사업추진위원회, 위의 책, 157쪽.
77) 이정주, 「제주호미마을 여성들의 생애사에 대한 여성학적 고찰-4·3경험을 중심으로」, 이화여대 여

주도 친족사회의 붕괴는 일부 홀어멍들에게 경제적 기반인 토지의 상실을 초래했고, 이에 따라 어디에도 籍을 가지지 못하는 사회적 정체성의 상실을 가져왔다.[78]

마을을 재건하는 과정에서도 여성들과 남성 간에 일어난 수눌음은 성별에 따른 경제적 격차를 초래했다. 나무를 베어 운반하고 집을 세우는 데는 육체적 힘이 많이 필요했고, 특히 소와 같은 가축을 이용하는 일이 요구되었다. 이때에는 남성노동력을 빌려야 했다. 농사를 지을 때도 밭갈이나 쟁기질을 할 때는 남성노동력이 필요했다. 하지만 남성노동력이 극소수였기 때문에 수눌음의 교환은 성별에 따라 차등적으로 이루어졌다. 예를 들어 남성이 하루를 일해 주면 여성은 5일을 일해 주어야 했다.

홀어멍들은 대부분 농업에 종사했다. 농외 소득을 올릴 수 있는 일은 숯을 구워 팔거나 품팔이를 하는 정도였다. 극빈한 생활에 놓여 있었다. 예를 들어 여성 노인들이 산간지대에서 해 온 잡초며 잡목을 지고 제주시를 돌아다니며 땔감을 팔러다니는 것은 1950년대와 1960년대의 제주에서는 흔한 일이었다.

과부만이 사는 마을도 있는 제주도는 모든 일을 여자들이 해야 한다. 제주도의 비극이며 과거가 아물지 않은 자국이기도 하다. "낭(나무) 사세, 낭 사세" 외치고 다니는 부인의 등에는 한아름의 나무 아닌 땔 것이 짊어지어 있다.[79]

때로는 밀주를 팔기도 했다. 당시 가정에서 술을 담그는 것은 법으로 금지되었기 때문에 상당한 위험을 감수해야 했다.[80] 제주시에 거주하는 여성

성학과 석사학위논문, 1999, 113~117쪽.
78) 김성례·유철인·김은실·김창민·고창훈·김석준, 「제주4·3의 경험과 마을공동체의 변화」, 한국문화인류학회, 『한국문화인류학』 제34권, 2001, 127쪽.
79) 「비극 실은 낭(나무) 사세」, 『조선일보』, 1961년 1월 26일.
80) 「계몽으로 밀주억제」, 『제주신보』, 1955년 5월 9일.

들은 주로 행상을 하거나 일용직 노동 외에는 할 일이 없었다. 심지어는 생활고로 매춘에 들어서는 여성들도 늘어났다.[81]

이러한 상황 속에서도 홀어멍들은 폐허가 된 마을 재건 작업에 뛰어들어야 했다. 이들은 여성들 간의 수눌음과 계라는 연대를 통해 남성노동력을 대체하였고 사라진 마을을 복원해 갔다. 수눌음이 노동력의 지원이라면, 계는 장례나 제사 등의 의례 시 쌀이나 돈을 부조하고, 필요한 가재도구들을 장만하기 위한 것이었다. "홀어멍끼리 벗들하며 친목도 하며 돌아가며 살았주게"라는 표현처럼 여성들은 이 관계를 통해 서로 위로를 받고 도움을 주고받으며 새로운 관계를 일구어냈다. 즉 4·3을 극복하기 위해 여성들이 만들어 낸 관계는 '홀어멍 네트워크'였던 것이다.[82]

이와 같은 여성들과의 연대를 통해 4·3을 극복하려는 노력은 해안 마을의 경우 잠수공동체로 나타났다. 제주도는 1970년대 들어 관광산업과 현대 농·어업과 같은 지금의 제주산업이 정착하기 이전에는 여성의 노동력, 특히 잠수의 물질의 결과에 힘입어 지역생활경제의 상당 부분이 꾸려졌다. 제주도는 화산도여서 토지는 척박하고 땅은 비좁아 전통 농업이 생존 산업으로서의 제 역할을 다하지 못하는 상황이었다. 그런데 잠수에 의하여 바다자원을 일정 정도 확보했다는 것은 획기적인 생산체계를 더 갖춘 셈이었다. 잠수공동체는 노동으로 얻어진 경제력을 사회에 환원하였다. 8·15해방 이후에는 학교 건물 건축비와 운영 경비는 물론 마을 공동 경비를 조달하기도 했다.[83]

4·3학살 중 대표적 집단학살의 마을인 조천면 북촌리의 경우 남성들이 부재한 생활 속에서 여성들이 주축이 되어 마을을 재건하였다. 북촌리 여성들은 물질을 통해 생계를 이어나갔고, 다시 돌집으로 마을을 재건했으

---

81) 『조선일보』, 1960년 9월 14일.
82) 김성례·유철인·김은실·김창민·고창훈·김석준, 앞의 글, 128쪽.
83) 한림화, 「제주여성 그 튼실한 공동체의 삶」, 『평화의 섬』 2002년 여름, 69쪽.

며, 우리나라 최초의 양복장을 만들어서 생활을 향상시켜 나갔다.[84] 해변마을인 성산리의 경우 '이장 바당'이라든지 '학교 바당' 등 잠수의 바다밭 이름에서 그 흔적을 확인할 수 있다. 즉 공동 바다를 정하여 그곳에서 채취한 해산물의 6할은 학교를 짓거나 마을 회관의 공동경비로 내놓았던 것이다.[85]

4·3 이후 생존자로서의 여성의 삶은 4·3으로 생겨난 질곡들을 해결해 가는 과정이었다. 4·3이라는 폭력상황은 일상에서 여성에게 행해지던 차별들을 더욱 악화시켰고, 이로 인해 여성들은 남성과는 다른 이중의 고통을 겪었던 것이다. 하지만 여성들 간의 연대를 통해 4·3의 고통을 서서히 극복해 갔다. 4·3이라는 시국에서 가족의 생계를 걱정하며 삶을 유지해 온 여성들에게 당시 4·3은 주어진 하나의 한계상황이기도 했다. 여성들은 자신들에게 닥친 고통의 원인도 알지 못한 채 반공체제하에서 어떤 분노나 의구심을 표현할 수도 없었다. 특히 생존해 있는 여성피해자 가운데 성폭력 피해자의 경우 공식적으로 알려진 직접적인 증언은 아직 없다. 여성 피해자들은 성폭력 피해에 덧붙여서 가족과 마을 공동체의 명예를 위해 침묵을 강요하는 가부장제에 의한 고통을 감수해야 했다.[86]

이와 같은 상황 속에서도 여성들은 제사나 굿과 같은 의례를 통해 4·3의 고통을 기억하고 치유해 왔다. 심방을 빌어 하는 영혼질침굿은 4·3 희생자의 참혹한 죽음을 애도하는 중요한 조상의례이다.[87] 즉 제주의 여성들은 4·3의 기억이 공식적으로 표출되지 못하는 상황에서 죽음의례, 특히 원혼을 불러내 진혼하는 굿의 방식으로 은연중에 4·3을 기억해 왔던 것이다.

---

84) 「끔찍한 악몽 과부의 마을/4·3반란이 남긴 제주도비화/해녀생활 65년의 문노파의 추억/해마다 이맘땐 집단제사」, 『조선일보』, 1960년 12월 22일.
85) 고유을 증언(『여성구술로 만나는 제주여성의 삶 그리고 역사』, 제주도 여성특별위원회, 2004, 75~76쪽).
86) 김성례, 앞의 글, 282쪽.
87) 김성례, 「한국 무속에 나타난 여성체험 : 구술 생애사의 서사분석」, 한국여성학회, 『한국여성학』 제7집, 1991, 28~29쪽.

2. 4 · 3항쟁의 기억 투쟁

1) 기억의 복원 과정

(1) 4 · 19 직후 양민학살 진상규명운동

반공이데올로기 공세 속에서 1950년대에는 4 · 3에 대한 어떠한 공식적인 언급도 이루어질 수 없었다. 4 · 3에 대한 공식적인 기억을 표출하기 위해서는 4 · 19라는 혁명적 상황을 기다려야 했다.

4 · 19혁명 직후 1960년 5월 23일 국회에서 거창, 함양, 산청, 남원, 영암, 함평, 문경 등지의 양민학살사건조사단 구성안이 의결되자 제주지역에서도 4 · 3진상규명에 대한 여론이 높아졌다. 그 첫 번째 계기는 제주대학생 7명으로 구성된 '4 · 3사건 진상규명동지회'가 진상규명의 필요성을 주장하는 호소문을 『제주신보』에 발표한 것이었다.[88] 동지회는 "과도정부가 4 · 3사건 시 양민학살, 방화 등 모든 야만적 행위를 규명하여 도민의 한을 풀어줄 것"과 "도민, 과도정부 각료, 언론인들에게 이에 대한 협조"를 호소하는 광고를 제주신보에 실었다. 이는 제주4 · 3에 대한 최초의 진상규명운동이라고 할 수 있다.

이 호소문이 실리자 제주지역의 진상규명에 대한 여론은 더욱 커져갔다. 『제주신보』는 1960년 5월 26일부터 29일까지 4차례에 걸쳐 "4 · 3 및 유지사건 규명 어떻게"라는 제목으로 기자좌담회 기사를 실었다. 5월 27일에는 모슬포에서 유족 등 300여 명이 모여 "1948년 12월 11일의 특공대 참살, 1950년 7월 7일의 양민집단학살 책임자 처벌" 등을 요구하는 최초의 고발시위가 감행되었다.[89]

---

88) 『제주신보』, 1960년 5월 26일.
89) 『제주신보』, 1960년 6월 8일. 이들 유족을 중심으로 1960년 6월 4일에는 '특공대 참살 유족회'가 결성되었다.

이와 같은 상황 속에서 국회 양민학살사건 진상조사특별위원회는 5월 30일 '국회 조사단 제주 파견의안'을 의결하고 6월 6일 하루 동안 동 위원회 경남반(최천, 조일재, 박상길)이 제주 현지에서 조사할 것을 결정했다. 이들의 현지 출장 조사에 맞추어 『제주신보』는 6월 2일부터 6월 10일까지 양민학살 신고서를 접수하였다. 이 결과 총 1,259건, 인명피해 1,457명으로 신고서가 작성되어 국회 진상조사위원회에 제출되었다.[90]

최천을 단장으로 조일재와 박상길 의원으로 구성된 '제주도 양민학살 국회조사단'의 조사는 고담룡 의원과 제주지사, 도의회의장, 제주시장 등의 지방 요인과 유족들이 모인 가운데 1960년 6월 6일 11시 반 제주도의회 의사당에서 이루어졌다.

국회조사단이 도의회에서 증언을 청취하는 과정에서 "애월면 하귀의 장갑순을 비롯해서 4·3사건 진상규명동지회의 고순화, 그리고 제주신보 신두방 전무와 대정읍 하모리 거주 김평중 등 증언대에 나선 유족대표들은 한결같이 학살 당시의 불법성과 잔인성을 폭로하고 이들 희생자들은 모두 억울한 죽임을 당한 것이라고 호소했다."[91]

10일간의 현지조사를 마치고 귀경한 국회양민학살사건조사단은 6월 10일 제1차 전체회의를 열고 각 지방에서 발생한 양민학살사건의 조사결과를 청취한 끝에 11일 내무, 법무, 국방 등 3부 장관을 출석시켜 동 학살사건 발생 당시의 현지 주둔 부대 및 관련자를 규명하고 또한 가해자 격인 그들 주둔 부대장 및 관련자를 상대로 조사하기로 방침을 세웠다. 그리고 조사가 끝난 후 늦어도 이번 국회의 회기 중에 이를 본회의에 보고할 예정이라고 최천 위원장은 발표했다. 제주도양민학살사건 관련해서는 육군의 함병선 중장과 해병대의 신현준 소장 그리고 당시의 진해통제부 사령관을 출석시켜 청취할 예정이라고 했다.[92]

90) 『제주신보』, 1960년 6월 13일.
91) 「10년만에 들춰지는 죄악사/국회조사단 도의사당서 증언청취」, 『제주신보』, 1960년 6월 7일.

하지만 국회조사단의 조사 활동은 제대로 이루어지지 않았다. 국회양민학살사건 진상조사특별위원회는 6월 18일 조사 결과를 보고하기 위해 보고서까지 만들었으나, 보고서가 불완전하다는 이유로 위원회 스스로 본회의 보고를 철회했다. 10일간의 현지조사라는 짧은 시간 속에서 양민학살에 대한 진상규명이 제대로 이루어지기는 힘들었지만, 이는 시작일 뿐이었다. 따라서 국회 본회의에서 특별법 제정을 논의할 수도 있고 진상규명이 한 걸음 더 나갈 수 있는 기회였음에도 이를 막아버린 것이다. 이는 전국 각지에서 터져 나오는 양민학살진상규명 요구에 의해서 어쩔 수 없이 국회 내에 특별위원회를 구성했지만 실제적으로는 국회를 비롯한 정권의 진상 규명 의지가 미약했음을 보여주는 것이다. 제주4·3에 대한 진상 조사도 당초 조사 계획이 없었던 것을 고담룡, 김두진, 현오봉 3명의 제주 출신 민의원들의 강력한 요구에 의해서 결의된 것이었다.

그러나 일반 민중의 양민학살에 대한 진상규명 요구는 계속되었다. 1960년 6월 21일에는 십수 명의 재경제주학우회의 학생들이 "4·3사건의 진상을 규명하고 범법자를 처단하라"는 삐라를 살포하면서 국회 앞에서 시위를 했다. 이어 6월 23일에는 『제주신보』 신두방 전무가 양민학살진상규명 신고서 1,259통 가운데 고발조건이 구비된 생후 10일의 영아를 포함한 일가 10인의 학살사건을 제주 검찰청에 고발함으로써 제주도에서의 '양민학살 고발 제1호'를 기록했다. 7월 1일에는 신현준 예비역 해병중장 외 1명을 상대로 부친의 학살 사건의 책임을 묻는 서귀포 거주 강희철이 고발한 '학살고발 제2호'가 제주검찰청에 접수되었다.[93]

1960년 5월 말부터 시작된 4·3진상규명의 요구는 국회조사단의 조사 활동이 있었던 6월에 이르러 절정에 달했다. 하지만 국회 내에서의 진상조사 활동이 흐지부지되면서 7월에 들어서 운동의 여세는 가라앉기 시작했다. 그리고

92) 『제주신보』, 1960년 6월 12일.
93) 『제주신보』, 1960년 7월 3일.

7 · 29총선이 다가옴에 따라 관심의 정도가 더욱 약해졌다. 특히 6월 내내 4 · 3 진상규명 관련 내용을 보도한 제주신보에서도 이에 대한 기사를 거의 싣지 않았다. 이후 민주당 정권의 무관심 속에서 해를 넘겨 김성숙 의원이 1961년 1월 26일 제주도민 학살사건의 진상과 대책을 묻는 대정부질의서를 민의원에 제출하는 것[94]을 끝으로 더 이상 논의의 진전은 이루어지지 못했다. 그러다가 5 · 16쿠데타가 일어나고 제주신보의 신두방 전무와 진상규명동지회 학생들이 구금됨으로써 최초의 4 · 3진상규명운동은 막을 내렸다.

　4 · 19 이후 전국적으로 일어난 양민학살 진상규명운동과 더불어 전개된 유족을 비롯한 제주도민의 자발적인 투쟁이었던 최초의 4 · 3진상규명운동은 정부의 진상규명 활동이 흐지부지함에 따라 조직적인 발전을 이루지 못하고 결국 5 · 16쿠데타로 끝나고 말았다. 하지만 그 성격은 이후의 진상규명운동과 비교해 볼 때 대단히 강한 것이었다. 특히 '학살의 책임자를 처벌할 것'을 요구하는 유족들과 제주도민의 태도는 이후의 4 · 3진상규명운동과 비교해 볼 때 직접적이고 단호했다. 유족들은 학살 책임자를 검찰에 직접적으로 고발하기도 하였고, 진상규명신고서의 요망사항에 "진상규명과 더불어 학살책임자를 처벌할 것"을 요구한 유족들도 많이 있었다.[95]

　특히 학살자 처벌에 대한 요구는 중산간 지역 가운데에서도 '해방 직후 인민위원회 활동이 강했던 지역'이거나 '유격대 활동이 활발'해서 희생자가 많았던 마을에서 주로 이루어졌다. 애월면 금덕리,[96] 남원면 신례리[97] · 의귀리, 안덕면 서광리[98] 등은 그 대표적 지역이다. 이들 마을은 해방직후

---

94) 『제주신보』, 1960년 1월 29일.
95) 신고서의 항목도 4 · 3특별법 신고서 내역보다 훨씬 구체적이다. 4 · 19 당시 양민학살진상규명신고서의 내용 요강은 다음과 같다. "피학살자 인적 상황, 학살 직전 수감처, 학살 직전 수감 집행한 군경찰 단체 및 책임자 성명, 학살 집행자 관직 및 성명, 학살 상황, 유가족 상황, 생활 상황, 수감 연월일시, 수감 이유, 학살 연월일시, 학살 후 시체 처리 상황, 학살 당시 증인 주소 성명 연령, 요망 사항, 기타 참고사항, 신고일, 신고주소"(제주4 · 3연구소, 『1960년 국회양민학살사건진상조사특별위원회-국회양민학살사건진상조사보고서』 I · II, 2001).
96) 제주4 · 3연구소, 위의 책 I, 173~216쪽.
97) 남원면 신례리는 남원면에서 가장 먼저 마을이 형성된 곳이다. 4 · 3를 겪었던 사람들은 이구동성으로 '똑똑한 젊은이'가 많았던 마을이 토벌대에게 큰 희생을 치렀다고 말한다. 신례리도 그런 마을 중

부터 좌익 활동가들이 많았고 유격대의 세력 또한 강했다. 한림면 조수리 또한 비슷한 경우이다. 낙천리, 한원리 등 인근 지역 유족들의 진상규명신고서에는 요구사항이 아예 없거나 생계보장 정도에 그치고 있다. 하지만 조수리의 경우는 "법적처리 요망" 혹은 "법에 의해 살해자를 처리해줄 것" 등 학살자 처벌에 대한 요구를 하고 있다.[99] 남원면 신례리와 의귀리의 경우도 학살자를 법에 의해 처리해 주기를 바라는 요구사항이 많았다.[100]

4·3이 종결된 지 10여 년이 채 흐르지 않은 시간적 조건과 4·19라는 혁명적인 상황과 맞물려 양민학살 책임자 처벌을 요구하는 분위기가 대규모 학살을 당한 마을의 유족들을 중심으로 이루어졌던 것이다.

그러나 이 시기에도 4·3에 대한 논의는 반공을 벗어날 수 없었다. 반공이데올로기 강화와 그동안의 피해의식 때문에 4·3에서 좌익적 성향을 배제하려는 노력은 진상규명운동 과정 곳곳에서 드러났다. 이 점은 최초의 진상규명운동세력이라 할 수 있는 4·3사건진상규명동지회에서 발표한 5개의 실천요강에서도 여실히 드러난다.

1. 우리 동지일동은 4·3사건의 진상을 규명함에 있어 적색분자와 불순세력의 책동을 경계하고 정부와 언론기관 그리고 도민의 협조를 얻어 다음과 같은 강령 실천에 박차를 가하고자 한다.
1. 우리는 4·3사건 당시의 참상을 사실 그대로 손수 조사 규명하여 만천하에 공표하고 정부의 과단성 있는 수습대책이 세워짐과 동시에 실천되기를 촉구한다.
1. 제주도민으로 하여금 4·3사건 당시의 참상을 폭로 고발케 하고 우리의 능력이 있는 데까지 뒷받침한다.

하나였다. 제민일보4·3취재반, 앞의 책 5, 146~152쪽.
98) 제주4·3연구소, 앞의 책 I, 555~606쪽.
99) 제주4·3연구소, 위의 책, 747~780쪽
100) 제주4·3연구소, 『1960년 국회양민학살사건진상조사특별위원회-국회양민학살사건진상보고서』 II, 92~248쪽.

1. 제주도민의 원한을 합법적인 절차에 따라 해소케 하고 순화된 감정으로 정부에 대한 신뢰감을 조장한다.
1. '민주주의 바로잡아 공산주의 타도하자' 기치 하에 인간 기본권의 중요성과 생명의 가치를 강조하고 장래에 4·3사건과 같은 사태가 재발되지 않도록 경계한다.

첫 번째 요강에서부터 "민주주의 바로잡아 공산주의 타도하자"는 다섯 번째 요강까지 반공을 내세우고 있다.[101] 모슬포에서 감행된 학살자 고발 시위에서도 "적색분자를 타도하라"라는 구호를 요구사항과 같이 외치고 있다. 이는 반공이데올로기 속에서 자칫하면 진상규명운동이 공산분자의 폭동이라는 4·3의 멍에와 엮이지 않을까 하는 우려 때문이었다. 반공을 우선 내세우지 않은 상황에서는 진상규명 요구 자체를 할 수 없는 세월이 된 것이다. 이와 더불어 진상규명 세력 또한 그동안 반공이데올로기 공세 속에서 이미 피해의식이 내면화되었기 때문이기도 했다.

이와 같은 피해의식은 초토화 작전으로 1947년 1월 17일부터 불과 이틀 동안 마을 주민 400여 명이 군인들에게 학살당했던, 집단학살의 대표적 지역인 북촌리 주민의 학살진상규명신고서에서도 드러난다. 집단학살의 대표적 지역임에도 불구하고 북촌리 주민들은 요구사항에 아무런 내용도 적지 않았다. 북촌리 주민들은 1954년 1월 23일 북촌리 국민학교 교정에서 있었던 '북촌리 출신 4·3사건 희생자에 대한 기념추도식 사건'으로 경찰의 조사를 받는 등 피해의식이 가중되었기 때문에 진상규명 요구사항에 적극적인 의지를 표명하지 못했던 것이다.[102]

5·16쿠데타가 일어나자 4·3의 희생자를 빨갱이 폭도에서 분리시키려는 노력은 더 이상 진행될 수 없었다.[103] 4·3진상규명 요구는 용공혐의를

101) 『제주신보』, 1960년 5월 28일.
102) 제주4·3사건진상규명및희생자명예회복위원회, 앞의 책 5, 156~161쪽.

받았고, 4·3 관련 위령비는 철거되었다.[104] 이제는 4·3 가해자인 학살자 처벌의 요구는커녕 4·3의 진상규명 요구 자체를 할 수 없게 된 것이다. 이후 계속된 군사독재정권으로 인해 4·3에 대한 논의는 20여 년간 이루어지지 못했다.

(2) 민주화투쟁과 진상규명운동(1987~1999)

5·16쿠데타 이후 계속된 극우반공체제하에서 4·3에 대한 언급은 금기시되었고 망각을 강요받았다. 이 금기를 깬 것은 제주출신 작가 현기영이었다. 1978년 『창작과 비평』에 발표된 현기영의 소설 「순이삼촌」은 4·3의 참혹상과 그 상처를 폭로해 충격을 주었고 진상규명의 물꼬를 트는 데 결정적인 계기가 되었다. 하지만 작가는 정보기관에 연행되어 고초를 겪는 등 본격적인 진상규명운동으로 이어지지는 못했다.

4·3진상규명운동이 본격화된 것은 1980년대의 민주화투쟁 과정 속에서이다. 1986년 『녹두서평』에 이산하의 시 「한라산」이 발표되면서 4·3은 제주도 이외의 대중들에게 알려지기 시작했다. 학계에서도 1980년대의 민주화투쟁과 더불어 4·3을 현대사 속에 올바르게 자리매김하려는 작업이 시작되었다. 이때에 이르러 부분적으로나마 미군정 보고서 등 관련 자료들이 공개되고 제주지역에서의 헌신적인 증언채록의 결과로 4·3연구는 활기를 띠었다. 1988년에는 4·3을 다룬 『제주민중항쟁』과 『잠들지 않는 남도』

---

103) 쿠데타 몇 달 전까지만 하더라도 "제주도민은 3·1절 기념일을 4·3폭동사건의 도화선이 되었던 10년 전의 3·1발포사건으로만 기억한다"면서 "관덕정 앞 3·1 무차별 총격사건도 따지고 보면 발포의 책임소재를 명백히 해야 했다"라고 4·3에 대한 진상규명의 끈을 놓지 않았던 『제주신보』도 쿠데타가 일어나자마자 '공산당이란 이런 것이다'라는 유철 제주도 경찰국장의 시론을 두 차례에 걸쳐 싣고 있다. 여기에서는 "자칫 잘못 생각으로 4·3사건이라는 크나큰 사태가 제주도에서 일어났다. 이 사건을 진압하기 위해 수많은 군경이 유명을 달리했다. 그들은 붉은 이리떼의 잔당이 횡행하는 한 고이 잠을 이루지 못할 것이다. 자유와 평화를 지키기 위해서는 간첩침략을 분쇄해야 한다."고 하면서, 4·3의 희생자는 군경뿐이고 4·3을 공산주의 폭동임을 드러내고 있다(『제주신보』, 1961년 11월 11일).

104) 이도영, 앞의 책, 77쪽. 예비검속 피학살자들의 묘역인 백조일손의 위령비가 경찰들에 의해 철거되고 공동묘역이 훼손되었다.

가 출간되어 4 · 3연구의 선도적 역할을 했다.[105] 이어서 본격적인 학술연구로 두 개의 정치학 석사학위논문이 나왔다.[106] 40여 년 동안 사실 자체가 잘 알려지지 않았기 때문에 1980년대의 연구는 역사적 사실을 복원함으로써 항쟁이 갖는 역사적 의의를 되새기는 데 초점이 맞추어졌다.

특히 1980년대의 민주화운동은 지난 40여 년 동안 침묵 속에서 한을 삼켜왔던 유족들에게도 영향을 끼쳐 유족들이 목소리를 내기 시작했다. 그동안 반공이데올로기 공세로 인해 유족들은 두려움 속에서 입을 다물고 있었다. 4 · 19 이후 1987년 6월 항쟁 이전까지 유족들의 공적인 증언 활동이 단한 건도 없었다는 것은 그동안 4 · 3을 기억하려는 노력이 얼마나 힘들었는지를 보여주고 있다. 이전에 마을 단위로 4 · 3 희생자에 대한 명단과 내용을 정리했던 노력은 있었지만 이것은 개인적으로 기록되고 소장되어 왔을 뿐이다.[107] 유족들에 의한 4 · 3에 대한 공식적인 증언과 진정서 작성은 1987년 이후에야 이루어질 수 있었다. 이 당시 조천면 북촌리의 홍순식, 한경면 조수리의 문기방, 토산면 김병학 등은 마을에서의 4 · 3희생에 대한 내용을 증언하고 기록함으로써 4 · 3진상규명운동에 앞장선 대표적인 유족들이다. 이들은 이때까지만 하더라도 세월이 어떻게 바뀔지 몰라 침묵하고 있었던 유족들을 설득하고 마을 내의 4 · 3피해를 국가에 공식적으로 진정함으로써 4 · 3을 공론화하는 데 기여했다.

1980년대 진상규명의 성과물은 비록 그 논의가 소장 학자와 재야세력에게 한정된 것이긴 했지만, 제주도라는 변방을 벗어나 4 · 3을 본격적으로 중앙의 무대로 진출시킨 것이었다. 역사적으로 제주도민의 정서에는 "수만 명이 죽어갔는데도 관심을 보이지 않는 이유는 육지가 아니라 변방의

<hr>

105) 아라리연구원 편, 『제주민중항쟁』 I · II · III, 소나무, 1988 ; 노민영 편, 『잠들지 않는 남도』, 온누리, 1988.

106) 양한권, 「제주도 4 · 3폭동의 배경에 관한 연구」, 서울대 정치학과 석사학위논문, 1988, 박명림, 「제주도 4 · 3민중항쟁에 관한 연구」, 고려대 정치외교학과 석사학위논문, 1988.

107) 한경면 조수리의 문기방은 4 · 19 직후 4 · 3희생에 대한 내용을 담은 〈조수리유전서〉를 작성했지만, 5 · 16쿠데타로 인해 이 책자는 30여 년간 장롱 속에 묻혀있어야 했다.

섬에서 일어났기 때문이다"라는 소외감이 내재되어 있었다. 그런데 1980
년대의 민주화투쟁과 더불어 4·3은 제주도만의 4·3이 아니라, 통일운동
이자 민중항쟁으로 한국현대사에 자리매김하게 된 것이다. 이제 비로소
4·3은 40여 년 동안의 공산폭동이었다는 음지를 벗어나 투쟁의 역사로 주
목받기 시작한 것이다.

  하지만 이와 같은 상황을 반기면서도 한편으로는 4·3이 정치적인 슬로
건으로 이용당하는 점을 경계하면서 수난사적인 측면에 비중을 두는 사람
들이 있었다. 그들은 독재정권의 칼날 속에서도 몰래 4·3위령제를 지내기
도 하고 4·3의 진상규명을 위해 끊임없이 노력해 온 제주 출신 인사들이었
다. 그 중심부에는 재야 사회운동가, 소설가·시인·화가 등 예술인, 교
수·교사·대학원생 등 학술연구자들이 적은 수로나마 포진해 있었다.
1980년대에 이르러 4·3에 대한 본격적인 논의가 시작되는 데에는 이들의
숨은 노력이 있었다. 이들의 활동 근거지는 서울과 제주도 현지 두 군데였
다. 초기의 인적 역량과 물적 토대는 취약한 편이었지만, 서울과 제주에 거
점 조직을 만들어 상호 유기적인 관계 속에서 그 역할을 분담해 나갔다. 서
울의 제주사회문제협의회와 아시아·아프리카·라틴아메리카연구원(일
명 아라리연구원), 제주의 제주4·3연구소였다. 전자는 비공개 조직이었
고, 후자 두 단체는 연구기관을 표방하면서 운동단위로도 기능하였다. 특
히 1989년 5월 10일에 발족된 제주4·3연구소[108]는 제주도민이 현장에서
직접적으로 진상규명을 위한 조직적인 작업에 나서게 되었다는 데 그 의미
가 있다. 이 연구소의 주요 사업은 4·3피해 증언조사, 자료수집, 연구 및 출
판 활동, 유적지 발굴 및 순례, 추모행사 참여 등이다. 창립 직후부터 4·3연
구소는 제주4·3의 현대적 의미를 모색하고자 하는 사전작업으로서 4·3증

---

108) 4·3연구소 개소식에서 운영위원 문무병은 "많은 사람들이 무고하게 죽어간 4·3 이후 우리는 패
    배감과 허무주의에 사로잡혀 현실을 외면해 왔다. 진상규명으로 억울한 죽음들의 누명을 벗기고
    우리 시대의 명제를 해결할 수 있는 실마리를 찾고자 연구소를 설립하게 되었다"라고 그 취지를
    밝혔다(「제주4·3연구소 개소식 가져」, 『제주신문』, 1989년 5월 11일).

언채록집인『이제사 말햄수다』1·2를 출간했다. 또한 4·3연구소는 1990년 제42주년 4·3추모제가 4월 1일 제주교대와 성균관대 등에서 4월제 공동준비위원회와 제주사회문제협의회 주최로 각각 열리는 동안, 제주 카톨릭회관에서 '민족사 속에서의 4·3'을 주제로 한 세미나를 개최했다. 이 세미나에서 4·3특별법 제정을 위한 입법추진위원회의 발족이 주장되었다.

이 시기에 이르러 처음으로 4·3추모제가 개최되었다. 그러나 이때 추모제는 '반공유족회'와 시민단체가 주축이 된 '4월제 공동준비위원회'가 따로 주최하여 열리는 등 유족들과 4·3 관련 시민단체의 간격이 메워지지 않고 있었다. 아직까지도 유족들은 레드콤플렉스 속에서 4·3진상규명에 적극적이지 못했다. 반공유족들만이 큰 소리를 높이고 있었다.[109]

1990년대에 이르러 4·3진상규명의 노력은 이들 제주도 출신 인사들과 제주도민을 중심으로 이루어졌다. 동구사회주의 국가의 몰락과 변혁운동의 침체라는 1990년대 사회적인 변화 속에서 정치적 이슈로서의 4·3, 항쟁의 역사로서의 4·3이 퇴색하기 시작한 것이다. 이에 따라 4·3에 대한 관심은 40여 년 전의 상황과는 다른 지점이지만 제주도민의 몫으로 돌아왔다.

1990년대 제주지역을 중심으로 이루어진 4·3의 진상규명 노력은 열악한 상황에서 진행되었지만 많은 성과물들을 만들어 냈다. 제주4·3연구소의 헌신적인 증언채록과 1990년 6월부터 신문에 연재되었던 제민일보의『4·3은 말한다』가 출판되면서 4·3의 원인과 전개과정 그리고 피해상황 등 전 면모가 드러나기 시작한 것이다.

1992년은 제44주기 사월제 행사와 세미나가 제주도 차원을 벗어나 전국적 단위로 확대 개최되었다는 점에서 제주4·3쟁점의 전국화가 추진된 해였다. 우선 전국 15개 대학교에서 제주4·3희생자 추모집회가 개최되었다. 또한 민주주의민족통일전국연합, 민족문학작가회의, 제주사회문제협의회

---

109) 「비극 뿌리 드러낸 제주 두 얼굴-4·3 41년 만의 첫 추모제… 골수 좌우익 편견도 활개」,『한겨레신문』, 1989년 4월 7일.

등 제주와 서울의 10개 재야단체들로 구성된 사월제 공준위는 4월제 행사의 일환으로 한·미 정부와 UN에 진상규명을 촉구하는 서신을 보냈다. 사월제 공준위는 4월 1일부터 7일까지를 '4·3영령추모기간'으로 정하고 집체극과 추모제, 슬라이드 상영, 유적지 순례, 토론회 등을 개최하기도 했다. 한편으로는 처참한 다랑쉬굴 유해가 발굴되어 충격을 주기도 했다.[110]

뿐만 아니라 제14대 대통령 선거운동 기간 동안 김대중 대통령 후보가 "4·3의 진상을 규명하고 도민명예회복을 위해 4·3특별법을 제정해 정사를 밝힘으로써 역사적 명예회복과 함께 제주도를 평화의 메카로 만들어 나가겠다"고 밝힌 후, '제주도 개발특별법철폐 및 민주화실천범도민회'가 결성되어 제주4·3진상규명 및 치유방안 마련 등 10대 과제를 발표하면서 유권자들을 대상으로 한 선전활동을 펴 나갔다.

제주4·3진상규명운동과 관련하여 1993~1999년에 4·3연구소와 4·3유족회를 비롯한 4·3 관련 단체 활동의 또 다른 성과는 재야적 성격을 극복하고, 공식적·제도적 기구를 통한 해결책을 모색하기 시작했다는 점이다. 대표적인 예로는 이 단체들이 4·3특별법 제정을 위해 제주도의회 4·3특위와의 협력관계를 증진하고 대국회 정치활동을 수행한 것이 있다.

제주도의회 4·3특위는 1993년 3월 20일에 본격 출범했다. 4·3특위는 제주4·3의 역사적 진상규명과 도민명예회복을 위한 다음 3단계 활동계획을 수립했다. 우선 1단계는 기초조사 단계로 4·3 관련 자료수집, 증언 및 희생자 신고창구 설치, 각 마을별 4·3 희생자 조사 등을 수행하고, 2단계에서는 기초조사를 바탕으로 전문기관에 용역조사를 의뢰하고 4·3의 역사를 정립·집필한 후, 3단계에서는 도민 명예회복을 위한 각종 활동을 벌이는 것이었다.[111]

---

110) 「동굴 바닥에 누워 44년 기다린 넋들」, 『제민일보』, 1992년 4월 2일 ; 「4·3희생자 유골 11구 발견, 북제주군 월랑봉 동굴서-토벌작전 때 사망 추정」, 『한겨레신문』, 1992년 4월 2일.
111) 「4·3특위 본격 출범」, 『제민일보』, 1993년 3월 20일.

1993년 4·3특위의 가장 두드러진 활동은 제주지역총학생회협의회 및 도민 1만 7,000여 명이 서명한 〈국회4·3특위 구성에 관한 청원서〉를 국회에 제출한 것이었다. 1994년에 제주도의회는 '4·3피해신고실'을 개설했다. 1994년은 4·3 관련 시민단체와 유족회가 함께 주최한 첫 합동위령제가 열린 해이기도 하다.[112] 그동안은 제주지역 12개 운동단체들이 모여 결성한 '사월제 공준위'가 1989년부터 5년째 4·3추모제를 열어왔고, '4·3유족회'는 1991년부터 3년째 위령제를 봉행하는 등 서로 입장을 달리하는 두 단체가 갈등을 빚으며 각각 다른 장소에서 행사를 벌여 왔다. 이에 제주도의회가 중재에 나서 '합동위령제'를 개최하게 된 것이다.

1995년에 들어 민선도지사 선거가 실시되자 제주4·3문제의 해결이 공약으로 등장하였고, 당선된 제주도지사는 중앙정부에 대해 4·3특별법 제정을 촉구했다.

제주도의회는 〈4·3피해조사 1차 보고서〉를 발간했다. 도의회 4·3특위의 활동에 힘입어 1996년 1월 27일 14대 국회운영위원회는 15대 국회에서 4·3특별위원회를 구성할 것임을 결의했다. 또한 같은 해 4월 총선에서는 제주지역 출마자들이 4·3문제 해결을 공약하고 나섰고, 4·3특위는 '국회4·3사건 진상규명특별위원회 구성결의안'을 발의하기에 이르렀다.

4·3진상을 규명하기 위한 노력은 4·3 발발 50주년을 앞두고 더욱 커져갔고 전국적인 조직의 결성을 가져왔다. 1997년 4월 1일 제주도민뿐만 아니라 재야와 학계인사들과 연대하여 전국적인 조직으로 '제주4·3 제50주년 기념사업 추진 범국민위원회'가 발족되었다. 진상규명운동은 4·3 발발 50주년인 1998년에 이르러 최고조에 달했다. 또한 이때는 50년 만에 평화적인 정권교체가 이루어진 해여서 제주도민은 진상규명에 많은 기대를 걸고 있었다. 범국민위원회는 학술행사, 추모제, 전시회, 서명운동 등 4·3 관

---

112) 「제주도민 하나된 4·3위령제-사월제 준비위·유족회 첫 합동행사 3천여명 참여」, 『한겨레신문』, 1994년 4월 4일.

련 행사를 개최하여 4·3의 진상을 널리 알리기도 했지만 가장 중점을 둔 사업은 '4·3특별법 제정' 운동이었다. 그래서 1998년을 4·3명예회복의 해로 정하여 국회에 4·3특위를 설치하고 4·3특별법 제정을 통한 공식적인 진상규명을 촉구한 것이었다. 파행정국 속에서 국회 차원의 논의는 제대로 이루어지지 못한 채 지루하게 한 해를 넘겼지만 1999년 4월 국회에 '4·3특별위원회'가 구성되었다. 범국민회의와 도민연대[113] 등 진상규명운동 세력은 '20세기의 사건을 21세기로 넘길 수 없다'는 슬로건 아래 1999년 12월 말 제15대 국회 폐회 전에 특별법 제정 운동을 전개했다. 그 결과 12월 16일 '제주4·3특별법'이 통과되었다.

제주4·3진상규명운동의 시작단계인 1988~1992년에는 정치적 민주화 흐름에 힘입어 4·3연구소와 4·3유족회 등 다수의 4·3 관련 단체들이 발족되었다. 이 시기 진상규명 활동은 40여 년 이상 거론 자체가 금기시되던 제주4·3을 정치 쟁점화하고 일반 대중들에게 사건의 진상을 선전하는 데 주력했다. 그러나 이와 같은 활동은 정부의 탄압과 정책결정자의 무관심으로 주로 재야적, 비공식적 성격을 통해 표출되었다. 게다가 4·3 관련 단체들의 시각차나 이데올로기적 차이도 극복할 수 없었으며 이에 따른 대립 및 충돌도 지속적으로 존재하고 있었다.

다음으로 4·3특별법이 제정되기까지의 단계인 1993~1999년에 두드러진 성과는 4·3 관련 단체들의 유기적 협력관계가 서서히 형성되어 제주4·3진상규명 문제에 대한 정치적 제도화가 시도되었다는 점이다. 더욱이 30여 년 만에 치러진 1991년 지방의회선거와 1995년 지방자치단체장 및 지방의회선거의 실시와 함께 시작된 지방자치 시대는 제주4·3문제를 중앙정부 차원뿐만 아니라 지방 차원에서도 해결할 수 있는 제도적 틀을 형성

---

113) '제주4·3진상규명과 명예회복을 위한 도민연대'(이하 도민연대)는 4·3 문제의 해결을 위한 제주에서의 범도민적 실천운동을 주도해 나갈 상설 조직으로 1999년 3월 8일 결성대회를 갖고 공식 출범했다.

했던 것이다. 이에 따라 4 · 3 관련 단체들은 4 · 3특별법 제정이라는 공동 목표를 설정하여 상호 연대와 협력관계를 모색하면서 지방정부를 통해 중앙정부에 4 · 3문제 해결을 위한 제반 압력을 가했다.

이와 같은 과정에서 민중항쟁에 초점을 둔 1980년대와는 달리 1990년대의 4 · 3진상규명운동은 인권과 휴머니즘 차원으로서 '양민학살'에 중점을 두어 진행되었다. 이는 1980년대에도 제주 지역을 중심으로 한 축에서는 줄곧 견지되고 있던 입장이기도 했다. 많은 사람들이 죽어간 현장이기 때문에 '억울한 죽음을 해원'하는 작업이 더 큰 일로 여겨졌기 때문이다. 그래서 제주지역과 제주출신 인사들로 이루어진 1990년대 진상규명운동 세력은 4 · 3을 제도권 내에서 공론화하고 국가가 직접 나서서 4 · 3 문제를 해결하는 것을 주된 목표로 삼았다. 그리고 그것을 이루기 위해 "4 · 3은 양민학살이다" 라는 인권과 휴머니즘 차원에서의 논의를 이끌어냈다. 즉 양민학살론이 대중의 호응을 얻을 수도 있고 나아가 정치적인 차원에서 4 · 3을 해원할 수 있는 현실적인 방법으로 인식되었던 것이다.

(3) 제주4 · 3특별법과 기억의 제도화투쟁(2000~)

1999년 12월 16일 국회에서 여야 만장일치로 통과된 제주4 · 3특별법은 이듬해 2000년 1월 12일 대통령에 의해 공포되었다. 특별법 규정에 따라 국무총리를 위원장으로 하는 4 · 3중앙위원회, 제주도지사를 위원장으로 하는 4 · 3실무위원회, 4 · 3진상조사보고서작성기획단 및 행정자치부 소속 4 · 3처리지원단이 구성되었고 제주도에 4 · 3지원사업소가 설치되었다. 이에 따라 4 · 3 희생자 및 유족의 신고가 접수되기 시작했고, 그 결과 1만 4,028명의 4 · 3 희생자가 접수된 한편, 2002년 11월 20일에는 이 중 1,715명이 정부에 의해 처음으로 희생자로 인정되었다. 또한 4 · 3평화공원에 대한 기본계획도 수립되어 2003년 4월 3일 1단계 조성사업이 착공되었다. 뿐만 아니라 제주4 · 3에 대한 정부의 공식문서인 4 · 3진상조사보고서(안)가

2003년 2월 25일 확정되었다. 보고서 초안에는 4·3의 발생부터 피해상황까지의 정확하고 자세한 기록은 물론, 4·3에 대한 대통령의 사과와 4·3평화공원 및 4·3평화인권재단 조성 등에 대한 적극적 지원, 희생자 유골발굴, 생계 곤란자 지원 등의 권고사항 등이 기재되었다.

특별법 제정 이후 4·3진상규명 세력의 활동은 특별법의 실질적 이행 및 4·3진상조사보고서 가안을 작성하고 이를 4·3중앙위원회가 승인할 수 있도록 압력을 가하는 데 집중되었다. 4·3 관련 단체와 시민단체들은 2003년 2월 진상조사보고서가 작성될 때까지 직면할 수 있는 각종 문제들에 보다 신중하게 대처하기 위해 범도민적 합의와 결정이 요구된다고 판단하고, 도내외 18개 4·3 관련 단체와 유족회, 제주시민단체들의 연대조직인 '제주4·3진상규명과 명예회복을 위한 연대회의(제주4·3연대)'를 결성했다.[114]

제주4·3연대 결성준비위원회 최종 회의에서 『월간조선』 2001년 10월호가 "허위인용을 통해 4·3의 역사를 왜곡하고 인권신장과 민주발전을 위해 제정된 4·3특별법을 위선적이고 창피한 법률"이라 폄하한 데 대해 강력히 대응하기로 결정했다. 이에 따라 제주4·3연대 결성대회를 '제주4·3진상규명과 명예회복을 위한 연대회의 결성대회 및 조선일보 4·3역사 왜곡 규탄대회'로 명칭을 바꿔 치르기로 결의했다. 이 결성준비위원회는 2001년 9월 25일 제주4·3연대 결성과 관련된 기자회견을 개최하여 완전한 4·3 문제 해결을 위해 그 역할과 책임을 다하는 조직으로 거듭날 것임을 알렸다. 대회사에서 제주4·3연대는 제주4·3사월제공동준비위원회와 4·3 50주년학술문화사업추진위원회, 그리고 특별법 투쟁과정에서 일시적으로 연대했던 4·3연대회의의 전통을 계승하여 특별법 제정 이후 산적

---

114) 제주4·3연대의 소속 단체들로는 민주노총제주지역본부, 반부패국민연대제주본부, 백조일손유족회, 재경제주4·3희생자및피해자유족회, 재일본제주4·3유족회, 전국교직원노동조합제주도지부, 전국농민회총연맹제주도연맹, 제주경제정의실천시민연합, 제주도4·3사건희생자유족회, 제4·3연구소, 제주4·3진상규명과 명예회복을 위한 도민연대, 제주사랑민중사랑양용찬열사추모사업회, 제주종교인협의회, 제주주민자치연대, 제주참여환경연대, 제주환경운동연합, 제주여민회, (사)한국민족예술인총연합제주도지회 등 제주지역 시민단체 대부분이 참여하고 있다.

한 문제들을 풀어나가는 제주도민의 구심체가 될 것이라고 밝혔다.

한편 2001년 3월 3일 제주도4·3사건민간인희생자유족회와 제주4·3행방불명인유족회가 '제주도4·3사건희생자유족회(4·3유족회)'로 통합되었다. 이후 이 조직은 4·3위령제는 물론 행방불명인 진혼제, 형무소 옛 터 및 민주성지 전국순례, 대마도 수장(水葬) 위령제 조사, 4·3을 왜곡하는 『월간조선』에 대한 소송과 4·3을 왜곡하는 자들에 대한 강력한 항의, 대전 골령골 건물 철거 및 부지매입 투쟁, 수형인을 희생자로 인정할 것을 촉구하는 총궐기대회, 유족들의 단결을 위한 수련회 등 많은 자체 사업들을 진행해 나갔다. 또한 도 내외 4·3단체를 비롯해 여수·거창·대전 등 지역의 유족회 및 사회단체들과의 연대를 굳건히 했을 뿐 아니라, 주요사안마다 각종 간담회 및 토론회, 기자회견을 개최해 이에 적극 대응했다. 특히 2002년에는 4·3희생자 선정 문제의 해결을 위해 토론회를 개최하여 그 심각성을 전국에 홍보했고, 대통령 선거 기간에는 4·3정책 및 공약을 발표하는 기자회견을 개최하기도 했다.

하지만 특별법 제정 이후에도 제주4·3의 역사적 의미를 왜곡하고 진상조사 규명을 방해하려는 시도는 계속되었고, 4·3진상조사보고서(안)을 둘러싼 위원회 내의 의견 충돌도 끊이지 않았다. 결국 2003년 3월 28일 발표된 진상조사보고서는 9월 28일까지 새로운 자료나 증언이 나타나면 위원회의 추가 심의를 거쳐 진상조사보고서를 수정하기로 하는 조건부와 함께 채택되었다. 진상조사보고서 가안은 "이승만 전 대통령이 (4·3사건에 대해) 강경작전을 지시한 사실이 이번 조사를 통해 밝혀졌다"고 규정하고, 따라서 "(4·3사건)의 최종 책임은 이 전 대통령에게 돌아갈 수밖에 없다"고 명시했다.

진상조사보고서 가안을 둘러싸고 가장 첨예하게 대립되었던 부분은 '공권력에 의한 피해의 부각'이었다.[115] 4·3진상조사기획단(단장 박원순)이 작성한 진상조사보고서에 대한 합의 도출 과정에서 격론이 벌어지면서 일부위원들은 회의 불참과 함께 의원직 사퇴 의사를 밝히기도 했다. 특히 군경 측 위원들이 반발했는데, 이들은 "보고서가 4·3사건의 원인보다는 과잉 진압에만 초점을 맞추고 있다"고 비판하며, "1948년에 일어난 남북간 정치전을 현재의 정서로 판단해서는 안 된다"고 주장했다. 또한 이들은 진상조사보고서가 "4·3사건을 역사적 안목이 아니라 단순한 가해자와 피해자라는 편 가르기 식으로 서술하고 있다"고 주장했다. 이에 따라 4·3진상조사보고서는 확정되지 못하고 6개월간 유예를 전제로 발표될 수밖에 없었던 것이다.[116]

6개월간의 유예기간을 거쳐 2003년 10월 15일 확정된 진상조사보고서에 따르면 "1948년은 제주 섬에서 '제노사이드 범죄의 방지와 처벌에 관한 국제협약'과 같은 국제법이 요구하는 기본 원칙이 무시됐고 국가공권력이 법을 어기면서 민간인 살상 등 중대한 인권유린과 과오가 있었다"는 점이 지적되었다. 그리고 "제주4·3 당시 집단 살상에 대한 책임은 당시 군통수권자인 이승만 대통령과 한국군의 작전통제권을 쥐고 있던 미군에게 있으며 한국현대사에서 한국전쟁 다음으로 인명피해가 많았던 비극적 사건"이라 밝히고 있다.[117]

2003년 10월 31일에는 노무현 대통령이 제주4·3사건과 관련하여 "국정을 책임지고 있는 대통령으로서 과거 국가권력의 잘못에 대해 유족과 도민 여러분께 진심으로 사과와 위로의 말씀을 드린다"며 국가차원의 사과를 표명했다. 노무현 대통령은 제주 라마다호텔에서 가진 제주도민과의 오찬간담회에서 "정부는 4·3평화공원 조성, 신속한 명예회복 등 4·3사건 진상규명위원회의 건의사항이 조속히 이뤄질 수 있도록 적극 지원하겠다"고 밝혔다.[118]

4·3진상조사보고서가 채택되기까지의 단계인 2000~2003년 4·3 관련

115) 「4·3진상보고서 채택 조율 심사소위 의견 대립 여전」, 『제주일보』, 2003년 3월 25일.
116) 「4·3진상보고서 채택 진통」, 『제주일보』, 2003년 3월 26일.
117) 『제민일보』, 2003년 10월 15일.
118) 「노대통령, 제주4·3 국가차원 사과」, 『연합뉴스』, 2003년 10월 31일.

단체들의 활동은 4·3특별법의 실질적 집행 및 4·3진상조사보고서 작성에 집중되었고, 그 결과 '국가공권력에 의한 인권유린'으로 규정한 보고서가 확정되었다. 이제 오랫동안 공식 역사 속에서 공산폭동으로 규정되어 온 제주4·3에 대한 공식 역사가 바뀌기 시작한 것이다.

4·3담론이 공적인 영역으로 이동하면서 4·3복원사업 또한 제도화되기 시작했는데, 그것의 핵심사업은 '평화공원 조성안'이다. 1980년대 이후 기억투쟁에서 두드러진 것은 각종 형태의 기념물 사업을 포함한 기념사업이었다. 민주화운동이나 과거청산의 과정에서 세워진 기념물은 대항이데올로기 집합적 정체성을 드러낸다는 점에서 다른 기념물 조성과는 질적으로 다르다. 1987년 6월 항쟁 전까지만 하더라도 '누가, 무엇을' 표현하는가가 문제였지만, 이제는 '어떻게'가 더욱 중요한 문제로 부상되고 있는 것이다.[119] 이에 따라 제주발전연구원에서는 2001년 〈제주4·3평화공원조성기본계획〉을 작성하였지만, 기념 공간의 내용을 어떻게 채울 것인가에 대한 논란은 여전히 계속되고 있다.

위령제 또한 위령공원부지가 봉개동에 정해지자 2000년부터는 그곳으로 위령제의 장소가 바뀌어졌고, 2001년부터는 범도민위령제봉행위원회가 매년 새로 구성되어 위령제의 개최를 주관했다. 유족회의 위령제는 제주시 신산공원에서, 사월제공준위의 추모제는 탑동광장에서 따로 거행되던 것이 합동위령제가 되면서 제주시 종합경기장에서 치러졌고, 특별법 제정 이후는 위령공원 부지로 장소를 옮기게 된 것이다.

이전의 유족회의 '위령제'는 헌화·분향·종교의식을 내용으로 하여 시종 엄숙한 분위기로 일관되었던 반면에 사월제공준위의 '추모제'는 굿과 노래 공연을 통해 망자와 산자들의 교감이루어지기를 바라는 데 그 특징이 있었다. 그런데 합동위령제가 되고부터는 참석자의 범위와 인원은 해를 거

119) 김민환, 「누가, 무엇을, 어떻게 기억할 것인가」, 김진균 편, 『저항, 연대, 기억의 정치』 2, 문화과학사, 2003, 108쪽.

듭할수록 확대되었지만, 그 형식은 마치 학교 조회와도 같은 모양의 제의 형식으로 굳어진 채 별로 바뀌지 않았다.[120] 특별법 채택 이후 위령제가 제주도를 중심으로 치러지면서 점차 정형화된 기념행사로 고착되어 가고 있는 것이다.

기억투쟁이 제도화 단계에 이르면 증언, 의례, 기념 자체보다는 어떤 증언, 어떤 의례, 어떤 기념이 보다 바람직한 것인가에 대한 물음이 제기될 수밖에 없다. 이것은 곧 지난 시기의 각종 복원 사업에 대한 성찰이자 비판의 의미를 지닌다.[121] 즉 제도화 이후에도 제도화된 권력을 뛰어넘는 역사를 창출할 수 있는가라는 문제가 대두되는 것이다. 이런 의미에서 4·3의 경우 기념물, 또는 기념공원 조성을 둘러싼 기억투쟁은 아직도 현재진행형이다.

2) 제주4·3항쟁과 담론의 변화

1980년대까지 제주4·3항쟁은 정치적인 입장에 따라 달리 해석되고 있었다. 그 첫 번째는 제주4·3과 좌익세력과의 관계를 부각시키는 것으로서 우파 진영에서는 4·3을 좌익세력의 선동에 의한 것으로 파악하였으며, 좌파 진영에서는 4·3을 민중들의 즉자적인 봉기라기보다는 사회주의적 운동의 일환으로 간주하였다. 하지만 이러한 시각들은 4·3의 민중들을 객체화시킴으로써 그들을 역사로부터 배제하는 데 기여해 왔다고 볼 수 있다. 1980년대 이후 제주4·3을 해석하는 또 하나의 입장은 바로 민중항쟁론이다. 이는 제주항쟁의 주체를 민중으로 파악하면서 해방 후 제주도에서 전개된 일련의 사건들이 갖는 의미를 규명하며 4·3항쟁의 주체를 제주민중으로 설정하고 있다.[122] 민중항쟁론은 4·3과 좌익세력과의 연계라는 문

---

120) 『한라일보』, 2001년 3월 19일.
121) 정근식, 「집단적 기억과 복원의 재현」, 제주4·3연구소, 『4·3과 역사』 3, 2003, 147쪽.
122) 박명림과 고창훈 같은 연구자뿐만 아니라, 당시의 시대상을 반영되어 재야의 사회운동단체들도 민중항쟁을 강조했다.

제보다는 민중들의 항쟁과 고통에 초점을 맞춤으로써 4·3을 새롭게 볼 것을 주장하는 입장이다. 하지만 1990년대 이후에는 수난사적인 측면에 비중을 두면서 국가권력에 의한 대량학살이라는 인권에 초점을 두는 담론이 주를 이루었다. 그리고 이는 4·3특별법의 사유 체계의 기본을 이루고 있다.

이러한 4·3 관련 담론은 1980년대 이후 진행된 진상규명운동의 과정에서 '누구를 추모할 것인가'라는 문제를 둘러싼 첨예한 대립으로 나타났다. 즉 4·3의 역사적 성격 규명에서 생긴 혼란과 오류는 4·3을 공산주의 반란 혹은 폭동으로 보는 입장과 4·3을 미군정과 같은 외세로부터 정치적 독립을 추구한 민중항쟁이라고 보는 입장 사이의 담론적 대결에서 기인한다.[123]

공산폭동론을 주장한 대표적인 집단을 4·3 희생자 가운데 군경유가족과 이른바 폭도들에게 죽음을 당한 우익 인사의 가족을 중심으로 1988년 10월 30일에 조직된 '4·3사건민간인희생자 반공유족회'이다. 반공유족회는 이후 국가유공자로 인정받지 못하던 집단학살의 피해자들도 포함하게 됨에 따라, 1990년 6월 5일에 '제주도4·3사건민간인희생자유족회'로 개칭되었다. 유족회의 명칭이 바뀌게 된 이유는 지역별로 유족들의 입회를 권유하는 과정에서 토벌대에 희생당한 유족들이 다수를 차지하였기 때문에 어쩔 수 없이 이루어진 것이었다. 그리고 이 과정에서 위령탑을 건립할 성금을 모집했기 때문에 다수를 차지하는 '진압과정에서 희생된 유족들'을 배제시킬 수 없었기 때문이었다. 그래서 '반공유족회 임원'과 '진압과정에서 희생된 유족 대표'들이 합동회의를 통해 합동위령제를 봉행하기로 하고 유족회의 명칭도 변경한 것이었다. 하지만 반공유족회에서 희생자유족회로 명칭을 변경하였음에도 여전히 조직을 주도한 사람들은 군경 유가족으로서 반공유족회를 대변하던 사람들이었다.

반면에 4·3을 민중항쟁으로 정의하는 입장은 1989년 4·3의 '40주기 추

_____

123) 김성례, 「근대성과 폭력 : 제주4·3의 담론정치」, 역사문제연구소 외 편, 『제주4·3연구』, 역사비평사, 1999, 251~252쪽.

모제'를 시행한 제주4·3연구소를 비롯한 제주지역 10개 단체로 구성된 진보단체인 '4·3제주민중항쟁제 제43주기 사월제 공동준비위원회(이하 사월제 공준위)'가 대표하고 있다. 이들은 저항적 기억투쟁을 주도해 온 세력이었다.

두 입장 사이의 갈등은 4·3위령제의 봉행 과정에서 현실적인 문제로 나타났다. 1991년 4월 3일이 되자 4·3의례는 '유족회'가 주최한 '제1회 희생자합동위령제'와 '4월제 공준위'의 추모제로 양분되어 지내게 되었다.[124] 유족회 회장은 추념사에서, "남로당 지령을 받은 붉은 광란배들이 제주도를 공산기지로 만들려고 피비린내 나는 공산폭동을 일으켰다"고 주장했다.[125] 이와 같은 시각은 해방 이후 40여 년간 지속된 독재정권의 기본적인 인식과 동일한 것이었다.[126]

따라서 유족회의 합동위령제는 무사히 지낼 수 있었던 반면 '사월제 공준위' 측의 추모제는 탄압을 받았다. 1992년의 위령제에서도 앞의 유족회장은 "당시 공산주의자들의 속임수로 제주 섬은 사회주의국가 건설을 위한 싸움터로 화했던 것"이라고 주장했다. 그러면서도 "이제 암울했던 과거를 깨끗이 청산하고 이웃과 이웃을 위로하고 사랑과 화합의 악수를 나누자"고 제의하여, 전년도와 다소 달라진 모습을 보였다.[127]

1993년이 되면 이 단체들은 1991년과 1992년에 별도로 치러졌던 4·3위령제에 대해 자체 비판을 하면서, 제주4·3 제45주기에는 단체들의 입장과 이념의 차이를 극복하고 공동 주최로 행사를 추진해야 한다는 논의를 시작했다. 이와 같은 맥락에서 1993년 3월 10일에 사월제 공준위는 기자회견을

124) 제주시민단체협의회·제주4·3특별법 쟁취를 위한 연대회의·제주4·3진상규명·명예회복 추진 범국민위원회, 『제주4·3특별법 제정운동 관련 자료집』, 1999, 16쪽.
125) 「4·3 43주기 현대사 속 위상 정립 초점 행사 다양」, 『제민일보』, 1991년 3월 29일.
126) 1990년 9월까지도 고등학교 국사교과서에는 "공산집단의 남한 교란"이란 제목으로 4·3이 다루어 지고 있다. 군(국방부)의 시각 또한 동일하다. "제주도 4·3폭동사건은 해방직후 사회의 혼란기를 이용하여 소수의 공산분자들이 순박하고 가난한 사람들의 이익을 보호한다는 미명 아래 제주도를 공산화하려고 획책한 사건이다"(정석균, 「제주도폭동과 토벌작전」, 『군사』 제16호, 1988, 189쪽).
127) 『한라일보』, 1992년 4월 3일.

갖고 "무고한 희생자들의 넋을 범도민적으로 위로함으로써 도민대화합을 도모한다"는 차원에서 제주도의회가 주관하는 합동위령제 개최를 제안하였다. 하지만 4·3위령제 합동개최 노력은 사월제 공준위와 4·3유족회의 견해 차이로 무산되었고, 다음 해인 1994년부터 함께 치를 것을 잠정 합의했다.[128]

1994년 3월 15일 양측은 제주도의회 4·3특별법위원회(이하 4·3특위)의 중재로 그동안 합동개최의 최대 걸림돌이었던 행사 명칭 및 주최문제에 대한 의견일치를 보았다. 이날 합의된 내용은 "당해 4·3행사명칭을 '제46주기 제주4·3희생자위령제'로 하고, 행사주최는 양측이 공동 참여하는 제46주기 제주4·3희생자위령제봉행위원회로 한다"는 것이었다. 또 4·3행사의 계획과 집행을 위해 양측 3인으로 구성된 봉행위원회 기획단을 조속히 구성하되 위원장은 4·3유족회 회장이 맡기로 했다.[129] 공준위는 '추모제'라는 명칭을 고집하지 않았고, 유족회 역시 무장대 가담혐의가 있는 사망자도 '희생자' 명단에 넣는 것을 용인했다. 다만 "4·3으로 인해 사망했으나 도민의 정서에 맞지 않은 인사는 위령제 대상에서 제외"시키기로 합의했다.

공산폭동론적 시각을 지닌 유족회가 '사월제 공준위'와 공동위령제에 합의한 주된 이유는 행사 비용을 제주도로부터 받고 있었기 때문에 도의회의 중재를 거부할 수 없었기 때문이다. 그리고 반공유족들이 주도하고 있었던 유족회는 행사비용으로 대변되고 있지만 기본적으로 '관'에 약한 입장이었다. 반공을 표방하는 유족회의 입장에서는 정부의 공식적인 인정을 받는 것이 중요한 일이었다.

제주도의회 4·3특별위원회는 정부 조직이기는 하지만 기본적으로 4·3이 희생자의 입장에서 진상이 규명되고 명예회복이 되어야 한다는 입장이었다.[130] 또한 1994년 2월 7일 4·3희생자 피해신고실을 운영하고 4월 1일

128) 「4·3위령제 합동개최 무산」, 『제민일보』 1993년 3월 26일.
129) 「4·3행사 극적 타결」, 『제주신문』 1994년 3월 16일.

부터 각 마을별 피해조사활동에 들어가는 4·3을 공론화하기 시작했다. 사월제 공준위 역시 4·3특위의 이러한 역할을 인정했기 때문에 중재에 응했던 것이다.

이후 4·3위령제는 4·3 관련 단체 및 시민단체들의 공동 참여하에 구성된 봉행위원회에 의해 개최되었다. 그리고 제주도와 제주도의회가 후원을 했다.

하지만 두 단체의 입장 차이는 합동위령제를 치른 이후에도 여전했다. 유족회는 "위령제 안내 팜플렛에 '4·3을 왜곡된 역사'라고 표현한 것은 4·3은 공산폭동이라는 설을 부정하는 것"으로 '4·3은 공산폭동'이라고 주장했다.[131]

그러나 이러한 유족회의 입장은 1996년에 이르러 변화했다. 합동위령제에서 유족회는 공준위와 함께 특별법 제정을 촉구하기에 이르렀다. '4·3은 공산폭동'이라며 진상규명 무용론을 주장하던 유족회가 그간의 입장을 바꾸게 된 것은 유족회 회장단이 개편되었기 때문이다. 그동안 주로 반공유족회에서 출발한 인물들이 유족회를 이끌며 여론을 주도했으나, 1996년 2월 25일 회장단 개편 때 토벌대에게 희생된 유족으로 회장이 바뀐 것이다.[132]

위와 같이 4·3진상규명의 시작단계에는 유족회와 4·3연구소가 속해 있는 사월제 공준위가 4·3위령제를 별도로 주최한 데서 볼 수 있듯이, 4·3 관련 단체들 간의 차이는 좌우익 이념 갈등의 틀을 넘지 못하고 있었다. 반공유족회로부터 시작된 유족회 조직은 군경의 유족들이 주도하면서 4·3연구소를 비롯한 진상규명운동 세력과 갈등하였다. 하지만 이와 같은 관계는 1994년 제주도의회에 4·3피해신고실이 개설되고, 국회에서 여야의원 75명이 4·3특위 구성 결의안을 제출하면서 시작된 4·3의 공론화 과정

130) 「제주4·3특별위원회 구성안 결의안」, 제주도의회 1993년 3월 20일 제82회 임시회의록.
131) 『제민일보』, 1994년 4월 16일.
132) 김종민, 앞의 글, 418쪽.

속에서 변화하기 시작했다. 그러다가 1997년 4월 들어 전국적 조직으로 '제주4 · 3제50주년기념사업범국민위원회(이하 범국민위원회)가 결성되고 4 · 3특별법 제정을 진상규명 · 명예회복운동의 해법으로 내놓으면서 양측의 관계는 연대로 바뀌었다. 양측은 1998년부터는 '제주4 · 3사건희생자위령사업범도민추진위원회'를 조직하여 이 단체의 주관으로 범도민위령제를 실시하고 있다. 이때부터는 유족회도 진상규명운동 세력의 일부로 편입되어 열성적으로 활동해 나갔다.

▶ 제주4 · 3 평화공원

4 · 3특별법이 통과된 이후 2001년 3월 3일에는 제주도4 · 3사건민간인희생자유족회와 제주4 · 3행방불명인유족회를 통합하여 '제주도4 · 3사건희생자유족회'가 조직됨으로써, 명실상부한 유족들의 대변인 역할을 하고 있다.[133] 특히 1999년 수형인 명부가 발견됨에 따라 2000년 3월에 조직된

133) 제주도4 · 3사건희생자유족회 2002년도 정기총회 회의자료(2002년 3월 3일).

'4·3행방불명인유족회'는 대부분 군경토벌대에 희생된 경우였다.[134] 그래서 이들은 다른 유족들보다 시민단체의 진상규명활동에 더욱 적극적으로 참여해 왔다. 이에 통합된 유족회의 주요 인물들도 군경유가족이 아닌 토벌대에 의해 희생된 가족들로 바뀌었다. 이와 같은 상황은 유족회의 입장과 인식의 변화상을 반영한 것으로 정관에 그대로 드러나고 있다.

> 본 회는 1947년 3월 4·3으로 인하여 억울하게 희생되었거나 행방불명된 희생자의 법적·제도적 명예회복을 위한 제반사업을 통하여 진정한 해결을 이루어내고, 그 기반위에서 도민화합과 인권 신장, 그리고 평화의 이념에 기여함을 물론 회원 상호간의 친목을 도모하는 데 그 목적을 둔다.[135]

이는 "1945년 8·15광복 이후 4·3사건과 관련하여 희생된 민간인의 원혼을 위로하며 **나아가서는 자유민주주의체제를 수호하고 좌경세력에 대처함을 물론이고** 전후 세대에 대한 국민정신함양과 회원 상호간의 친목을 도모함으로써 4·3을 치유하는 데 그 목적을 둔다(강조는 필자)"[136]라는 이전의 유족회의 입장에서 선회한 것으로, 재야와 시민단체의 4·3진상규명 운동세력과 인식을 같이 하고 있음을 보여준다. 즉 공산폭동론과의 결별을 보여주고 있다. 4·3에 대한 논의가 공적 영역으로 이동하게 되면서 유족회의 인식도 변화되었고, 이로써 유족회는 4·3진상규명운동의 보조적 역할에서 벗어나 4·3진상규명운동의 과정에 공동 주최자로서 적극적으로 역할하게 되었다.

이와 같은 관계의 변화는 공산폭동론과 민중항쟁론이 아닌 새로운 인식이 4·3담론의 중심에 놓이게 되었음을 반영한다. 즉 '학살'에 초점을 두어

---

134) 제주4·3행방불명인유족회 2001년도 정기총회 회의자료(2001년 2월 17일).
135) 제주도4·3사건희생자유족회 2003년도 정기총회 및 기념대회 회의자료(2003년 3월 3일).
136) 제주도4·3사건민간인희생자유족회 1999년도 정기총회 회의자료(1999년 2월 25일).

희생자들의 억울함을 신원하고 명예회복을 시키고자 하는 인권과 휴머니즘 차원의 논리가 진상규명운동의 기초가 되고 있는 것이다. '사월제 공준위'로 대변되는 민중학살론은 1990년대 중반부터 시작된 공적영역에서의 진상규명과 명예회복으로 4·3진상규명운동이 설정되기 시작하면서부터 철회되었다. '제주4·3제50주년 기념사업추진범국민위원회'의 발족식에서도 항쟁이라는 표현 대신 '학살', '희생자'라는 용어가 사용되었고, 제주4·3연구소를 비롯한 제주지역의 4·3 관련 단체에서도 행사와 발간 잡지에서 '항쟁'이라는 용어 대신 '제주4·3'이라는 명칭을 사용했다.[137)

이는 진상규명운동 세력이 현실적 조건과 벌인 타협의 결과물이기도 했다. 4·3항쟁은 좌우대립과 냉전의 지형이 강화되는 시기에 그것 자체가 주된 요인으로 작용하면서 발발했고, 그만큼 이념적 단죄의 대상이 되어버렸다. 4·3을 기억하는 일 자체를 국가와 지배권력이 금기의 영역으로 묶어둘 수 있었던 것도 그러한 단죄에 의해 가능했다. 국가는 항쟁 진압 과정에서의 군대·경찰 등 공권력에 의한 학살에 대해서도 '폭동'으로 이름 붙임으로써 국가 자신이 면죄부를 주었고, 희생자들을 오히려 처단해야 할 죄인으로 몰아 일체의 진상규명 노력을 탄압했다.

한편으로 진상규명이 시작된 1980년대 중반은 4·3항쟁이 일어난 지 40여 년의 세월이 흐른 뒤였고, 그 기간은 반공이데올로기가 강세를 부리던 시절로 공간적으로는 제주도 안에 심지어 한동네 안에 가해자와 피해자로 여기는 사람들이 뒤섞여 살고 있다. 이러한 상황에서 사람들에게는 더욱이 이념적 족쇄로 인해 죽어간 이들에 대한 부채의식보다는 자기 변명과 자기 보호의 본능이 앞설 수밖에 없었다.[138)

따라서 4·3의 경우에는 항쟁의 역사적 경험은 물론이고 그때 치른 희생

137) 제주시민단체협의회, 제주4·3특별법 쟁취를 위한 연대회의, 제주4·3진상규명·명예회복 추진 범국민위원회, 「제주4·3특별법 제정운동 관련 자료집」, 1999, 10~15쪽.
138) 김영범, 「기억투쟁으로서의 4·3문화운동 서설」, 나간채·정근식·강창일 외 공저, 앞의 책, 2004, 50쪽.

의 복원·복권을 그리 쉽게 주장할 수 없었다. 광주의 경우 책임자 처벌과 배상을 문제해결의 당연한 원칙으로 내세울 수 있었지만, 4·3 당시의 학살에 대해서는 그러한 요구를 내놓는 데 제약이 많았던 것이다.

이에 따라 4·3진상규명운동 세력은 제주4·3항쟁의 한 부분인 '항쟁'을 외면하고 '제주4·3'의 명칭으로만 불려지기를 선택했다. 이는 민중항쟁론과의 결별인 동시에 군경 유족을 제외한 모든 유족들, 그리고 제주도민과의 결합이었다. 항쟁 과정에서 발생한 민간인 학살에 초점을 둠으로써 국가폭력의 잔혹함을 폭로하는 전술이 가져올 수 있는 국가권력과의 갈등의 여지는 국민의 정부가 들어섬으로써 이미 제거된 상태였다. 특별법이 제정되는 과정과 운용되는 과정에서 일어난 갈등은 국가권력과의 갈등이라기보다는 우리 사회에 깔려있는 극우세력들과의 대립이었다.

하지만 특별법에 따라 작성된 진상조사보고서와 위령사업 등 현재의 진상규명·명예회복운동은 4·3의 진실을 밝히는 데 한계를 드러내고 있다.

물론 진상조사보고서와 특별법에 근거한 위령사업이 현재의 4·3진상규명운동의 전부라고 할 수는 없다. 하지만 특별법 내에서 4·3진상규명과 명예회복이 이루어지고 있고 진상규명운동세력의 활동도 그 틀거리를 벗어나지 못하는 현실의 상황에서는 충분히 진상규명운동을 대변할 수 있다고 여겨진다. 정치적 역학관계를 고려하고 분단국가라는 상황 속에서 인권에 중점을 두고 타협적인 특별법을 통과시켰다고는 하지만 진상규명운동 세력도 그 틀을 벗어나기가 힘든 것이 현실이기 때문이다. '특별법'이라는 공적영역으로 자리를 옮기게 되면 그 틀을 벗어나는 운동으로 발전하기가 얼마나 어려운가는 광주5·18특별법의 경우를 보더라도 알 수 있다.

하지만 여기에서 지적하고자 하는 것은 특별법이라는 형식에 대한 비판이 아니다. 문제의 본질은 특별법을 태동시켰던 현재의 담론, 즉 제주 4·3을 하나의 양민학살로 규정지으려는 일련의 사유체계이다. 특별법은 그 내용을 담는 그릇에 불과하다.

지금의 4·3을 둘러싼 지배적인 담론, '양민학살론'과 특별법을 통한 진상규명은 다음과 같은 한계를 가지고 있다. 그 첫 번째는 양민학살을 저지른 주체가 국가라는 점을 간과하고 있다는 점이다. 〈진상조사보고서〉는 제주4·3항쟁을 '국가권력에 의한 인권유린'으로 규정짓고 있지만 공식적인 언급에서는 여전히 국가가 무력을 동원해야만 하는 상황에서 무고한 민간인을 죽게 하였다는 것이다. 범죄가 아니라 과잉이고 과오라는 것이다.[139] 보고서는 처단되어야 할 국가범죄로 규정하기 보다는 다소 무리한 작전에서 나오는 안타까운 불상사였다는 관점을 계속 견지하고 있다. 보고서는 성격규정이라는 규범적인 문제에서 불투명한 자세를 취하고 있는 것이다. 하지만 보고서의 주된 임무는 개별적인 사실들을 모조리 수집하는 것에 그치는 것이 아니라 진실을 규명하는 것이다. 진실은 분명한 평가를 담아낼 때에만 규명되는 것이다.[140]

　이는 지금까지의 진상규명을 요구하는 담론 구조가 "어떻게 하면 4·3을 공적 영역으로 끌어올릴 수 있을까"라는 점에 골몰하여 국가의 책임문제는 일정 정도 덮어두는 타협을 했기 때문이다. 군경토벌대의 잔혹성은 지적하지만 4·3의 역사에서 군대·경찰 등의 국가기구나 혹은 서북청년단 등의 우익단체 뒤에 존재하였던 국가 그리고 그러한 국가가 행한 잔인한 테러리즘을 비판하는 데까지는 나아가지 못했던 것이다. 그래서 그 공적 영역의 매개체로 특별법을 상정했고, 그것을 얻어낼 수 있었다. 비록 그 내용은 미흡할지라도 특별법이라는 이름으로, 이제는 국가가 4·3진상규명 운동의 책임자가 될 것을 자임하고 나선 셈이다. 나아가 대통령의 사과를 통해 국가는 폭력적인 과거사를 화합의 논리로 대체함으로써 희생자를 애도하는 인권 국가라는 이중의 효과를 얻게 된 것이다.[141]

---

139) 『제주4·3사건진상조사보고서』, 539~540쪽.
140) 이재승, 「인권과 과거청산의 측면에서 본 보고서의 성과와 한계」, 『제주4·3진상규명운동의 현단계와 과제-제주4·3진상조사보고서를 중심으로』(제주4·3관련 4단체 심포지움 자료집), 2003, 43~44쪽.

하지만 4·3은 폴리티사이드의 측면을 강하게 지니고 있기 때문에 결코 단순한 양민학살로 볼 수 없다. 폴리티사이드를 포함해서 넓은 의미의 제노사이드의 배후에는 거의 예외 없이 국가 또는 그 대행 권위체가 직접 실행자이거나 아니면 후원자로서 버티고 있었다. 간단히 말해 제노사이드는 거의 언제나 국가의 범죄였다는 것이다.[142] 나아가 4·3은 유엔의 다른 조약들과 함께 제노사이드 협약까지 위반한 범죄라는 지적도 있다.[143]

이것은 특별법에 피해배상 조항을 넣지 않은 것과도 연관된다. 광주5·18항쟁이나 대만 2·28사건의 경우 피해자에 대한 배상이 이루어졌다. 물론 배상금이 가져온 부작용도 있었지만, 그것은 배상을 받는 쪽의 문제이다. 국가의 입장에서는 국민이 입은 모든 피해에 대해 배상해야 하는 것이 원칙이자 의무이다.[144] 하지만 4·3진상규명운동 세력은 이를 요구하지 않았다. 그리고 특별법에서 제주4·3사건의 '피해자'가 아니라 '희생자'라는 표현을 사용했다.

국가와의 타협 속에서 진상규명운동세력은 인권유린을 이야기하면서도 당연히 국가로부터 받아야 할 피해배상 조항에 대해서는 요구하지 않았던

---

141) 이와 관련하여 다음과 같은 김성례의 지적은 4·3의 진상규명에 많은 시사점을 주고 있다. "4·3 위령제의 공식적 담론으로 등장한 '용서와 화합'의 이념은, 아직 밝혀지지 않은 4·3의 역사적 진실에 대한 논쟁을 서둘러 종결시키는 데 목적을 두고 있다. 용서와 화합의 담론은 또한 4·3생존자들의 말로 표현할 수 없는 고통을 성공적으로 언어화함으로써 폭력의 행위자가 도덕적 행위자로 변신할 수 있는 여지를 만들어냈다. 그러므로 누가 애도의례의 행위 주체이며 언어를 통제하느냐에 따라 4·3의 진실은 밝혀지기도 하고, 왜곡될 수도 있다"(김성례, 앞의 글, 256~267쪽).

142) 1948년 '홀로코스트'라고도 일컬어지는 유태인 학살의 비극을 되새기며 유사 사례의 재발을 방지하기 위해 마련된 〈제노사이드의 방지와 처벌에 대한 유엔 협약〉에서는 제노사이드의 의미를 "한 민족적·종족적·인종적·종교적 집단의 전체 또는 일부를 멸하려는 의도에서 행해지는 다음과 같은 행위들 : a) 그 집단의 성원들을 살해하기 b) 그 집단 성원들에게 심대한 신체적 정신적 손상을 입히기" 등으로 정의하고 있다. 하지만 집단학살이 종족이나 민족처럼 '공통형질'을 보유하는 집단에 대해서만이 아니라 정치적 집단에 대해서도 광범위하게 자행되었기 때문에, 제노사이드의 의미는 종족적·민족적 학살로 국한시키고, 정치적 이유로 행해지는 학살은 폴리티사이드로 새로 명명하는 시도가 나오게 되었다. 그렇지만 폴리티사이드도 넓은 의미에서 제노사이드의 범주에 포함된다고 할 수 있다(김영범, 「집단학살과 집합기억-그 역사화를 위하여」, 『냉전시대 동아시아 양민학살의 역사』, 제주4·3연구소 창립 10주년 기념 국제학술대회 자료집, 1999, 24~27쪽).

143) 허상수, 「정부 보고서를 통해 본 제주4·3사건의 진상」, 『제주4·3진상규명운동의 현단계와 과제-제주4·3진상조사보고서를 중심으로』(제주4·3관련 4단체 심포지움 자료집), 34~35쪽.

144) 김순태, 「아쉬움 남는 특별법, 이제부터가 중요」, 『제주4·3진상규명·명예회복추진범국민위원회 자료집』 10, 13쪽.

것이다.

　현재의 진상규명운동의 또 하나의 문제점은 역사적 사실의 한 부분을 의도적으로 배제시키고 있다는 점이다. 4 · 3 당시 주요한 역할을 했던 세력, 즉 남로당으로 대변되는 좌익세력과의 연관관계를 무시하고 있다. 이와 관련하여 또 하나의 문제는 좌익을 이야기하지 않으면서도, 양민학살을 주장할 때는 반드시 "좌익으로 매도되어 억울하게 죽었다. 공산폭도가 아니라 양민이었다"라고 밝히는 점이다. 그러면서 피해자들이 양민이었으며 좌익이었다 하더라도 사상적으로는 그리 투철하지 못했다는 사실만을 부각시킨다. 이것은 위험해 보이면서도 한편으로는 폭력적이기까지 하다. 왜냐하면 역으로 이야기하자면 만약에 '투철한 좌익'이라면 학살해도 좋다는 것을 용인하는 것처럼 보이기 때문이다.

　결국 양민이라는 용어는 국가가 이데올로기 차이를 명분으로 자신의 국민인 내부 성원의 생명을 빼앗는 살인을 자행했음에도 불구하고, 살아남은 자들이 그러한 사실에 대해 눈감아 버리도록 하거나 가장 중요한 인간 권리인 생명권조차 제기하지 못하게 하는 역할을 했던 것이다.[145]

　4 · 3에 대한 기억은 그 사건을 망각하거나 기억하는 사회정치적 역학에 따라 다양한 형태로 구성되어 왔다. 하지만 1990년대 중반 이후 4 · 3진상규명운동세력이 4 · 3을 제도권 내에서 공론화하고 국가가 직접 나서서 4 · 3문제를 해결하는 것을 주된 목표로 삼으면서 항쟁과 폭동의 차이는 없어져 갔고, 특별법이 제정됨에 따라 사라졌다.[146] 군경토벌대의 진압 과정

---

145) 김동춘, 「민간인 학살문제, 왜 어떻게 해결되어야 하나」, 『전쟁과 인권-학살의 세기를 넘어서』(한국전쟁전후민간인학살 심포지움 발표문), 2000년 6월 1일.

587) 김성례는 "'폭동론'과 '민중항쟁론'은 4 · 3사건의 발발을 공산주의든 민족적 민족주의든 뚜렷한 정치적 목적의식을 가진 행동에서 비롯되었다는 점에서, 4 · 3을 좌우 이념갈등의 도식으로 보고 있는 국가의 공식적 담론의 틀에서 벗어나고 있지 않다"면서, 이러한 문제를 충분히 인식하고 4 · 3에 어떠한 명칭도 붙이지 않음으로써 4 · 3의 역사적 의의에 대한 담론은 활성화한 제3의 입장에 주목했다. 1989년 제주일보에서 시작하여 1990년 창간된 제민일보에 "4 · 3은 말한다"라는 연재물을 싣고 있는 제민일보4 · 3취재반과 제주도의회의 4 · 3특위가 제3의 입장을 대표한다는 것이다. 이 제3의 입장은 "4 · 3의 원인규명에 초점을 맞춘 '이념적 갈등'보다는 양측의 무력충돌에 의해 빚어진 '대량학살'이라는 4 · 3의 정치적 결과에 관심을 집중시킴으로써 폭력의 희생자 입장에서 4 ·

에서 학살된 희생자들에 초점을 둔 진상규명운동에서는 항쟁도 폭동도 이념 갈등에 지나지 않았다. 인권유린은 진상규명운동세력의 현실적 선택이었으나, 살아남은 사람들과 유족들에게는 자기보호에 꼭 들어맞는 방패막이었던 것이다. 모두가 희생자인 사건에 인식의 차이는 있어 봤자 미미한 것에 불과하다. 오랫동안 지속된 극과 극의 간극은 폭력의 희생자에 대한 애도로 끝을 맺게 된 것이다.

하지만 제주4·3항쟁이라는 역사적 사건을 학살의 초점에만 맞춘 채 제주도민이 역사 속에서 항쟁의 주체로 존재하였던 과정을 배제하는 것은 현재의 진상규명운동이 절반의 기억투쟁에 머무르고 있음을 의미한다. 학살론은 국가폭력의 문제를 지적할 수는 있지만, 이것만이 강조될 경우 제주도민을 피해자의 입장에만 놓이게 함으로써 가해자의 역사에서 벗어나지 못하게 할 수 있다. 4·3의 진실에 가까이 가기 위해서 저항적 기억투쟁이 계속되어야만 하는 이유가 여기에 있는 것이다.

3을 조명하고 있다"고 지적했다(김성례, 앞의 글, 253쪽). 하지만 4·3특별법이 통과된 이후에는 4·3연구소를 비롯한 민중항쟁론을 주장하는 세력들과 제민일보의 시각 차이는 거의 없어진다. 국가폭력과 인권유린이라는 진상규명운동의 우산으로 모두 모이게 된 것이다.

결론

결론 ■

　제주4·3특별법에 따른 〈제주4·3사건진상조사보고서〉가 확정됨에 따라 제주4·3항쟁에 대한 공식역사는 바뀌기 시작했다. 그동안의 공산폭동론에서 '국가공권력에 의한 인권유린'으로 대체되고 있는 것이다.

　4·3특별법과 보고서는 그동안 금기시되었던 4·3의 잔혹상을 공식화시켜냄으로써, 인권유린의 과거사를 청산하는 선구적인 사례로서 한국현대사에 한 획을 긋고 있다. 또한 진상규명운동 세력의 오랜 기간에 걸친 투쟁의 성과물이기 때문에 그 자체로서도 의미가 깊다고 할 수 있다.

　특별법은 한편으로는 정부와의 타협물이기 때문에 특별법에 근거해 작성된 보고서는 기본적으로 민간인 희생이라는 관점에서 4·3의 진상을 서술했다. 이에 따라 4·3의 또 다른 측면, 즉 항쟁의 역사는 배제될 수밖에 없었다. 그러나 당시 제주도민은 결과론적인 피해의 당사자이기에 앞서, 단독선거를 저지함으로써 통일독립국가 수립의 의지를 보여준 항쟁의 당당한 주체들이었다.

　제주4·3항쟁에 대한 진상규명과 명예회복의 목적에 더욱 다가서기 위해서는 항쟁의 역사가 보완되어야 한다.

　이와 같은 문제의식으로 본고에서는 다음과 같은 내용을 살펴보았다. 첫째, 항쟁의 前史로 해방 직후 인민위원회 활동과 1947년 3·1사건 이후 미군정과 우익의 탄압을 극복하는 과정에서 쌓여 갔던 남로당과 제주도민의 연대감을 추적했다. 둘째, 항쟁지도부인 남로당과 제주도민의 연대는 열악한 조건 속에서도 4·3항쟁이 1년여 동안이나 지속될 수 있는 원동력이었음을 보여주었다. 셋째는 항쟁이 진행되는 과정에서 일어난 군경토벌대의 초토화 작전과 민간인 학살이다. 그리고 초토화 작전의 이면에 있는 이승만 정권의 4·3항쟁에 대한 인식을 함께 지적했다. 넷째는 초토화 작전으로 인해 잔혹한 학살을 경험한 제주도민이 항쟁의 기억을 망각해 가는 과정을 살펴보았다. 그 과정에는 피해의식이 가중된 레드콤플렉스가 자리 잡고 있다. 나아가 이러한 인식은 1980년대 중반 이후 진행된 4·3진상규명운동에도 영향을 끼쳤다. 진상규명운동 세력들이 현실 조건과 타협함으로써 항쟁의 역사는 배제되고 학살의 수난사만 남게 되었던 것이다. 본고에서는 위의 지점에 있는 특별법으로 대변되는 현재의 진상규명운동이 놓쳐버린 역사, 즉 항쟁의 역사를 드러내고자 했다.

육지의 인민위원회가 미군정의 탄압으로 1946년에는 거의 와해되는 것과는 달리 1945~1946년 사이의 제주도는 인민위원회의 통제 속에 있었다. 제주도 좌익세력은 계급운동을 벌여나가기 보다는 인민위원회라는 통일전선적 대중조직을 통해서 당면 과제를 풀어가려고 노력했다. 그 과정도 자주적 민족국가 수립이라는 정치적 과제뿐만 아니라 일상적 삶의 문제를 지역 공동체 속에서 풀어나가고자 했다. 이러한 제주도 좌익세력의 운동노선은 사회주의 운동가들의 항일운동의 경력과 함께 이들의 활동이 제주도민의 지지를 받게 되는 주요한 이유가 되었다.

1947년이 되면 인민위원회의 힘은 민전으로 이양되고 육지에 비해 상대적으로 탄압을 덜 받았기 때문에 제주도 좌익역량은 보존될 수 있었다. 인민위원회와 민전을 주도해 간 세력은 조공(1946년 말 남로당으로 개편) 제주도당이었다. 격렬한 항일운동을 통하여 정통성을 인정받은 좌익정당은 인민위 조직과 3·1발포사건, 3·10총파업 등의 대중투쟁 속에서 제주도민과 유기적으로 결합해 나갔다. 이와 같이 해방 후 일련의 사건을 거치면서 이루어진 남로당과 제주도민과의 연대는 4·3항쟁의 원동력이 되었다.

그러나 제주와 3·1사건에 대한 미군정의 인식은 '빨갱이 섬'을 벗어나지 못했다. 그래서 경찰과 우익청년단 등 우익의 물리력을 증대시키고 제주도민을 탄압했던 것이다. 육지경찰뿐만 아니라 서북청년회와 같은 우익청년단을 파견하여 제주도민을 탄압하는 전위대로 내세웠다. '제주는 빨갱이 섬'이라는 인식 속에 서청은 마을을 돌아다니면서 무자비한 폭력을 행사했다. 육지 지역보다 훨씬 심한 식량난 또한 제주도민의 삶을 힘들게 만들었다. 이에 1947년 중반이 되면 미군정·경찰·서청에 대한 제주도민의 분노는 적개심으로 표현될 정도로 악화되었다. 중산간 마을의 청년들은 생존을 위해 입산하기 시작했다.

이와 같은 상황 속에서 1948년이 되면 3건의 고문치사 사건이 일어나게 되고 남로당의 조직도 노출의 위기에 몰리게 된다. 이에 남로당 제주도당은 당의 공간을 확보하고 군경의 탄압에 대한 제주도민의 자위적인 투쟁을 조직화하기 위한 방안을 고민해야 할 상황에 놓인다. 여기에다가 5·10단선을 저지해야 하는 투쟁 또한 고려해야만 했다.

남로당 제주도당은 단독정부가 수립된다면 당이 존립할 수 있는 기반 자체가 없어질 수 있으므로 당의 활동공간을 확보하고 단독선거를 저지하기 위해 무장투쟁전술을 채택했다. 이에 따라 인민유격대를 조직하고 1948년 4월 3일 무장봉기를 일으켰다. 제주도당의 결정은 일반 제주도민의 지지투쟁과 결합하면서 정당성을 획득할 수 있었다. 일반대중의 지지투쟁은 5·10반대투쟁에서 결정적으로 드러나는데, 단선을 저지하기 위해 선거가 실시되기 전부터 중산간 마을 주민들은 집단적으로 산에 올랐다.

결국 제주에서의 단독선거는 실패로 돌아갔다. 제주는 단선을 저지한 유일한 지역으로 한국현대사에 기록되었다.

초기 유격대의 투쟁은 제주지역의 5·10단선을 저지하는 성과를 이루었지만, 정부 수립 이후 군경토벌대의 초토화 작전 속에서 약화되어 갔다. 남북한 정권 수립이 다가오자 유격대는 북한정권 수립을 위한 '8·25지하선거'에 총역량을 집중했다. 이 지하선거는 시간이 촉박하다는 것과 지도부가 목표달성에 치중한 나머지 강제성을 띤 측면도 있었기 때문에 반발을 사기도 했지만, 육지부의 다른 지역에 비해서는 활발한 편이었고 이때까지만 하더라도 유격대와 일반 주민 사이의 유대는 약화되지 않았다.

8월 초순 김달삼, 강규찬, 안세훈, 고진희, 문등용, 이정숙 등 6명이 제주도 대의원으로서 남조선인민대표자대회에 참석하기 위해 해주로 떠났다. 제주도 봉기세력이 조선민주주의인민공화국 수립에 참가한 것은 남한에 단독정부가 수립되고, 그들과의 타협 여지가 봉쇄되어 불가피하게 이루어진 선택이었다.

그러나 10월부터 시작된 군·경토벌대의 초토화 작전으로 유격대와 일반 주민의 연대는 무너지기 시작했다. 정세가 불리하게 되자 1948년 가을에 마을에 남아있던 모든 조직이 마을 단위 투쟁위원회로 편제되면서 자위대, 여맹, 민애청 등 기존의 조직들은 사실상 해체되었다. 이때부터는 면·리투쟁위원회 단위로 활동을 했다. 따라서 부락 내에 남아있었던 조직원들이 대부분 입산하게 되었다. 유격대와 일반 대중을 이어주는 매개체 역할을 했던 이들이 입산하게 된 것은 초토화 작전으로 인한 어쩔 수 없는 선택이었으나, 이는 일반 주민과의 유대가 약화되고 유격대가 고립되고 있음을 의미했다. 결국 1949년 중반이 되면 사실상의 무장투쟁은 막을 내린다. 이후는 도피과정인 측면이 크다.

한편 5·10선거가 실패하자 미군정은 곧바로 구축함을 제주도 연안으로 급파했고, 브라운 대령을 제주도 최고 지휘관으로 파견해 제주도민에 대한 무차별 검거작전에 나선 경비대와 경찰을 총지휘하도록 했다. 브라운 대령의 부임은 5·10선거의 좌절로 미국의 위신에 타격을 입힌 제주도 사태를 진압하고, 반드시 재선거를 성공시키겠다는 미군정의 의사표시였다. 따라서 남한에서 유일하게 실패한 선거를 6월 23일에 재선거하기 위해서는 사전정리작업이 필요했다. 브라운 대령의 '중산간 지역 고립작전' 아래 박진경 연대장의 제11연대는 강력한 검거작전을 진행했다. 그는 제주도 중산간 곳곳을 누비며 경비대의 현황보고를 받고 작전을 독려했다. 브라운 대령 휘하 작전 참모인 리치(James Leadh) 대위는 대부분의 작전 지역에 참여했다.

정부 수립 이후 이승만 정권은 강경진압작전, 즉 초토화 작전을 벌였고, 이 과정에서 많은 민간인들이 학살되었다. 여기에는 발발 원인은 무시한 채 4·3항쟁을 '공산분자의 음모'로만 여긴 이승만 정권의 인식이 깔려 있었다. 이승만 정권의 빨갱이 논리는 항쟁 진압의 빌미를 제공했을 뿐만 아니라 취약한 정권의 위기 탈출구로도 이용되었다. 제주도민에 대한 탄압은 한국전쟁이 발발하자 예비검속자에 대한 학살로 이어졌다. 4·3봉기 이후 군경토벌대의 초토화 작전은 1948년 10월 하순부터 1949년 1월에 집중되었다. 집단학살로 많은 민간인이 희생된 것도 이 시기이다. 이제 남한정부에게 있어 제주도 사태는 단순한 지역문제가 아니라 정권의 정통성에 대한 강력한 도전이었고, 주한미군 철수를 앞둔 미국 또한 우선 항쟁을 진압해야 했다.

학살은 체계적이고 조직적으로 진행되었다. 미군사고문단의 자문과 군, 경찰 그리고 우익청년단의 실행이라는 공조 체제였다. 토벌작전이 제주도 내의 특정 지역이 아니라 섬 전체에 걸쳐 이루어진 것은 작전계획의 수립과 집행에 중앙 정부가 깊숙이 개입했음을 입증한다. 전술적인 면은 현지 토벌대를 이끌던 군 지휘관이 상당 부분을 담당했지만 전략적·정치적 결정은 미군과 한국군 수뇌부 그리고 정치권력의 핵심부였다. 또한 학살에는 뚜렷한 원칙이 없었다. 학살의 집행자인 사병들과 경찰, 우익청년단은 규율과 공사의 구분 없이 자신들에게 주어진 권력을 행사했다. 이로써 여성에 대한 강간, 유희적인 살인, 무자비한 참수 같은 인도적인 행위에 반하는 범죄가 도처에서 일어났다.

위기에 몰린 정권이나 현장토벌대의 눈에 제주는 이중적인 의미에서 타자로 비춰졌다. 제주는 그들에게 반란의 섬인 동시에 빨갱이 섬이었다. 이런 인식이 옳은 것인지 그른지 확인할 여유도 없었고, 하려고도 하지않았다. 가속화되고 있던 냉전과 반공이데올로기 공세 속에서 이의를 제기하는 것 자체가 공산주의자라는 의심을 살 수 있는 일이었기 때문이다.

4·3항쟁이 초토화 작전으로 진압되었기 때문에 제주도민의 인명피해와 재산피해는 엄청났다. 이와 더불어 제주도민의 피해의식도 깊어 갔다. 고립된 섬에서 제주도민은 빨갱이 논리 속에 학살당했다. 학살은 항쟁의 의미를 넘어설 정도로 제주도민에게 각인되었다.

학살의 경험은 제주도민의 피해의식을 가중시켜 레드콤플렉스를 내면화시켰다. 군경토벌대의 초토화 작전 속에서 제주도민은 살아남기 위해 반공전선에 흡수되어 갔다. 민보단 활동뿐만 아니라 해병대와 학도병 지원이 줄을 이었다. 하지만 빨갱이라는 멍에에서 벗어나기는 힘들었고, 예비검속으로 이어지는 학살의 공포에 떨어야 했다. 그것은 극우반공체제의 강화속에서 4·3 기억에 대한 강제적인 망각으로 이어졌다.

4·19 직후 진상규명운동이 발화되었지만 좌절됨에 따라, 5·16쿠데타 이후 4·3항쟁에 대한 망각이 지속되었다. 4·3진상규명운동은 1980년대 민주화투쟁이 가속화되면서 본격적으로 시작될 수 있었다. 결국 진상규명운동은 제주도민의 헌신성과 정권 교체에 힘입어 제주4·3특별법을 태동하게 되었다.

현재 특별법으로 진행되는 4·3진상규명운동은 현실적 조건과의 타협속에서 이루어졌기 때문에 몇 가지 문제점을 안고 있다. 하지만 그 무엇보다도 지금의 진상규명·명예회복 운동의 가장 큰 한계점은 제주4·3항쟁이라는 역사적 사건을 하나의 양민학살로 정의하려고 함으로써, 민중들이 역사 속에서 항쟁의 주체로 존재하였던 과정을 배제하려는 것이다. 4·3특별법을 뒷받침하고 있는 담론은 제주도민이 겪을 수밖에 없었던 고통과 수난에 무게를 둠으로써 진정한 항쟁의 역사를 서술하기보다는 억울한 양민들이 죽어갔다는 것을 폭로하는 데 그치고 있다. 그럼으로써 항쟁의 역사가 아닌 수난의 역사, 다시 말해 가해자의 역사에서 벗어나지 못하고 있는 것이다.

제주도의 무장투쟁은 당시 좌익세력의 역량과 미군정 그리고 우익의 물리력을 비교해 볼 때 무리한 것이었다. 1948년 4월의 시점은 남로당이 본격적인 무장투쟁전술로 전환한 시기도 아니었고 북한의 관심 또한 남북협상에 집중되어 있었다. 그런데도 제주도당은 정세를 낙관적으로 파악했고 독자적으로 봉기를 일으켰다.

항쟁지도부의 이러한 낙관성과 이후의 항쟁 과정에서의 무책임성은 비판받아 마땅할 것이다. 그러나 항쟁지도부와 5·10단선저지투쟁 속에서 보여주었던 하급당원들과 제주도민의 헌신성은 구별되어 평가되어야 한다. 4·3항쟁에서 목숨을 빼앗긴 수많은 사람들은 결코 위에서부터 내려오는 지령들을 단순하게 접수하는 허수아비도 아니었거니와 아무런 전략과 동기도 없이 그저 학살당한 양민만이 아니었기 때문이다. 그들은 그들의 문화 속에서 그리고 좌익세력과의 '유기적인' 결합 속에서 당시의 정세를 해석하고 판단하였으며 그에 기반하여 섬 전체를 뒤흔들 봉기를 일으켰던 것이다. 제주도민은 단독정부수립 반대라는 도덕적 확신과 공동체적 기반이 갖고 있는 근거 위에서 행동했다.

당시 제주도민은 두 쪽이 아닌 통일독립국가 수립을 원했고, 이 점에서 좌익의 단선반대투쟁에 동의할 수 있었다. 그럼으로써 제주도민은 제주도를 단독선거를 저지한 유일한 지역으로 만들어 놓았고, 열악한 상황 속에서도 항쟁은 1년여간이나 지속될 수 있었다. 제주도민이 항쟁을 통해 통일정부를 갈망하는 민중의 의지를 대변했다는 점에서 제주4·3항쟁은 한국 현대사의 전개에서 중요한 전환점이 되고 있는 것이다.

참고문헌

1. 신문 · 잡지

〈신문〉

『경향신문』, 『독립신보』, 『동광신문』, 『동아일보』, 『서울신문』, 『조선일보』, 『조선중앙일보』, 『제주신보』, 『한성일보』, 『로동신문』.

〈최근의 신문〉

『한겨레신문』, 『조선일보』, 『제민일보』, 『제주신문』, 『한라일보』.

〈잡지〉

『신천지』, 『새한민보』, 『신광』, 『천리마』, 『청년생활』, 『근로자』, 『력사과학』.

2. 연감 · 자료집

국회사무처, 『제헌국회속기록』, 1948.

국사편찬위원회, 『대한민국사자료집 : UN한국임시위원단 관계문서』 I · II, 1987.

국토통일원, 『북한최고인민회의 자료집』 제1집, 1988.

「건국10년지 인사록」(1956년판), 『한국근현대사 인명록』 6, 여강출판사, 1987.

『(대한민국) 관보』 1~13권, 1948. 9. 1~1953. 12. 31.

「대한민국 인사록」(1950년판), 『한국근현대사 인명록』 6, 여강출판사, 1987.

경우장학회, 『국립경찰 오십년사(일반편)』, 1995.

_____, 『국립경찰 오십년사(사료편)』, 1995.

김천영, 『연표한국현대사』, 한울림, 1985.

남조선과도정부 입법의원 의회국 편, 『남조선과도입법의원 속기록
　　　1:1~25호 1946년 12월~1947년 2월』, 여강출판사, 1984.

문창송 편, 「한라산은 알고 있다. 묻혀진 4·3의 진상-소위 제주도
　　　인민유격대 투쟁 보고서를 중심으로」, 1995.

아라리연구원 편, 『제주민중항쟁-정기간행물·보고서자료집』III,
　　　소나무, 1989.

조선통신사 편, 『조선연감(1947년판)』, 1946. 12.

조선통신사 편, 『조선연감(1948년판)』, 1947. 12.

조선은행, 『조선경제연보』, 1948.

중앙선거관리위원회, 『대한민국선거사』, 동회, 1968.

제주4·3연구소 편, 『1960년 국회양민학살사건진상조사특별위원
　　　회 보고서』 I · II, 2001.

_____, 『제주4·3신문자료집』 I · II, 2002.

_____, 『제주4·3자료집 - 미군정보고서』, 제주도의
　　　회, 2000.

_____, 『제주4·3자료집 II - 미국무성 제주도관계문
　　　서』, 각, 2001.

제주도의회, 『제주도의회 회의록』, 1993.

제주도의회 4·3특별위원회 편, 『제주도4·3피해조사보고서』 (수정
　　　· 보완판), 1997.

제주4·3사건진상규명 및 희생자명예회복위원회, 『제주4·3사건

자료집』 전10권, 2002.

_____, 『제주4·3사건진상조사보고

서』, 2003.

제주도 여성특별위원회, 『여성사 자료총서·신문기사자료집-제주

여성, 일상적 삶과 발자취』III, 2002.

제주도4·3사건희생자유족회, 2002년도 정기총회 회의자료 (2002

년 3월 3일).

제주4·3행방불명인유족회, 2001년도 정기총회 회의자료 (2001년

2월 17일).

제주도4·3사건희생자유족회, 2003년도 정기총회 및 기념대회 회

의자료 (2003년 3월 3일).

제주도4·3사건민간인희생자유족회, 1999년도 정기총회 회의자

료 (1999년 2월 25일).

HQ, USMAGIK, G-2 Periodic Report (『주한미군정보일지』 6, 한림

대학교 아시아문화연구소, 1989 영인).

HQ, USFIK, G-2 Weekly Summary (『주한미군주간정보요약』 6, 한

림대학교 아시아문화연구소, 1989 영인).

Joint Weeka (『주한미대사관 주간보고』, 영진문화사 영인).

3. 수기 · 증언 · 회고록

김익렬, 「4·3의 진실」, 『4·3은 말한다』 2, 전예원, 1994.

김시중, 「남로당 지방 조직은 어떻게 와해되었나」, 『역사비평』 1989년

봄.

제주4·3연구소 편, 『4·3장정』 1·2·3·4, 백산서당, 1990·1991.

⸻⸻⸻⸻⸻, 『4·3장정』 5·6, 나라출판, 1992·1993.

⸻⸻⸻⸻⸻, 『이제사 말햄수다』 1·2, 한울, 1989.

⸻⸻⸻⸻⸻, 『무덤에서 살아나온 4·3수형자들』, 역사비평
사, 2002.

문기방, 『한경면 조수리 유전서』(필사본), 1994.

문봉제, 「서북청년회(1)~(40)」(남기고 싶은 이야기들), 『중앙일보』,
1972. 12. 21~1973. 2. 9.

백선엽, 『군과 나』, 대륙연구소 출판부, 1989.

백선엽, 『實錄 智異山』, 고려원, 1992.

선우기성, 『어느 운동자의 일생』, 배영사, 1987.

오성찬, 『한라의 통곡소리』, 소나무, 1988.

이운방, 「4·3항쟁에 관한 일고찰」, 제주4·3연구소, 『4·3장정』 3,
백산서당, 1990.

조병옥, 『나의 회고록』, 민교사, 1959.

조정배, 『낙천리 향토지』, 디딤돌, 1999.

제주도 여성특별위원회, 『구술로 만나는 제주여성의 삶 그리고 역
사』, 2004.

하우스만·정일화, 『한국대통령을 움직인 미군대위』, 한국문원, 1995.

4. 단행본

강용삼·이경수 공편, 『대하실록 제주백년』, 태광문화사, 1984.

건국청년운동협의회, 『대한민국건국청년운동사』, 1989.

고문승, 『박헌영과 4·3사건』, 신아문화사, 1991.

국방부 전사편찬위원회, 『한국전쟁사1 : 해방과 건군』, 1967.

_____, 『대비정규전사(1945~1960』, 1988.

김찬흡 편, 『20세기 제주인명사전』, 제주문화원, 2000.

그란트 미드, 『주한미군정 연구』, 안종철 역, 공동체, 1993.

김남식, 『남로당연구』 I · II · III, 돌베개, 1984 · 1988.

김동춘, 『전쟁과 사회』, 돌베개, 2000.

김점곤, 『한국전쟁과 노동당전략』, 박영사, 1973.

김창민, 『환금작물과 제주농민문화』, 집문당, 1995.

김기진, 『국민보도연맹』, 역사비평사, 2002.

나간채 · 정근식 · 강창일 외 공저, 『기억투쟁과 문화운동의 전개』,
                              역사비평사, 2004.

내무부치안국, 『한국경찰사II』, 1973.

노민영 엮음, 『잠들지 않는 남도』, 온누리, 1988.

대검찰국 수사국, 『좌익사건실록』 1, 1965.

도미야마 이치로, 『전장의 기억』, 이산, 2002.

박갑동, 『박헌영』, 인간사, 1983.

박일원, 『남로당의 조직과 전술』, 세계, 1984.

브루스 커밍스, 『한국전쟁의 기원』 상 · 하, 김주환 역, 청사, 1986.

선우기성, 『한국청년운동사』, 금문사, 1973.

서중석, 『한국현대민족운동연구』 1 · 2, 역사비평사, 1991.

_____, 『조봉암과 1950년대-피해대중과 학살의 정치학』 하, 역사
        비평사, 1999.

송남헌, 『해방 3년사』 I · II, 까치, 1985.

아라리연구원 편,『제주민중항쟁』I , 소나무, 1988.

안 진,『미군정기 억압기구 연구』, 새길, 1996.

윤택림,『인류학자의 과거여행-한 빨갱이 마을의 역사를 찾아서』,
　　　역사비평사, 2003.

육군본부,『공비토벌사』, 1954.

역사문제연구소·역사학연구소·제주4·3연구소·한국역사연구
　　　회 편,『제주4·3연구』, 역사비평사, 1999.

이도영,『죽음의 예비검속』, 말, 2000.

이경남,『분단시대의 청년운동』상·하, 삼성문화개발, 1989.

이기하,『한국공산주의운동사』, 국토통일원, 1976.

장창국,『육사졸업생』, 중앙일보사, 1984.

중앙일보 특별취재반,『조선민주주의인민공화국』상·하, 중앙일
　　　보사, 1992·1993.

중앙일보 현대사연구팀,『발굴자료로 쓴 한국현대사』, 중앙일보.

중앙정보부,『북한대남공작사』1, 1972.

정해구,『10월 인민항쟁연구』, 열음사, 1988.

제민일보 4·3취재반,『4·3은 말한다』1·2·3·4·5, 전예원,
　　　1994~1998.

제주4·3연구소 편,『제주항쟁』, 실천문학사, 1991.

　　　　　　　　　,『동아시아의 평화와 인권』, 역사비평사, 1999.

　　　　　　　　　,『4·3과 역사』1·2·3호, 각, 2003.

제주4·3제50주년학술·문화사업추진위원회편,『잃어버린 마을
　　　을 찾아서』, 학민사, 1998.

제주도 선거관리위원회,『제주선거사』, 1981.

제주도경찰국, 『제주경찰사』, 1990.

제주도, 『제주도지』 1 · 2, 1993.

_____, 『도정백서』, 1996.

조남수, 『4 · 3 진상』, 월간관광제주, 1988.

진성범, 『사건 50년 제주반세기』, 제민일보사, 1997.

존 메릴, 『침략인가 해방전쟁인가』, 신성환 역, 과학과 사상, 1988.

최호근, 『제노사이드-학살과 은폐의 역사』, 책세상, 2005.

하성수 엮음, 『남로당사』, 세계, 1986.

5. 학위 · 학술 논문 · 잡지 게재 글

강성현, 「제주4 · 3학살사건의 사회학적 연구」, 서울대 사회학과
        석사학위논문, 2002.

고창훈, 「4 · 3민중항쟁의 전개와 성격」, 『해방전후사의 인식』 4,
        한길사, 1989.

_____, 「4 · 3민중운동을 보는 시각과 과제」, 실천문학, 1989년 봄.

고희범 · 허호준, 「한국현대사 인물-이덕구」, 『한겨레신문』, 1990년
        4월 9일.

고광민, 「행정권과 신앙권」, 제주학회, 『제주도연구』 제6집, 1989.

광주지방법원 목포지청 형사부, 적색농민조합 준비위원회 사건,
        1937. 4. 12 (오성찬, 『한라의 통곡소리』, 소나무, 1988 번역 수록).

김봉현 · 김민주, 「제주도 인민들의 4 · 3 무장투쟁사」, 『제주민중
        항쟁』 1, 소나무, 1988(대판 : 문우사, 1963에서 부
        분 발췌).

김봉현, 「제주도 혈의 역사 ; 4·3무장투쟁의 기록」, 『잠들지 않는 남도』, 온누리, 1988(대판 : 도서간행회, 1978).

김남식, 「1948~50년 남한내 빨치산활동의 양상과 성격」, 『해방전후사의 인식』 4, 한길사, 1989.

김동만, 「제주지방건국준비위원회·인민위원회의 조직과 활동」, 『역사비평』 1991년 봄.

김동춘, 「민간인 학살문제, 왜 어떻게 해결되어야 하나」, 『전쟁과 인권-학살의 세기를 넘어서』, 한국전쟁전후민간인학살 심포지움 발표문, 2006.

김득중, 『여순사건과 이승만 반공체제의 구축』, 성균관대 사학과 박사학위논문, 2003.

김광일, 「조선민주주의공화국 기치를 높이 들고 구국투쟁에 총궐기한 남조선 인민들의 영웅적 투쟁」, 『근로자』 제2호, 1949.

김남천, 「남반부 청년들의 영웅적 투쟁기」, 『청년생활』 1949년 12월호.

김덕호, 「제주도 인민들의 4·3봉기」, 『력사과학』, 1964~1965.

김민주, 「4·3제주도사건」, 『아사히저널』, 1989.

김인화, 「4·3사건 이재민 원주지 복구현황」, 『제주도』 제8호, 1963.5.

김민철, 「식민지 통치와 경찰」, 『역사비평』 1994년 봄.

김민환, 「누가, 무엇을, 어떻게 기억할 것인가」, 김진균 편, 『저항, 연대, 기억의 정치』 2, 문화과학사, 2003.

김무용, 「조병옥의 친미반공노선과 극우테러」, 『역사비평』 1989년 여름.

김성례, 「한국 무속에 나타난 여성체험 : 구술 생애사의 서사분석」,

한국여성학회, 『한국여성학』 제7집, 1991.

_____, 「국가폭력의 성정치학-제주4·3을 중심으로」, 『흔적』, 2001.

김성례·유철인·김은실·김창민·고창훈·김석준, 「제주4·3의 경험과 마을공동체의 변화」, 한국문화인류학회, 『한국문화인류학』 제34권, 2001.

김영범, 「집단학살과 집합기억-그 역사화를 위하여」, 『냉전시대 동아시아 양민학살의 역사』(제주4·3연구소 창립 10주년 기념 국제학술대회 자료집), 1999.

_____, 「기억투쟁으로서의 4·3문화운동 서설」, 나간채·정근식·강창일 외 공저, 『기억투쟁과 문화운동의 전개』, 역사비평사, 2004.

김종민, 「제주4·3항쟁 - 대규모 민중학살의 진상」, 『역사비평』 1998년 봄.

김창후, 「1948년 4·3항쟁 - 봉기와 학살의 전모」, 『역사비평』, 1993년 봄.

류상영, 「초창기 한국경찰의 성장과정과 그 성격에 관한 연구(1945~1950)」, 연세대 석사학위논문, 1987.

_____, 「해방이후 좌·우익 청년단체의 조직과 활동」, 『해방전후사의 인식』 4, 한길사, 1989.

박명림, 「제주도 4·3민중항쟁에 관한 연구」, 고려대 정치외교학과 석사학위논문, 1988.

박설영, 「5·10단선을 반대한 제주도인민들의 4·3봉기」, 『력사과학』, 1991~1994.

박찬식, 「일제하 제주도 민족해방 주도세력의 성격」, 제주4·3연구소, 『제주항쟁』, 1991.

_____, 「북한의 '제주4·3사건' 인식」, 한국근현대사학회, 『한국근현대사연구』 30, 한울, 2004.

서재권, 「平亂 제주도 기행」, 『신천지』 1949년 9월호.

양봉철, 「제주경찰의 성격과 활동연구-제주4·3을 중심으로」, 성균관대 교육대학원 석사학위논문, 2002.

양정심, 「제주 4·3항쟁에 관한 연구 - 남로당 제주도위원회를 중심으로」, 성균관대 사학과 석사학위논문, 1994.

_____, 「제주4·3특별법과 양민학살담론, 그것을 뛰어넘어」, 역사학연구소, 『역사연구』 7, 아세아문화사, 2000.

양한권, 「제주도 4·3폭동의 배경에 관한 연구」, 서울대 정치학과 석사학위논문, 1988.

오금숙, 「4·3을 통해 바라본 여성인권 피해 사례」, 제주4·3연구소, 『동아시아 평화와 인권』, 역사비평사, 1999.

이도영, 「'백조일손지묘'가 말하는 전쟁기 제주도 양민학살」, 『역사비평』, 2000년 여름.

이승희, 「한국여성운동사연구」, 이화여대 정외과 박사학위논문, 1990.

이정주, 「제주 '호미마을' 여성들의 생사에 대한 여성학적 고찰-4·3경험을 중심으로-」, 이화여대 여성학과 석사학위논문, 1998.

이영권, 「제주도 유력자 집단의 정치사회적 성격 : 1945~1960」, 제주대 사회학과 석사학위논문, 2000.

이정식, 웨더즈비 특별대담, 「스탈린은 해방 한국의 제주도를 욕심
　　　냈다」, 『신동아』 1993년 9월.

이기명, 「5 · 10선거의 전개과정과 국내정치세력의 대응」, 연세대
　　　정치외교학과 석사학위논문.

이영훈, 「일제하 제주도의 인구변동에 관한 연구」, 고려대 경제학
　　　과 석사학위논문.

이임하, 『1950년대 여성의 삶과 사회적 담론』, 성균관대 사학과 박
　　　사학위논문, 2002.

염인호, 「일제하 사회주의 운동의 방향전환과 제주야체이카사건」,
　　　『한국사연구』 제70집, 1990.

정근식, 「집단적 기억의 복원과 재현」, 제주4 · 3연구소, 『4 · 3과
　　　역사』 3, 각, 2003.

정석균, 「제주도폭동과 토벌작전」, 『군사』 제16호, 국방군사연구
　　　소, 1988.

정동웅, 「동란 제주의 새비극 박대령 살해범 재판기」, 『새한민보』
　　　1948년 10월 상순호.

조덕송, 「현지보고, 유혈의 제주도」, 『신천지』 1948년 7월호.

존 메릴, 「제주도 반란」, 노민영 엮음, 『잠들지 않는 남도』, 온누리,
　　　1988.

최병길 · 권기숙 · 강상덕 · 김현돈 · 한석지 · 박찬식, 「제주섬 정
　　　체성 변화에 관한 비교 연구」, 제주학회, 『제주도연구』 제15집,
　　　1998.

한림화, 「제주여성 그 튼실한 공동체의 삶」, 『평화의 섬』 2002년 여름.

현기영, 「내 소설의 모태는 4 · 3항쟁」, 『역사비평』 1993년 봄.

현석이, 「도제(道制) 실시를 통해 본 '제주4 · 3'의 정치 · 사회적 배경」, 고려대 사학과 석사학위논문, 2005.

허호준, 「제주4 · 3의 전개과정과 미군정의 대응전략에 관한 연구-5 · 10선거를 중심으로」, 제주대 정치외교학과 석사학위논문, 2002.

허상수, 「정부 보고서를 통해 본 제주4 · 3사건의 진상」, 『제주4 · 3진상규명운동의 현단계와 과제-제주4 · 3진상조사보고서를 중심으로』(제주4 · 3관련 4단체 심포지움 자료집), 2003.

홍한표, 「동란의 제주도 이모저모」, 『신천지』 1948년 8월호.

Allan R. Millet, 「하우스만 대위와 한국군의 창설」, 『軍史』 40호, 국방군사연구소, 2000.

_____, Captain H. Hausman and the Formation of the Korean Army, 1945-1950, Armed Forces and Society, XXIII:4 (Summer 1997).

6. 증언

이운방(4 · 3당시 남로당 대정면책), 제주도 대정읍 하모리, 1995년 2월 26일.

김이완(4 · 3당시 조천면 여맹위원장), 제주도 조천읍 북촌리, 1995년 3월 3일.

고성화(3 · 1사건 당시 남로당 우도면책), 제주도 우도면 서광리, 1994년 9월 25일.

조규창(해방 직후 조공 제주도당 조천면책), 일본 동경, 1995년 5월

3일.

김민주(4 · 3당시 조천중학원생, 입산), 일본 동경, 1995년 5월 4일.

심명섭(4 · 3당시 순천군당 지도과장), 전남 순천, 1994년 11월 26일.

강두봉(4 · 3당시 남로당 선전부원), 제주도 조천읍 조천리, 2001년
  9월 26일. 대담 ; 김은희 · 조정희 · 장윤식.

김동일(4 · 3당시 남로당 학생 조직에서 활동, 입산), 일본 동경,
  2003년 7월 9일. 대담 ; 김종민 · 양조훈.

이삼룡(4 · 3당시 남로당 정치위원), 일본 동경, 2003년 7월 11일.
  대담 ; 김종민 · 양조훈.

Charles L. Wesolowsky(4 · 3당시 9연대 고문관), 미국 플로리다,
  2001년 10월 22~23일. 대담 ; 허호준 · 김창후 · 양정심.

Harold Fischgrund(4 · 3당시 9연대 고문관), 미국 버어지니아주,
  2001년 10월 21일. 대담 ; 허호준 · 김창후 · 양정심 · 장준갑.

7. 영상물, 사진집

MBC, 「이제는 말할 수 있다」, 1999 〈다큐멘터리〉.

스튜디오21, 「잠들 수 없는 함성」, 1995 〈다큐멘터리〉.

_____, 「무명천 할머니」, 1999 〈다큐멘터리〉.

하늬영상, 「레드헌트」 I · II, 1997 · 1999 〈다큐멘터리〉.

제주도, 『사진으로 본 도정 40년』, 1986 〈사진집〉.

8. 미 국립문서기록관리청

(National Archives and Records Administration : 약칭 NARA) 소
장 자료.
Ⅰ. RG 332〈제2차 세계대전기 미전구 문서(Records of U.S.
Theaters of War, World War Ⅱ)〉

1. 주한미24군 정보참모부 군사과 역사문서(USAFIK ⅩⅩⅣCorps,
G-2 Historical Section) : Boxes. 1-97
1) Box. No. 64 - "1946년 12월 4~6일간의 제주도 시찰보고서
(Report of trip to the Province of Cheju during the period
Nov.4~6. 1946)"
- "주한미보병 6사단 정보일지 No.512-513(G-2 Periodic
Report, No.512-513)"
- "Ogranization of Civil Police in Korea"
2) Box. No. 83
- "특별감찰보고서-제주도의 정치상황(Report of Special
investigation - Cheju-Do Political Situation 1948)"
- 조병옥의 "Opinion on the Settlement of the Cheju Situation"
- "Special Police Precaution during August 1948"
- "Opinion of Political Situation in Cheju-Do as of 15 November
1947"
- "History of Korean Deoartment of National Police for Period
from 48년 7월 1일"

- 경무부가 제공한 4월 3일부터 7월 5일까지의 제주도 소요에 대한 통계
- "Radio Intercepts"

Ⅱ. RG 338〈미육군사령부 문서(Records of U.S. Army Commands)〉

1. 주한미군사고문단(PMAG · KMAG) 문서 : Boxes. 1-61
  1) Box. No. 1
    - "Patrols(Cheju-Do)"
    - "Commendation of 1st Lt Fred M. Erricson 01823279"
  2) Box. No. 4
    - "Weekly Activities of PMAG"
    - "Major and Minor Matters Concerning Korean Constabulary"
    - "Weekly Activities of Dis"
    - "From Chae Byung Dook to Roberts"
    - "From Roberts to Brown"
    - "Operations on Cheju-Do"
    - "Movement Order"
    - "Summary of the Situation on Cheju-Do"
    - "Resume of Operations 24hours Ending 0800, 11/3. 48"
    - "Recent Activity in Korean Army"
    - "Cheju-Do Operations during Week"
  3) Box. No. 5
    - "American Advisor Capacity in the 5th Brigade"

- "Recommendation for Supply of Air Plane"

- "Report of Investigation"

4) Box. No. 7 - "From Roberts to Lee Bum Suk"

5) Box. No. 8 - "Minutes of Conference. 16 April"

- "Memorandum for 1949"

6) Box. No. 9 - "Weekly Activities of KMAG"

7) Box. No. 13 - "Report of Ordnance Advisor's trip to 2nd Regi-
    Cheju"

8) Box. No. 15 - "Report for Investigation"

9) Box. No. 16 - "Travel Orders"

10) Box. No. 29 - "Daily Report of enemy Activity 'Radio'"

11) Box. No. 38 - "주한미군사고문단(KMAG) 명단"

2. Records of U.S. Army Forces in Korea(USAFIK), 1945~1949

1) Entry. 11071, Boxes. 1-4, 6, 16,

Box. No. 2 - "한국경비대 제14연대와 제6연대 반란사
                (1948.10. 19~11.3. 24:00)"

- "反선거활동(Anti-Election Activities)"

- "제주도 재선거 무기 연기"

Box. No. 3 - "Daily Report of UNTCOK Activities, 8 April 1948
                중 Cheju Do Trip"

- "1948년 4월 9일~4월 10까지의 유엔한국임시위원단 제주도
    시찰단 활동 보고"

- "유엔한국임시위원단 본회의 제4차 회의 기록"

- "Daily Report of UNTCOK Activities, 9 April 1948"
- "Daily Report of UNTCOK Activities, 1 March 1948"
Box. No. 4 - "Committee Chairmen, Members, and Committee Personnel Killed or Wounded"
- "유엔한국임시위원단의 Chronological Listing Papers"
- "反선거활동(Anti-Election Activities)"
- "History of Cheju-Do Operation"
- "Re-election in Cheju-Do inadvisable"
Box. No. 16 - "제24군단사령부의 G-3 Operation Report"
- "주한미임시고문단(PMAG)의 G-3 Journal"

2) Entry. 11070, Boxes. 67~87

Box. No. 68 - "Communist Activities on Cheju-Do"
- "Report of Activities at Cheju-Do Island"
- "브라운 대령 보고서(Report of Activities on Cheju-Do from 22 May 48 to 30 June 1948)"
Box. No. 82 - "Amendments to Operations Instrutions No.1, dated 29 Aug. 48"
Box. No. 84 - "Cheju Do Operations"
Box. No. 109 - "유엔시찰단을 위한 운송과 편의시설"
Box. No. 117- "Custody of Mosulpo air filed at Mosulpo(모슬포), Taejon Myon(대정면), Cheju Island"

3. Records of General Headquarters, FEC · SCAP, and UNC
  1) Box. No. 23 - "Current Condition in Saishuto Island"

2) Boxes. No. 1-11, 13, 19-31 - FEC Daily Intelligence Summaries
1949~1950

4. Entry. 11028, Korea Communication Zone 1952,
   Box. No. 1048
   - "전쟁포로 문제자료(Compilation of Data on PW Affairs)"
   - "전쟁포로 문제 자료 중 라이언(Ryan) 신부의 서한 Compila
     tion of Data on PW Affairs-Catholic, Cheju) "
   - "Operation Plan"

III. RG 319〈육군참모 문서(Records of the Army Staff)

1. Records of the Office of the Assitant Chief of Staff, G-2
   (Intelligence)
   1) Entry. 85, Box. 3511 - "tatements made by Director of National
      Police, Dr.Chough Pyung Ok"
   2) Entry. 85, Box. 1214 - "Korea, Cheju-Do(Saishu To or
      Guelpart)"
   3) Entry. 85, Box. 2917 - "5월 9일 총선에 대한 조병옥 경무부장
      의 5월 2 · 3 · 9일의 연설"
   4) Entry. 85, Box. 1052 - "Korea, Saishuto Island"
   5) Entry. 85, Box. 1080 - "POW Interrogation on 'Cities and
      Towns in Korea', Janis 75, Cheju"
   6) Entry. 85, Box. 3771 - "Daily National Police Reports"

7) Entry. 47, Box. 243 - "Intelligence Division Special Briefing"

8) Entry. 85, Boxes. 2623, 2648, 2672, 2684 - "USAF · PACIFIC Intelligence Summary No.1960~1963"

9) Entry. 57, Boxes. 59~60
   - "Incoming and Outgoing Messages 1949"
   - "Joint Weeka"

10) Entry. IRR, Box. 16, 18, 64 - "971st CIC Detachment Annual Progress Report 1948"

11) Entry. 'P' File, Boxes. 2696-2700 - "FEC Periodical Summary"

12) Boxes No. 37-38 - "Incoming and Outgoing Message, 1948"

IV. 407〈부관부 문서(Records of the Adjutant General's Office)〉

1. 1) Entry. 427
   Box. No. 6944 - "6사단 정보일지(6th Infantry Division G-2 Journal)"
   - "G-2 Summary - 1946년 11월 전라남도 공산주의자들의 봉기"
   Box. No. - 7010 "제주도 임무부대 일지" (Cheju-Do Task Force Journal)

   2) Entry. 427, Boxes. 18340-18345 - "Counter Intelligence Corps Semi-Monthy Report"

   3) Entry. 429, Box. No. 341 - "1949년 1월~12월 SCAP/FEC G-3 Operation Report"
   Box. No. 863 - "주한미군/주한미군사고문단의 Historiacl

Reports(1949년 7월1일~12월 31일)"

2. Foreign(Occupied) Area Reports 1945-54, Entry. 368, Boxes.
   2001-2003, 2070, 2072, 2077, 2078
   　　Box. No. 2066 - "The National Police in South Korea 1945~1946"
   　　Box. No. 2072 - "1946년 남한에서의 미곡수집"
   　　- "국가보안법(National Korean Act-Korea)"
   　　Box. No. 2075 - "New Korea Election Law"
   　　Box. No. 2077 - "Population"
   　　Box. No. 2070- "준군사조직(Quassi-Military Forces)"
   　　Box. No 2001 - "Summation No. 18 of U.S. Army Military
   　　　　　　Government Activities in Korea"
   　　Box. No 2000 - "남조선과도정부 활동보고 No. 27 · 30 · 31
   　　　　　　(South Korean Interim Government Activities,
   　　　　　　No.27 · 30 · 31, Dec. 1947. etc)"

V. 마이크로 필름

1. 1) Records of the U.S. Department of State Relating to the
   　　INternal Affairs of Korea 1945~1949
   　　Decimal File 895, Reel No.3-5
   　Reel No. 3 - "제주도 군정선거감시팀의 종합시찰(General
   　　　　　　Observation of Military Government Election
   　　　　　　Observation Team-Cheju Island)"

- "Electoion Activities"
- "5 · 10선거 방해 목록(Table of Anti-Election Activities, 1948년 2월 7일 ~5월 14일)"
- "Invalidation of the Elections"
- "선거심사위원회의 설치(Election Review Board Established)"
- "주한미사절단에서 작성한 1948년 8월 · 9월 · 10월의 정치요약"
- "주한미사절단에서 국무부에 보낸 전문(Incoming Airgram A-29)"
- "여수사건 시찰보고서(Review and Observation on the Yosu Rebellion"
- "1948년 이후의 소란사건과 관련한 이범석 국방부장관의 보고"
- "Political Summary for March-September 1949"
- "Memorandum of Conversation(No.63)-제주도사태에 대한 도지사 견해"
- "제주도지사 김용하와의 대화 비망록 송달"
- "1948년 5 · 10총선거 기념식에서 행해진 이승만의 연설문"
Reel No. 4 - "미군사고문단 작전참모부 피쉬그룬드(Fischgrund) 대위의 제주도 방문보고서"
- "5 · 10선거 종합보고서(Report of the MG of the holding of Elections in SK on 10 May 1948"

찾아보기

저자소개

■ 양정심 (梁正心)

• 제주 출신으로 성균관대 사학과를 졸업하고 같은 대학원에서 석 · 박사학위를 받았다. 성균관
대, 대진대, 교원대 등에서 강의했고, 고려대와 대진대, 이화여대에서 연구교수를 지냈다. 제주
4 · 3과 한국전쟁 전후 민간인 학살을 중심으로 연구하고 있다.

현재 고향으로 돌아와서 제주4 · 3평화재단 조사연구실장으로 있으면서 4 · 3 조사와 연구를
하고 있다.